PHAENOMENOLOGICA

COLLECTION FONDÉE PAR H.L. VAN BREDA ET PUBLIÉE
SOUS LE PATRONAGE DES CENTRES D'ARCHIVES-HUSSERL

101

RICHARD REGVALD

HEIDEGGER ET LE PROBLÈME DU NÉANT

HEIDEGGER
ET LE PROBLÈME DU NÉANT

RICHARD REGVALD

1987 **MARTINUS NIJHOFF PUBLISHERS**
a member of the KLUWER ACADEMIC PUBLISHERS GROUP
DORDRECHT / BOSTON / LANCASTER

Distributors

for the United States and Canada: Kluwer Academic Publishers, P.O. Box 358, Accord Station, Hingham, MA 02018-0358, USA
for the UK and Ireland: Kluwer Academic Publishers, MTP Press Limited, Falcon House, Queen Square, Lancaster LA1 1RN, UK
for all other countries: Kluwer Academic Publishers Group, Distribution Center, P.O. Box 322, 3300 AH Dordrecht, The Netherlands

Library of Congress Cataloging in Publication Data

Regvald, Richard.
  Heidegger et le problème du néant.

  (Phaenomenologica ; 101)
  Bibliography: p.
  Includes indexes.
  1. Heidegger, Martin, 1889-1976--Contributions in
philosophy of nothingness. 2. Nothing (Philisophy)--
History--20th century. I. Title. II. Series.
B3279.H49R423 1986   111'.5'0924   86-16353
ISBN 90-247-3388-X

ISBN 90-247-3388-X

Copyright

PRINTED IN THE NETHERLANDS

Das Wesen der Endlichkeit des Daseins enthüllt sich aber in der Transzendenz als der Freiheit zum Grunde.

Und so ist der Mensch, als existierende Transzendenz überschwingend in Möglichkeiten, ein Wesen der Ferne.

(Mais l'essence de la finitude de l'être-là se révèle dans la transcendance comme liberté pour fonder.

Aussi l'homme est-il, comme transcendance existante et prodiguant les possibles, un être du lointain).

Wegm, VWG, p. 173

TABLE DES MATIERES

PROLOGUE

Pour intituler notre thèse, nous nous sommes inspirés de l'ouvrage heideggérien, *Kant et le Problème de la Métaphysique.* Ce titre signifie que la métaphysique forme un problème (wird zum Problem) pour Kant: elle n'est pas déterminée, elle reste à déterminer. De façon analogue, le néant fait problème à travers le projet heideggérien. Peut-on l'ignorer dans une saisie initiale de l'être? Le problème du néant surgit au cours de l'interrogation sur l'essence non-métaphysique de la métaphysique et connaît par la suite d'importants développements. Ce qui fait problème demande une approche différente et, plus loin, le changement radical des données du problème. Autrement dit, ce qui fait problème met au monde un autre problème. Nous nous sommes proposés de présenter l'interprétation heideggérienne du néant et de mettre en évidence que le problème du néant ne se résout pas dans les limites du néant, mais dans la perspective du «mouvement» de retrait-apparition.

Chez un penseur qui reprend souvent ses questions et qui bouleverse la compréhension même du temps, le critère chronologique doit faire montre de souplesse. Nous avons respecté autant que possible l'ordre chronologique des commencements: à mesure qu'un aspect nouveau apparaissait, nous avons essayé de le conduire à son terme. Ceci a imprimé à notre thèse un mouvement d'aller et de retour. A l'exception de *Qu'est-ce que la Métaphysique?,* le néant n'est pas, à proprement parler, thématisé. On le retrouve, par contre, dans une importante dispersion à l'intérieur de l'œuvre heideggérienne dans son ensemble. Nous avons tenté de relier cette dissémination réticente et de la mettre au premier plan. La réticence n'est jamais secondaire comme le projet heideggérien lui-même le rappelle. Nous avons utilisé pour nos citations les traductions déjà publiées (quelques petites corrections

X

se sont imposées en cours de route) et, quand celles-ci faisaient défaut, nous avons proposé nos propres traductions.

L'œuvre de Heidegger représente une vaste recherche sur l'origine (Ur-sprung) sans être toutefois une recherche spécifique sur les principes. Cette disjonction appartient au fait que la chose elle-même (die Sache selbst) ne cesse d'advenir. En rassemblant dans un même surgissement la pensée et ce qui s'offre à la pensée, la chose elle-même apparaît comme ce qui se débat (das Strittige) et ce qui s'approprie (Ereignis). L'ouverture prévaut ici, tout en faisant partie de l'advenir. Le «néant» heideggérien diffère d'abord de celui de la tradition pour autant qu'il ne suit plus le sillage d'une recherche des principes. L'ontologie fondamentale inaugure le retournement dans le fondement de la métaphysique. Elle met en question le concept de fondement et s'interroge sur le «processus» de fondation. Heidegger souligne dès L'Etre et le Temps que le fait initial comporte une pluralité de caractères ontologiques.

«Mais l'irréductibilité d'un phénomène originel n'exclut pas que ce phénomène soit constitué d'une pluralité de caractères ontologiques. Si cette pluralité se manifeste, tous ces caractères sont existentialement contemporains. L'ontologie a fréquemment méconnu ce phénomène de contemporanéité originelle de moments constitutifs, en raison d'une tendance méthodologique non réprimée à dériver toute diversité de caractères d'une seule et unique 'cause première'».[1]

La contemporanéité d'origine (Gleichursprünglichkeit), ce terme demeuré en pénombre, constitue en fait le premier pas vers l'appropriement. Ceci nous enjoint déjà à penser le néant dans le cadre d'une co-appartenance. Le néant à l'état pur représente une fiction pure. Le fait que l'étude la plus complète sur le néant s'intitule Qu'est-ce que la métaphysique? n'est pas accidentel: le néant est inséparable du déploiement de la transcendance. La métaphysique comme moment de la dispensation historiale de l'être dissi-

1. Die Unableitbarkeit eines Ursprünglichen schließt aber eine Mannigfaltigkeit der dafür konstitutiven Seinscharaktere nicht aus. Zeigen sich solche, dann sind sie existenzial gleichursprünglich. Das Phänomen der Gleichursprünglichkeit der konstitutiven Momente ist in der Ontologie oft mißachtet worden zufolge einer methodisch ungezügelten Tendenz zur Herkunftsnachweisung von allem und jedem aus einem einfachen „Urgrund".
SA, p. 131, trad. franç. p. 165.

mule la prédisposition métaphysique de l'être humain. L'instauration des deux mondes — le monde sensible et le monde suprasensible — signifie l'oubli du surgissement du monde comme tel. Le saut (le préfixe «méta-») demeure impensé. Pour que l'homme participe à la transcendance et que l'étant devienne manifeste, il faut que l'être-là se tienne dans le néant. Ceci n'est pas un fait occasionnel, mais constitutionnel. La mondanéité du monde — la première manifestation du «néant heideggérien» — se déploie dans l'être-là. Il n'est plus possible de ramener le néant à une catégorie (concept). La question du néant entraîne une question de la question. «Qu'est-ce que (le néant)...?» n'est pas une question initiale: elle contient déjà la réponse ou, au moins, la retient dans les limites de l'étant comme étant. C'est pourquoi, il faut d'abord libérer l'horizon. Connaître, c'est avant tout pouvoir accueillir et laisser être. La démarche phénoménologique ne présume pas de ses résutats: elle est essentiellement mise en route. Il s'avère par la suite que l'acheminement de la pensée fait partie de la chose elle-même. Les humains ont une expérience du néant qui est, conjointement, une expérience de l'être. L'angoisse comme mode fondamental du sentiment de la situation (Befindlichkeit) révèle le néant. L'affectivité originelle constitue l'ouverture de l'être-là. Le néant n'est pas, il néantit: il accomplit ainsi son propre, il déploie l'horizon de la possibilité. Le verbe «néantir», tout comme l'emploi verbal de Wesen («essence»), du monde et du temps, nous fait sortir du domaine de l'ontologie qui est, traditionnellement, celui du verbe «être». La question principale (Leitfrage) de le métaphysique — τί τὸ ὄv — fait place à la question fondamentale (Grundfrage) de la métaphysique. Après quelques tâtonnements chez Leibniz et chez Schelling, celle-ci peut éclore dans sa propre dimension: «Pourquoi l'étant est et non pas plutôt Rien?». L'interrogation concerne maintenant le commencement comme commencement. La pensée est alors, en premier lieu, pensée initiale.

Dans la pensée occidentale, la façon de concevoir la négativité, a comme point de départ l'interprétation restrictive du vocable fameux, ἀλήθεια. Même si l'origine étymologique de ce vocable était contestée, le problème comme tel ne perdrait pas toute sa validité. La particule α, indique-t-elle la négation, la privation ou autre chose? Est-elle le signe d'une séparation univoque et définitive, ou bien, fait-elle état d'un «mouvement» dans les deux sens?

En pensant l'absence à partir de la présence et comme son contraire, la métaphysique élude le rapport du retrait et de l'apparition. La prévalence de la limite sur le surgissement de la limite conduit la pensée à la voie des dichotomies. Ce qui se soustrait ne se laisse pas aborder par «nihil negativum» ou «nihil privativum». La préférence pour l'état de présence fait que toute approche du néant est déterminée par l'étant. Le néant est le non-étant. Cette opposition favorise l'interprétation du néant comme le négatif pur (das bloße Nichtige), comme le résultat d'une opération logique. La recherche du néant s'en trouve discréditée et son sens faussé. Heidegger libère la pensée du néant de l'étant. Le néant est «tout autre que l'étant» (das ganz Andere zum Seienden). Il est l'être lui-même, considéré du côté de l'étant. Le négatif n'est plus négatif pour autant que l'être-là représente le «là» de l'être tout comme l'être du «là». La «négativité» de l'être-là repose sur une négatité (Nichtheit): le «ne pas» fait surface, en dernière analyse, à partir de l'être. La différence ontologique (entre l'être et l'étant) conduit à une différence plus originelle qui se manifeste à l'intérieur de l'être. Heidegger fait remonter le «négatif» vers ses sources premières. Le néantir est le fait du néant, ensuite de la différence ontologique et, finalement, de l'être lui-même. L'être néantit et, qui plus est, en tant qu'être. Pour faire comprendre qu'il n'y a pas de coupure dans cet horizon, Heidegger affirme aussi que l'être-là néantit. Il néantit comme ek-sistant. La disjonction (Auseinander) de l'ek-sistence émerge au 'sein' de l'être. Elle est à la fois conjonction. La finitude de l'être-là ne repose plus sur une blessure ontologique, mais sur le propre de la différence. L'identité (Selbigkeit) de l'être et du néant révèle, à son tour, la différence comme inhérente à l'être et débouche sur le projet de co-appartenance (Zusammengehörigkeit). La négativité heideggérienne s'écarte résolument de la négativité hégélienne: elle porte sur le domaine inaugural et se soustrait aux oppositions logiques. L'être est donné dans la tradition avec le néant. L'énigmatique équivocité du néant (die rätselhafte Mehrdeutigkeit des Nichts) contient déjà en germe la possibilité de dépasser ce vocable. Elle fait signe à plus lointain qu'elle. Penser l'impensé de l'ἀλήθεια signifie non seulement interpréter autrement l'être et le néant, mais encore aller au delà de cette dichotomie primordiale. Heidegger aborde le registre vaste du retrait et de la réserve (Vorenthalt).

La mise entre parenthèses de l'être et du néant entraine le développement d'une réticence (Verweigerung) originelle. Le donner se donne, tout en se retirant. La possibilité préserve la possibilité. Le dévoilement est voilant. L'être, le néant, l'être-là peuvent encore créer l'impression que la transcendance comporterait des éclats et qu'elle nécessiterait une médiation. Le projet de co-appartenance met en évidence une identité sans centre convergent et une différence en dehors des oppositions. L'identité réside dans la différence qui diffère sans arrêt. L'interprétation heideggérienne de la transcendance révèle que la temporalité est l'apparaître du temps profond, sa dispensation. C'est l'appropriement qui soutient cette «mouvance» (Bewegtheit). En appropriant, il se désapproprie. La co-appartenance essentielle, c'est-à-dire la constellation de l'être et de l'être humain apparaît dans cet horizon. Mais elle ne peut pas être considérée comme le dernier mot de la chose elle-même, car l'appropriement ne cesse d'approprier et de désapproprier. Nous habitons l'appropriement pour autant que nous parlons. Le «négatif» concerne maintenant le silence comme parole et la «précarité» (precor) qui relie la parole aux paroles des humains (des mortels). Mais on aurait peut-être déjà tort de désigner comme négatif ce qui est avant tout réticent.

CHAPITRE I

LE NEANT DANS L'HORIZON DE L'ANALYTIQUE DE L'ETRE-LA

A. Préambule

L'analytique de l'être-là représente la mise en route vers le sens de l'être. Suivant l'esprit de la démarche phénoménologique, elle s'y prend avec les moyens du bord. Elle approche l'immédiat en tant que l'immédiat est ce qui est plus difficile à approcher. L'immédiat n'est que l'immédiateté du lointain. Dégager l'horizon de l'immédiat est une entreprise téméraire. Elle vise, en premier lieu, la possibilité de la transcendance. L'analytique se détache de la tradition aristotélicienne et kantienne : d'une part le concept traditionnel de vérité est mis entre parenthèses, d'autre part il n'y a pas de démembrement des structures fondamentales. *L'Etre et le Temps* est à la recherche d'une perspective où les moments constitutifs de l'être-là puissent se présenter d'eux-mêmes. La phénoménologie déploie ainsi son approche accueillante.

Si l'anthropologie sait déjà ce qu'est l'homme, l'analytique de l'être-là s'interroge seulement sur la destination de l'être-là dans l'homme. Elle inaugure l'apprentissage de l'interrogation comme telle. Le problème de l'être est abordé à partir de l'étant particulier que nous sommes. L'être-là est rapport fondamental à l'être. Il représente une irruption au milieu de l'étant qui fait que l'étant peut devenir manifeste comme étant. Ce privilège n'est pas la marque d'un anthropocentrisme. L'expression «l'être-là dans l'homme» est positivement ambiguë. Elle suggère la voie qui transit l'homme.

L'Etre et le Temps met en évidence la structure fondamentale de l'être-là : l'être-au-monde. Cet «a priori» de l'interprétation de l'être-là a un caractère unitaire et originel (unitaire donc en tant que surgissement). La description de ses moments constitutifs n'épuise pas pourtant son horizon, voué à une lecture permanente.

L'être-au-monde constitue le cœur même de la transcendance. C'est à travers lui que le temps se temporalise. Point de rencontre de l'étant et de l'être, plus propre à l'être-là que l'être-là lui-même, l'être-au-monde implique une certaine négativité. Trouée, lisière, horizon, il met en cause la conception traditionnelle de la limite, fondée sur la partition de l'étant. La limite perd ainsi sa positivité et, du même coup, sa négativité. On peut approximer cet état de chose, en parlant, pour le moment, d'une co-appartenance de la positivité et de la négativité.

«La négativité existentiale n'a aucunement le caractère d'une privation, d'un manque par rapport à un idéal arboré, qui n'est pas atteint dans les limites de l'être-là. L'être de cet étant bien avant tout ce qu'il peut projeter et, le plus souvent atteindre, est en tant que projeter déjà négatif. C'est pourquoi la négativité ne fait pas son apparition occasionnellement chez l'être-là pour y adhérer comme une qualité obscure dont il pourra se débarasser, lorsqu'il aura assez progressé».[1]

Il y a donc une négativité constante qui n'empêche point l'accomplissement du projet, mais, au contraire, le fonde. Elle n'est pas une déficience douloureusement ressentie, corrigible à terme ou incorrigible. Elle est moins encore l'absence pure et simple de quelque chose. Pour rendre compte de cette négativité, Heidegger introduit un vocable peu utilisé auparavant par la littérature philosophique: Nichtigkeit. La négativité ne se limite pas à l'être-jeté mais concerne également et peut-être surtout le projet. Elle a une vocation moyenne — comme condition — et se soustrait à la radicalisation. Celle-ci entraînerait la vacuité de la simple opposition. Or la négativité heideggérienne a une certaine épaisseur. C'est ainsi que la négativité (Nichtigkeit) n'est pas négative (nichtig), mais a le caractère du «ne-pas» (nichthaft), convoie le «ne-pas». Ceci porte le problème de la négativité dans un domaine inaugural (ἀρχή), qui n'est pourtant pas celui du fondement. Il convient de

---

1. Die existenziale Nichtigkeit hat keineswegs den Charakter einer Privation, eines Mangels gegenüber einem ausgesteckten Ideal, das im Dasein nicht erreicht wird, sondern das Sein dieses Seienden ist vor allem, was es entwerfen kann und meist erreicht, als Entwerfen schon nichtig. Diese Nichtigkeit tritt daher auch nicht gelegentlich am Dasein auf, um an ihm als dunkle Qualität zu haften, die es, weit genug fortgeschritten, beseitigen könnte. SZ, p. 285, R (notre traduction).

remarquer que la 'Nichtigkeit', comme terme philosophique, n'a pas d'antonyme. La négativité hedeggérienne quitte résolument le terrain de la tradition, quadrillé par des dichotomies. Elle ne peut être expliquée qu'à partir de la négatité (Nichtheit). Mais ceci suppose que l'on a déjà dégagé l'horizon du sens de l'être. C'est à quoi s'attache principalement *L'Etre et le Temps*. Il n'y a pas d'in-suffisance que par rapport à une suffisance ou à une autosuffisance. L'être se déploie cependant autrement. On n'a jamais abordé le «ne-pas» dans ses assises premières.

«Le sens ontologique de la négatité (Nichtheit) de cette négativité (Nichtigkeit) existentiale demeure nonobstant toujours obscur. Mais ceci vaut pour l'essence ontologique du «ne-pas» en général. L'ontologie et la logique ont beaucoup sollicité le «ne-pas» et, à l'occasion, ont porté au jour ses possibilités, sans pour autant le dévoiler lui-même ontologiquement. L'ontologie a trouvé le «ne-pas» en place et en a fait usage. Mais va-t-il sans dire que tout «ne-pas» signifie un «negativum», au sens d'une insuffisance? Sa positivité se trouve-t-elle épuisée dans le fait de constituer une «étape intermédiaire»? Pourquoi la dialectique a-t-elle recours à la négation, sans fonder dialectiquement celle-ci, sans pouvoir même la retenir en tant que problème? A-t-on jamais saisi le problème de l'origine ontologique de la négatité ou a-t-on au moins cherché préalablement les conditions permettant que se constitue une interrogation sur le «ne-pas», sur la négatité et sur leur possibilité? Et où pourraient-elles se retrouver si non dans l'élucidation thématique du sens de l'être?». [2]

---

2. Trotzdem bleibt der ontologische Sinn der Nichtheit dieser existenzialen Nichtigkeit noch dunkel. Aber das gilt auch vom ontologischen Wesen des Nicht überhaupt. Zwar hat die Ontologie und Logik dem Nicht viel zugemutet und dadurch streckenweise seine Möglichkeiten sichtbar gemacht, ohne es selbst ontologisch zu enthüllen. Die Ontologie fand das Nicht vor und machte Gebrauch davon. Ist es denn aber so selbstverständlich, daß jedes Nicht ein Negativum im Sinne eines Mangels bedeutet? Ist seine Positivität darin erschöpft, daß es den „Übergang" konstituiert? Warum nimmt alle Dialektik zur Negation ihre Zuflucht, ohne dergleichen selbst dialektisch zu begründen, ja auch nur als Problem fixieren zu können? Hat man überhaupt je den ontologischen Ursprung der Nichtheit zum Problem gemacht oder vordem auch nur nach den Bedingungen gesucht, auf deren Grund das Problem des Nicht und seiner Nichtheit und deren Möglichkeit sich stellen läßt? Und wo

4

Le problème de l'être est aussi celui du néant. L'interprétation heideggérienne de la négativité constitue une approche du néant. Elle marque la disponibilité de l'être-là pour la transcendance. «Le dépassement» n'est plus déchirure : il appartient à l'être-là. S'il est peu question de néant dans les textes heideggériens tardifs (à l'exception des commentaires concernant des textes plus anciens), la «négativité» habite constamment les chemins de cette pensée. Elle devient de plus en plus implicite et prend d'autres noms comme si la Nichtigkeit rappelait de trop près la négativité issue des oppositions.

L'Etre et le Temps est un livre fragmentaire. Tout d'abord, il s'agit d'un projet qui n'a pas été achevé. Heidegger invoque, comme justification, les difficultés soulevées par le choix d'une terminologie appropriée. Mais, en même temps, *L'Etre et le Temps* est un livre positivement fragmentaire. Il est voué à être fragment en tant qu'il porte au jour l'inépuisable. Il ne peut pas y avoir d'«organon clos et achevé»[3] de l'être-là, mais seulement constructions et reconstructions qui prennent en compte et accomplissent les possibilités de l'être-là. Chaque possibilité menée à terme se retire à la faveur d'une autre possibilité. L'être-là lui-même se possibilise et demeure ouvert à la transformation. La lecture convenable de *L'Etre et le Temps* est donc une relecture. Il faut commencer à partir du moment où la temporalité de l'être-là révèle le temps comme horizon du sens de l'être, c'est-à-dire à partir de la fin. En même temps, le livre en son entier demande une lecture à rebours ayant comme point de départ les derniers développements de la pensée heideggérienne. L'analytique de l'être-là s'approprie ainsi elle-même. Le caractère révélateur et, à la fois, inévitable d'une pareille lecture a été mis en évidence par Walter Biemel dans son étude monographique sur Heidegger.[4] En abordant le problème du néant dans l'horizon de l'être-là, nous ne pouvons donc pas nous limiter au seul texte de *L'Etre et le Temps*.

---

sollen sie anders zu finden sein als in der thematischen Klärung des Sinnes von Sein überhaupt?
Ibid., p. 285–286, R.
3. ... kein fest- und bereitliegendes „Organon"
KPM, p. 224, trad. franç. p. 287.
4. *Martin Heidegger in Selbstzeugnissen und Bilddokumenten*, Rowohlt, Reinbek bei Hamburg, 1973, p. 38–39.

B. Le néant et l'angoisse comme mode fondamental du sentiment de la situation

Quel rapport entretient le néant avec l'être que nous sommes, que nous avons à être? La réponse apportée par *L'Etre et le Temps* à cette question abandonne les sentiers de la pensée traditionnelle. Saurait-on, après tout, parler simplement d'un concept de néant? Le filet catégoriel est-il assez serré et, d'autre part, assez lâche pour recueillir ce qui est effectif dans l'effectivité? On n'aurait jamais assez insisté sur la mutation accomplie par le sentiment de la situation (Befindlichkeit). Hiérarchie des modes de connaissance ou, depuis Kant, synthèse du sensible et de l'intellectuel se retirent en faveur d'une approche plus originelle: c'était bien la proximité qui dissimulait la source. L'enjeu porte sur le statut ontologique de l'affectivité.

«Ce que nous désignons ontologiquement sous le titre de sentiment de la situation est ontiquement le plus connu et le plus ordinaire des phénomènes quotidiens: l'humeur, la disposition. Antérieurement à toute psychologie de l'humeur, terre encore complètement vierge, nous avons à décrire ce phénomène comme existential fondamental et à en circonscrire la structure.

L'«égalité d'âme» et l'irritabilité inhibitrice telles qu'elles accompagnent nos préoccupations quotidiennes, les passages alternés de l'une à l'autre, le glissement dans l'aigreur, ne sont pas ontologiquement insignifiants, encore que ces phénomènes passent souvent inaperçus et sont tenus pour ce qu'il y a de plus indifférent et de fugitif dans l'être-là».[5]

---

5. Was wir ontologisch mit dem Titel Befindlichkeit anzeigen, ist ontisch das Bekannteste und Alltäglichste: die Stimmung, das Gestimmt-sein. Vor aller Psychologie der Stimmungen, die zudem noch völlig brach liegt, gilt es, dieses Phänomen als fundamentales Existential zu sehen und in seiner Struktur zu umreißen.

Der ungestörte Gleichmut ebenso wie der gehemmte Mißmut des alltäglichen Besorgens, das Ubergleiten von jenem in diesen und umgekehrt, das Ausgleiten in Verstimmungen sind ontologisch nicht nichts, mögen diese Phänomene als das vermeintlich Gleichgültigste und Flüchtigste im Dasein unbeachtet bleiben.

SZ, p. 134, trad. franç. p. 168.

Paraphrasant les propos de Kant sur l'état contemporain de la logique, Heidegger remarque que l'étude de l'affectivité n'a pas fait depuis Aristote (*Rhétorique, II*) des progrès dignes de retenir l'attention.[6] La philosophie s'est longtemps contenté de ranger thématiquement l'affectivité dans le domaine des épiphénomènes psychiques. Balançoires incertaines entre la sensation et une spiritualité infinie, les sentiments ne parviendraient pas à atteindre le seuil de la vérité. Sensation, sentiment, sensible, intelligible, intérieur, extérieur, passif, actif, rationnel, irrationnel, impression et expression sont là pour témoigner de l'embarras éprouvé par toute pensée dans sa tentative de capter le propre de l'affectivité. Le sentiment de la situation constitue le plus éloquent essai de dépasser cet effritement. Les mouvements d'humeur, persistant dans leur instabilité même, œuvrent aux mutations ontologiques. Leur primauté temporelle par rapport au savoir et au vouloir se double d'une puissance révélatrice allant au delà des limites assignées à ceux-ci. Heidegger «dé-sentimentalise», du même coup, les sentiments qui ne sont plus état d'âme ou impression mais participent à la constitution de l'être-là. Il n'y a pas de commune mesure entre le sentiment de souche romantique et l'affectivité originelle. La pensée doit réviser ses dichotomies. Diviser constitue une première approximation en vue de prendre des mesures. Mais mesurer ne s'apprête pas à la dimension qui précède toute mensuration. L'approche phénoménologique fait découvrir ce qui ne se soumet plus à la seule certitude du domaine de l'étant. L'affectivité apparaît comme un «état de choses» (Tatbestand). Elle a un caractère phénoménal sûr. «Phénomène», dans l'acception heideggérienne, déborde le concept traditionnel d'effectivité.

«Sur le plan de l'ontologie existentiale, on n'a pas le moindre droit d'énerver l'«évidence» du sentiment de la situation en la mesurant à la certitude apodictique d'un savoir théorique touchant un étant subsistant. Mais ce phénomène n'est pas moins gravement falsifié si on le détourne de lui-même en cherchant refuge dans l'irrationnel. L'irrationalisme — ce frère ennemi du rationalisme — ne parle qu'en borgne de ce à l'égard de quoi l'autre est aveugle».[7]

6. Ibid., p. 139, trad. franç. p. 174.
7. Existenzial-ontologisch besteht nicht das mindeste Recht, die „Evidenz" der Befindlichkeit herabzudrücken durch Messung an der apodiktischen Gewiß-

La dichotomie «rationnel-irrationnel», fondée sur l'interprétation du λóγoς comme ratio et de l'étant comme étant ne peut pas franchir les limites de l'étant. Elle est inadéquate pour saisir l'horizon de l'affectivité. Celle-ci indique l'appérité de l'étant (le «là») et rend possible une écoute de l'être (Abhören).[8] Heidegger rend hommage à Husserl et à Scheler pour avoir relancé dans le monde moderne la prise en compte de cette profondeur immédiate et non-radicale de l'affectivité. Devant et après, à l'intérieur et à l'extérieur de toute «appréhension», il y a toujours le pouvoir-rencontrer comme tel qui n'est résolument ni le fait de la sensation ni celui de la contemplation pure.

> «Le sentiment de la situation implique existentialement
> une orientation vers le monde, qui révèle celui-ci et à partir
> de laquelle il devient possible de rencontrer un étant capable
> de nous concerner. En fait, nous devons confier, absolument
> et ontologiquement, à la «simple humeur» la découverte ori-
> ginelle du monde».[9]

La limite séparant traditionnellement la sensibilité de la compréhension fond dans une approche autrement pertinente de la chose elle-même. Dans *L'Etre et le Temps* le chapitre traitant de l'être-là comme sentiment de la situation ouvre la section consacrée à la constitution existentiale du «là». Le fait qu'il s'agit bien de constitution place l'affectivité originelle dans une dimension ontologique certaine et, si l'on va plus loin, post-ontologique. Elle conditionne la possibilité de rencontrer un étant comme tel, elle est dis-position, ouverture. L'affectivité originelle nous révèle l'incalculable et non pas l'irrationnel. En prenant part effectivement à la constitution de l'être-là comme être-au-monde, elle détermine une refonte de toutes nos facultés dans l'unique perspective du

---

heit eines theoretischen Erkennens von purem Vorhandenen. Um nichts geringer aber ist die Verfälschung der Phänomene, die sie in das Refugium des Irrationalen abschiebt. Der Irrationalismus — als das Gegenspiel des Rationalismus — redet nur schielend von dem, wogegen dieser blind ist. Ibid., p. 136, trad. franç. p. 170.

8. Ibid., p. 139.

9. In der Befindlichkeit liegt existenzial eine erschließende Angewiesenheit auf Welt, aus der her Angehendes begegnen kann. Wir müssen in der Tat ontologisch grundsätzlich die primäre Entdeckung der Welt der „bloßen Stimmung" überlassen. Ibid., p. 137–138, trad. franç. p. 172.

8

laisser-être. Le déchirement entre l'entendement fini et la volonté infinie se trouve estompé dans cette saisie originelle. Le sentiment de la situation indique déjà le lieu de la finitude heideggérienne. Il porte au jour nos «limites» et, en même temps, notre caractère «illimité». La limite ne sépare plus qu'elle ne réunit. L'être-là participe au surgissement même de la limite.

L'angoisse représente la disposition fondamentale de l'affectivité (*Grund*befinlichkeit). Le mot qui fait problème est «fondamental». Il annonce une préoccupation constante de la pensée heideggérienne: viser ce qui se rapporte au fondement sans être de l'ordre du fondement. L'angoisse ne fonde pas, au sens habituel du mot, l'affectivité, elle est plutôt affectivité en retrait. Elle ne s'oppose pas à l'affectivité, mais, en quelque sorte, la favorise ou la conditionne. L'angoisse a la même position médiane que la Nichtigkeit: elle n'est donc pas simplement négative. Et s'il s'agit d'une disposition rare, elle n'en est pas pour autant moins constante. Seulement sa présence est une «absence», est du domaine du fond. Si elle fait surface, c'est pour instaurer la différence à l'intérieur même de l'affectivité. Elle sillonne plus qu'elle ne fonde l'affectivité. C'est pourquoi elle possède un caractère révélateur privilégié. L'être-là perçoit ainsi «ce rien qui n'est nulle part». [10]

Il faut dissiper dès le commencement les soupçons qui pourraient planer sur l'interprétation heideggérienne de l'angoisse. Condition de l'affectivité, épaisseur sans forme, l'angoisse se refuse à toute connotation de panique, à tout glissement dans une psychologie de la perplexité. Elle est menaçante sans être blessante: son œuvre consiste dans un renvoi pur. Ses liens ontologiques obscurs avec la peur n'empiètent pas sur sa propre vocation. L'angoisse se maintient dans les limites d'une injonction sans finalité spécifique. D'où la difficulté majeure de la saisir comme telle. Elle est, en effet, bien antérieure à toute détermination et n'a besoin ni d'obscurité ni de lumière pour se manifester. Rattachée directement à l'étant subsistant, la peur tend à dissimuler l'angoisse, en affichant un soupçon de sécurité, puisque mieux définie et plus courante. La différence demeure pourtant perceptible.

10. „Nichts ist es und nirgends".
   Ibid., p. 186, trad. franç. p. 229.

«Ce qui angoisse l'angoisse n'est aucun étant intramondain.
Il lui est donc essentiel de ne s'inscrire dans aucune finalité.
La menace ne peut avoir un caractère de nuisance particulière, qui viendrait frapper le menacé sous un aspect déterminé
et se référerait à un savoir-être facticiel et particulier. Ce qui
angoisse l'angoisse est complètement indéterminé. Cette indétermination ne provient pas de l'incapacité de décider en fait
quel est précisément l'étant intramondain menaçant: elle indique, au contraire, qu'absolument aucun étant intramondain
n'«importe». Rien de ce qui est à notre disposition ou de ce
qui subsiste à l'intérieur du monde ne peut remplir le rôle de
ce qui angoisse l'angoisse». [11]
Eu égard à l'étant, l'angoisse est non-fondée. Sa voix silencieuse
résonne à partir d'une autre dimension. Elle n'est ni opposée à la
joie, à l'allégresse ou à n'importe quel autre sentiment «positif» ni
favorable aux sentiments «négatifs». Elle est simplement tout
autre. On peut affirmer qu'elle est sereine parce que perméable.
Les autres sentiments portent une charge qui les rendent impro-
pres à effectuer le travail de l'angoisse. Seule la transparence s'in-
génie à produire ce bain qui n'humecte pas, mais tient seulement
en suspens l'être-là.

«Dans l'angoisse, nous «flottons en suspens». Plus clairement dit: l'angoisse nous tient ainsi suspendus, parce qu'elle
produit un glissement de l'existant en son ensemble. A cela
tient que nous-mêmes — nous ces hommes que voici — nous
nous sentions en même temps glisser au milieu de l'existant.
C'est pourquoi, dans le fond, ce n'est ni «toi» ni «moi» que
l'angoisse oppresse, mais «on» se sent ainsi. Seule, la pure
réalité humaine réalisant sa présence est encore là dans la

11. Das Wovor der Angst ist kein innerweltliches Seiendes. Daher kann es damit
wesenhaft keine Bewandtnis haben. Die Bedrohung hat nicht den Charakter
einer bestimmten Abträglichkeit, die das Bedrohte in der bestimmten Hinsicht auf ein besonderes faktisches Seinkönnen trifft. Das Wovor der Angst ist
völlig unbestimmt. Diese Unbestimmtheit läßt nicht nur faktisch unentschie-
den, welches innerweltliche Seiende droht, sondern besagt, daß überhaupt das
innerweltliche Seiende nicht „relevant" ist. Nichts von dem, was innerhalb
der Welt zuhanden und vorhanden ist, fungiert als das, wovor die Angst sich
ängstet.
Ibid., p. 186, trad. franç. p. 228–229.

secousse qui laisse en suspens, et qui ne lui permet de se rac-crocher à rien». [12]

«On» (einem) n'a pas le même sens que l'«on» (Man) de *L'Etre et le Temps*. L'angoisse déborde tant la subjectivité que la subjec-tivité diffuse (l'impersonnalité). Elle vise l'être-là dans l'homme et non pas la dispersion factice des sujets. L'angoisse ne concerne pas l'égoïté, mais se déploie dans un domaine inaugural. La profon-deur sans fond révélée par l'angoisse apporte un témoignage pré-cieux sur sa portée ontologique. En tant que sciences, la psycho-logie et la psychanalyse procèdent à partir d'un fondement, soi-gneusement défini; elles savent déjà ce qu'est un sujet, un phéno-mène psychique, une analyse, etc. L'angoisse devance tout fonde-ment. Elle se soustrait aux moyens tant conceptuels qu'expérimen-taux des sciences. Il incombe à la pensée seule de suivre ce chemin de fond qui est de par nature le sien. Phénoménologiquement, l'angoisse se précipite de «nulle part». Son origine consiste dans son absence d'origine. On ne saurait lui désigner de place, ni lui tracer de direction. Il convient toutefois de distinguer nettement entre ce «nulle part» et le «partout et nulle part» où s'agite la curiosité comme modalité déchéante de l'être-là. La propension à voir rien que pour voir se nourrit de l'illusion de la découverte dans un espace qui méconnaît sa spatialité. C'est, en effet, le bavardage qui régit les voies convenables à l'errance de la curio-sité. [13] Or la répétition machinale et l'explicitation préétablie s'em-ploient à dissoudre toute topologie, instituant une égalité de fait entre «partout» et «nulle part», une distinction parfaitement ras-surante. Le «nulle part» de l'angoisse ne se complaît pas dans cette ubiquité indifférente, mais fait continuellement un renvoi à «quelque part» en tant que pure possibilité. Il indique, en dépit de toute imprécision facticielle, un espace révélateur en cours de constitution.

---

12. Wir „schweben" in Angst. Deutlicher: die Angst läßt uns schweben, weil sie das Seiende im Ganzen zum Entgleiten bringt. Darin liegt, daß wir selbst — diese seienden Menschen — inmitten des Seienden uns mitentgleiten. Daher ist im Grunde nicht „dir" und „mir" unheimlich, sondern „einem" ist es so. Nur das reine Da-sein in der Durchschütterung dieses Schwebens, darin es sich an nichts halten kann, ist noch da.
Wegm, WiM?, p. 111, trad. franç. p. 60.
13. SZ, p. 173, trad. franç. p. 213.

«L'angoisse «ne sait pas» ce dont elle s'angoisse. Ce «nulle part» ne signifie pourtant pas rien mais évoque les entours, c'est-à-dire la révélation du monde telle qu'elle s'offre à un être-là... essentiellement spatial. Ce qui menace ne peut donc davantage venir d'une direction déterminée, ni s'approcher au dedans d'une proximité quelconque, il est déjà «là» — et pourtant il n'est nulle part, il est si proche qu'il serre la gorge et coupe le souffle et pourtant il n'est nulle part».[14]

Cette violence curieuse reste toujours en retrait par rapport à ses propres effets, manquant de consistance réelle. Il s'agit, en fait, d'un rappel qui ne fait pas de mal, d'une convocation qui s'épuise dans l'acte même de convoquer. Ce mouvement simultané de retrait-apparition trahit l'intelligence que l'angoisse entretient depuis toujours avec l'être.

L'indétermination de l'angoisse se recommande comme une condition préalable de toute déterminabilité, sans pour autant résider en deçà ou au delà d'une limite assignée d'une façon ou d'une autre à l'être-là. L'être-là est porteur lui-même de spatialité. Ce qui angoisse l'angoisse rend manifeste ce «rien qui n'est nulle part», mais attire, du même coup, l'attention sur la possibilité d'être de «quelque chose». Ce qui angoisse l'angoisse recoupe, en outre, ce en vue de quoi l'angoisse s'angoisse: l'être-au-monde.[15] Cette identité existentiale prouve que le néant n'a d'autre référence que celle d'un endroit avant tout endroit compris dans cet endroit même. Nous sommes au cœur de l'éloignement où l'être-là a déjà entamé le mode d'être qui est depuis toujours le sien: l'être-au-monde. L'espace se traduit, en l'occurence, par proximité. C'est pourquoi l'angoisse ne provoque pas la déroute, mais instaure un «repos caractéristique».[16] La positivité cotoye ainsi la négativité. La totalité finalisée telle qu'elle se découvre à l'intérieur du monde

---

14. Diese „weiß nicht", was es ist, davor sie sich ängstet. „Nirgends" aber bedeutet nicht nichts, sondern darin liegt Gegend überhaupt, Erschlossenheit von Welt überhaupt für das wesenhaft räumliche In-sein. Das Drohende kann sich deshalb auch nicht aus einer bestimmten Richtung her innerhalb der Nähe nähern, es ist schon „da" — und doch nirgends, es ist so nah, daß es beengt und einem den Atem verschlägt — und doch nirgends.
Ibid., p. 186, trad. franç. p. 229.
15. Ibid., p. 187, trad. franç. p. 230.
16. „eine eigentümliche Ruhe".
Wegm, WiM?, p. 111, trad. franç. p. 60.

12

s'effondre en elle-même et perd tout caractère de significabilité. Mais ce «rien et nulle part» avertit que sur le fond de cette insignifiance c'est le monde qui s'instaure dans sa mondanéité.

Le discours quotidien, rassurant par vocation et distrait par son trop de préoccupations, tend à occulter la portée de cette «conversion». D'une part, il se plaît à dénuer d'intérêt et à refouler dans un passé flou et toujours confortable ce qui venait justement de se produire. «Ce n'était rien» — assure-t-il à l'instant même où l'angoisse est passée. D'autre part, il se montre prêt à reconnaître le néant de l'étant subsistant, seul à se laisser saisir avec les moyens légués par la compréhension de l'être comme persistance. Seulement ce néant n'est pas l'effet d'une négativité absolue, n'est pas un rien total, mais il exprime toujours une relation et puise dans quelque chose de plus originel, à savoir dans le monde en tant que tel. La précarité de l'étant subsistant en général ne saurait s'identifier au vide, car elle divulgue, à sa façon, un moment nécessaire de l'affirmation de la mondanéité du monde. Celle-ci appartient ontologiquement à l'être en tant qu'il est être-au-monde. Cet aspect, particulièrement approfondi et amplifié par la suite, constitue la structure essentielle de l'interprétation heideggérienne de la transcendance.

«Dans la nuit claire du Néant de l'angoisse se montre enfin la manifestation originelle de l'existant comme tel: à savoir qu'il y ait de l'existant — et non pas Rien. Ce «non pas Rien» que nous prenons la peine d'ajouter n'est pas une explication complémentaire, mais la condition préalable qui rend possible la manifestation d'un étant en général. L'essence de ce Néant qui néantit dès l'origine réside en ce qu'il met tout d'abord la réalité humaine devant l'existant comme tel».[17]

Nous ne sommes pas simplement des spectateurs, mais participons directement à ce qui se voile et se dévoile. L'être-là est le

17. In der hellen Nacht des Nichts der Angst ersteht erst die ursprüngliche Offenheit des Seienden als eines solchen: daß es Seiende ist — und nicht Nichts. Dieses von uns in der Rede dazugesagte, „und nicht Nichts" ist aber keine nachgetragene Erklärung, sondern die vorgängige Ermöglichung der Offenbarkeit von Seiendem überhaupt. Das Wesen des ursprünglichen nichtenden Nichts liegt in dem: es bringt das Da-sein allererst vor das Seiende als ein solches.
Ibid., p. 113–114, trad. franç. p. 62.

foyer de ce mouvement. L'angoisse n'est pas le choc ressenti devant la pure pensée du monde après avoir aboli par voie de réflection l'étant intramondain. La vacuité du concept abstrait du monde peut être considérée comme le produit dérivé d'un questionnement situé dans l'oubli de ses questions premières. L'angoisse agit comme mode fondamental du sentiment de la situation sans rendre compte conceptuellement de la mondanéité du monde.[18] C'est le caractère révélateur de l'angoisse qui fait transparaître ce néant.

La dogmatique chrétienne fait place à un moment analogue de revirement, de conversion. «Le monde n'est rien» est l'effet immédiat de la conscience innocente. «Timor castus» est, à sa façon, un sentiment non-fondé. Le «monde» garde encore, en l'occurence, son sens ancien de rapport. Mais ce rapport est absolument aboli à la faveur d'un autre rapport. Le néant avoisine ici le nihil negativum ou entretient la privation. La vie selon le monde s'oppose radicalement à la vie selon la divinité. Le monde n'est rien parce que Dieu est quelque chose. Le souci du rapprochement — abondamment illustré — omet la problématique du néant. Il convient de rappeler l'approche plus nuancée de Maître Eckhart. Discernant une multiplicité de significations du néant — de ce «petit mot» (diz wörtlîn) —, il est sur le point de transgresser la notion traditionnelle de fondement, mettant en évidence une certaine «mobilité» du néant.

«Dieu est un néant et Dieu est quelque chose. Ce qui est quelque chose est également néant».[19]

Dépassant les cadres de la vieille dispute sur l'attribution de l'être à la divinité, Maître Eckhart fait concevoir dans ses sermons les plus pertinents la possibilité d'une transcendance «finie». L'herméneutique heideggérienne de l'être ignore cette perspective. Elle affirme expressément le caractère de quelque chose du monde submergé par sa propre mondanéité (le monde «est», justement, «rien»). La tournure «dans le rien du monde» (im Nichts der Welt)[20] suggère le maintien constant d'une profondeur, insaisissa-

18. SZ, p. 187, trad. franç. p. 230.
19. Got ist ein niht, und got ist ein iht. Zwas iht ist, daz ist auch niht.
    DdulW, tome III, sermon 71, R.
20. SZ, p. 276.

ble du point de vue d'une négativité absolue. Le problème ainsi posé se soustrait à la dichotomie immanent-transcendant, s'orientant vers un horizon qui lui est propre, celui de la finitude. L'opposition métaphysique du «moi transcendental» au monde, dont les origines remontent, selon Heidegger, tant à la théologie chrétienne qu'à la mathématisation du savoir,[21] ne joue plus à partir de *L'Etre et le Temps*. L'être-là est déjà et depuis toujours dans le monde suivant sa structure essentielle. L'éclatement sujet-objet dissimule une réalité plus profonde, celle du déploiement de l'être. Dans ce nouveau contexte, le néant ne peut plus être envisagé comme quelque chose de posé ou comme la négation de ce qui a été préalablement posé. Au delà de la séparation métaphysique — plus ou moins radicale — des différentes régions de l'étant, s'annonce le problème du caractère propre de la limite, ce qui fait une limite être une limite. Le néant se soustrait à tout effort de régionalisation.

«Le Néant se dévoile dans l'angoisse — mais non pas comme un existant. Il n'est pas davantage donné comme un objet. L'angoisse, ce n'est pas l'acte de concevoir le Néant. Toutefois, le Néant est révélé par elle, non pas, répétons-le, que le Néant s'y montre à l'état séparé, «à côté» de l'existant dans son ensemble, lequel est en proie à l'oppression que l'on ressent. Nous préférions dire que dans l'angoisse, le Néant se présente d'un seul et même coup avec l'existant en son ensemble».[22]

Il est permis de parler du caractère positif de l'angoisse qui ne fait que mieux disposer le rapport au monde constitutif de l'être-là. Ce «rien qui n'est nulle part» empêche la prolifération infinie des étants et indique la possibilité d'un comment en lequel l'étant peut se révéler dans sa totalité. L'être-là affirme de la sorte sa «présence» qui n'est pas celle de l'étant subsistant. L'angoisse comme mode fondamental du sentiment de la situation découvre

21. DFD, p. 80–85, trad. franç. p. 112–117.
22. Das Nichts enthüllt sich in der Angst — aber nicht als Seiendes. Es wird ebensowenig als Gegenstand gegeben. Die Angst ist kein Erfassen des Nichts. Gleichwohl wird das Nichts durch sie und in ihr offenbar, wenngleich wiederum nicht so, als zeige sich das Nichts abgelöst „neben" dem Seienden im Ganzen, das in der Unheimlichkeit steht. Wir sagten vielmehr: das Nichts begegnet in der Angst in eins mit dem Seienden im Ganzen.
Wegm, WiM?, p. 189, trad. franç. p. 232.

cette présence comme pure ouverture, sans la moindre consistance d'un quelconque fondement. La révélation comme révélation devient dès lors possible. L'apparaître comme tel ignore le déchirement de l'objectivité et de la subjectivité.

L'étrangeté ressentie devant l'angoisse amène l'être-là à la possibilité d'être «chez lui», de se déployer comme tel. Cette apparente perturbation — le dépaysement essentiel — constitue tant sur le plan existentiel que sur le plan ontologique le phénomène le plus originel. [23] L'être-là y fonde sa propre manière d'être qui est justement son être propre. L'herméneutique heideggérienne s'oriente vers l'expérience de la tragédie grecque et en dégage des éléments d'une vision originelle de l'étrangeté primordiale et inhérente des humains. En ceci, Heidegger se situe dans la continuation de Hölderlin et quitte résolument les interprétations classiques et romantiques qui persistent même dans la pensée nietzschéenne. Les racines humaines habitent la transparence initiale, l'entre-deux. L'expulsion de l'étant se veut non-fondatrice et, pourtant, conditionne toute possibilité de déploiement. Sophocle, le plus accompli des auteurs tragiques, relève dans son *Antigone* les traces de ce projet humain.

«παντοπόρος ἄπορος ἐπ' οὐδὲν ἔρχεται» «Partout en route faisant expérience, inexpert sans issue, il arrive au rien». Les mots essentiels sont παντοπόρος ἄπορος. Le mot πόρος signifie : passage par... et pour..., voie. L'homme se fraye en toute direction une voie, il se risque dans toutes les régions de l'étant, de la prédominence prépotente, et c'est alors précisément qu'il est lancé hors de toute voie. Ce n'est par-là que s'ouvre toute l'in-quiétude (Unheimlichkeit) de celui qui est le plus inquiétant; ce n'est pas seulement qu'il fasse épreuve de l'étant dans son ensemble dans son inquiétence, ce n'est pas seulement qu'en cela, du fait de la violence dont il use, il s'expulse lui-même hors de sa quiétude familière, non, en tout cela, il ne devient enfin ce qu'il y a de plus inquiétant que parce que maintenant, allant sur toutes les routes sans trouver d'issue, il est rejeté hors de tout rapport avec la quiétude familière, et que l'ἄτη — la ruine, le malheur — tombe sur lui». [24]

23. SZ, p. 189, trad. franç. p. 232.
24. „Uberall hinausfahrend unterwegs, erfahrunglos ohne Ausweg kommt er zum Nichts". Die wesentlichen Worte sind παντοπόρος ἄπορος. Das Wort πόρος

La rencontre avec le néant n'est pas la fin mais plutôt le commencement. Les humains sont expulsés de ce qui leur est proche en tant qu'ils font l'expérience du lointain dans la proximité. «Nihil privativum» reste à l'écart de cette perspective, car les humains ne sont pas privés de ce qu'ils ont (en vue d'un recouvrement). On ne peut affirmer non plus qu'ils sont privés de ce qu'ils n'ont pas. La tension qui demeure nous interdit pourtant d'y voir un simple «nihil negativum». C'est la voie moyenne de la Nichtigkeit qui s'apprête le plus à cette lecture. Avoir en tant que l'on n'a pas se refuse à la succession temporelle, et implique la communauté d'origine (Gleichursprünglichkeit). C'est, en fait, la découverte du commencement comme commencement. Encore faut-il entendre ici le verbe «avoir» de manière qu'il ressemble le plus que possible au verbe «être», car il ne s'agit point d'une possession mais du fait même d'exister, d'entretenir un rapport à l'être. Les mots essentiels — παντοπόρος ἄπορος — contiennent déjà la négativité originelle, le néant à l'état implicite. La rencontre avec le néant n'est que la découverte des racines humaines en tant qu'elles habitent le commencement. Le destin humain présuppose un accroissement d'une toute autre nature que celui de l'étant subsistant. Juxtaposition et progression s'adaptent mal à ce contexte. L'ascension continue sans accroc, sans déchirure peut marquer plus qu'un simple appaurvrissement, la fermeture brutale de l'horizon, le retour sans retour de toute possibilité. Mais ce qu'on appelle, au niveau ontique, «destin humain», donne seulement une idée de ce qu'est, ontologiquement, l'être-au-monde de l'être-là. Le déploiement de cette structure originelle transcende tout tissus psychologique et couvre le fait inauguratif comme tel. Les humains comme humains doivent s'ouvrir au propre de l'angoisse qui, faisant signe vers le néant, appelle l'être.

bedeutet: Durchgang durch..., Übergang zu..., Bahn. Überallhin schafft der Mensch sich Bahn, in alle Bereiche des Seienden, des überwältigenden Waltens wagt er sich vor und wird gerade hierbei aus aller Bahn geschleudert. Dadurch erst eröffnet sich die ganze Un-heimlichkeit dieses Unheimlichsten; nicht nur, daß er das Seiende im Ganzen in seiner Un-heimlichkeit versucht, nicht nur daß er dabei als Gewalt-tätiger über sein Heimisches sich hinaustreibt, er wird in all dem erst das Unheimlichste, sofern er jetzt als der auf allen Wegen Auswegslose aus jedem Bezug zum Heimischen herausgeworfen wird und die ἄτη, der Verderb, das Unheil über ihn kommt.
EM, p. 116, trad. franç. p. 158–159.

«La disponibilité à l'angoisse est le oui à l'insistance requérant d'accomplir la plus haute revendication, dont seule est atteinte l'essence de l'homme. Seul de tout l'étant, l'homme éprouve, appelé par la voie de l'Etre, la merveille des merveilles: Que l'étant est. Celui qui est ainsi appelé dans son essence en vue de la vérité de l'Etre est par là même constamment disposé en un mode essentiel. Le clair courage pour l'angoisse essentiale garantit la mystérieuse possibilité de l'épreuve de l'être. Car proche de l'angoisse essentiale comme effroi de l'abîme habite l'horreur (Scheu = timidité). Elle éclaircit et enclôt ce champ de l'essence de l'homme, à l'intérieur duquel il demeure chez lui dans Ce qui demeure».[25]

Le terme allemand «Scheu» a bien ici le sens de timidité et de réticence pudique, ressenties au plus haut degré. Il fait pendant à ce qui est terrible (Schrecken) dans l'angoisse comme effondrement. La timidité pressent, annonce et accueille. Le recul instantané et pourtant permanent maintient les humains dans la proximité du commencement. Reculer veut dire faire place (à l'apparaître comme tel). En même temps, la timidité adhère à ce qui la fait reculer. Ainsi le plus proche demeure ensemble avec ce qui est lointain. L'espace révélateur ne cesse de se constituer: il représente le noyau originel de tout déploiement humain. Comme mode fondamental du sentiment de la situation et comme révélation privilégiée, l'angoisse dispose d'un registre plus large qu'il n'apparaît de premier abord. Elle rend manifeste, en vertu de son amplitude, la possibilité d'une expérience de l'être.

«Auparavant, lors de mon analyse du concept cartésien de sujet, j'ai fait remarquer que, selon Descartes, nous n'aurions pas une perception (Affektion) de l'être comme tel (si l'on

---

25. Die Bereitschaft zur Angst ist das Ja zur Inständigkeit, den höchsten Anspruch zu erfüllen, von dem allein das Wesen des Menschen getroffen ist. Einzig der Mensch unter allem Seienden erfährt, angerufen von der Stimme des Seins, das Wunder aller Wunder: daß Seiendes ist. Der also in seinem Wesen in die Wahrheit des Seins Gerufene ist daher stets in einer wesentlichen Weise gestimmt. Der klare Mut zur wesenhaften Angst verbürgt die geheimnisvolle Möglichkeit der Erfahrung des Seins. Denn nahe bei der wesenhaften Angst als dem Schrecken des Abgrundes wohnt die Scheu. Sie lichtet und umgeht jene Ortschaft des Menschenwesens, innerhalb deren er heimisch bleibt im Bleibenden.
Wegm, N-WiM?, p. 305, trad. franç. p. 78.

peut se servir de cette façon de parler). Or il y a une telle perception. L'angoisse n'est rien d'autre que l'expérience pure et simple de l'être, en tant qu'il est être-au-monde». [26]

La mondanéité du monde, cette négativité (Negativität) qui baigne dans la positivité, révèle la structure essentielle de l'être-là : l'être-au-monde. Il n'y a pas de séparation entre l'être-là et le monde. D'autre part, l'être-au-monde est être en tant qu'il est être-au-monde. «La positivité existentiale du néant de l'angoisse» [27] résiderait-elle dans une expérience de l'être ? Dans l'affirmative, le projet heideggérien d'identité (Selbigkeit) de l'être et du néant se trouverait déjà amorcé par L'Etre et le Temps.

C. Le néant et la mort

S'il nous a fallu libérer l'angoisse de sa fausse charge de panique pour entendre son message silencieux, il nous faut maintenant «dé-noircir» la mort afin de dégager sa structure originelle. Colorier la mort c'est vouloir faire parler l'invisible au moyen du visible, c'est poser comme fondement cette séparation sans l'avoir assez pensée comme telle. La danse macabre passe à côté de la mort, justement, parce qu'il lui manque la transparence qui lui permette d'accéder à la mort comme mort. Heidegger affirme explicitement le rapport de la mort et du néant vers la fin du long commentaire consacré à l'être-pour-la-mort dans L'Etre et le Temps. La discrétion initiale de l'auteur se confond partiellement avec la démarche phénoménologique : laisser les structures existentiales ressortir par elles-mêmes. Mais divulguer cette relation dès le départ eût prêté, par ailleurs, à d'autres confusions. La mort ayant toujours été pensée à partir du néant (nihil negativum), on se retrouve en face d'une de ces vérités banales — «évidence

---

26. Ich habe früher einmal bei Gelegenheit der Analyse des Descartes'schen Subjektbegriffes darauf hingewiesen, daß Descartes sagt, wird hätten eigentlich keine Affektion vom Sein als Solchem (wenn man diese Ausdrucksweise gebrauchen will). Die Angst ist nichts anderes als die schelchthinnige Erfahrung des Seins im Sinne des In-der-Welt-seins.
   Gesamtausgabe, tome 20, p. 403, R.
27. „die existentiale Positivität des Nichts der Angst".
   Ibid., p. 402.

aveuglante»[28] — de nature à obscurcir le problème comme tel. Soit en tant que «disparition physique», soit en tant que déchéance spirituelle précédant ce moment, la mort renvoie traditionnellement à un néant absolu. Le mystère et le culte de la mort ainsi que la sagesse d'ignorer l'irrémédiable se fondent sur cette réduction catégorique qui, pour être en l'occurence évidente, n'en cache pas moins une certaine illusion. La mort déclare sa présence particulière par une structure existentiale précise, comme un facteur perturbateur et sollicitant à la fois.

«Etre pour la mort, c'est s'élancer-par-avance dans un pouvoir-être de l'existant, dont le mode d'être comporte lui-même cet élan anticipateur. Par le dévoilement anticipateur de ce pouvoir-être la réalité-humaine se révèle à elle-même quant à sa plus extrême possibilité. Or, se pro-jeter son pouvoir-être absolument propre, cela veut dire: pouvoir se comprendre soi-même dans l'être de l'existant ainsi dévoilé: «exister»».[29]

Cet «exister» n'est nullement une plongée facticielle, il fait état d'un rapport ontologique. D'où la nécessité de se saisir autrement du problème de la mort. La possibilité heideggérienne n'est point une possibilité logique et ne s'accomode non plus de la possibilité transcendentale kantienne. Elle est possibilité constitutive de l'être-là: pouvoir-être. Ceci permet de mettre en évidence dans l'horizon de la possibilité une certaine négativité en tant que possibilité possibilisante. A ce titre, les mortels sont ceux qui sont capables de transcendance. Toute compréhension du phénomène de la mort engage pleinement le concept de temps. Or, on le sait, il n'a pas fondamentalement changé d'Aristote à Bergson et même au-delà.[30] La mort — passage au néant — repose sur le même terrain métaphysique (éclatement du temps en instants) qui per-

---

28. „sonnenklare Selbstverständlichkeit".
    SZ, p. 2, trad. franç. p. 17.
29. Das Sein zum Tode ist Vorlaufen in ein Seinkönnen des Seienden, dessen Seinsart das Vorlaufen selbst ist. Im vorlaufenden Enthüllen dieses Seinkönnens erschließt sich das Dasein ihm selbst hinsichtlich seiner äußersten Möglichkeit. Auf eigenstes Sein-können sich entwerfen aber besagt: sich selbst verstehen können im Sein des so enthüllten Seienden: existieren.
    Ibid., p. 262–263, trad. franç. p. 160 (Corbin).
30. SZ, p. 18, trad. franç. p. 34.

mit à Zenon d'affirmer l'immobilité de la flèche.[31] Même si l'on admet le mouvement, surtout dans le sens moderne, univoque et restrictif, de ce mot, on est toujours loin de saisir l'instantanéité de l'instant. Pour percer le phénomène de la mort, il faut passer du temps séparant les différentes régions de l'étant au temps s'avérant de la même nature que l'être, du temps qui mesure au temps qui jaillit. Ce revirement ne peut se faire qu'à la suite d'une analyse adéquate de la temporalité de l'être-là. Heidegger nous fait remarquer que ce que Husserl considère comme conscience du temps, c'est déjà le temps.[32]. Ceci place dans une autre dimension le fait de mourir. C'est parce que l'être-là est rapport fondamental à l'être (: temps) qu'il nous est possible de saisir la complicité réelle du néant et de la mort.

L'interprétation phénoménologique de la mort se propose de considérer la mort telle qu'elle paraît à l'être-là. Cette délimitation expresse constitue le préalable de tout questionnement ultérieur, y compris de celui sur l'immortalité. Pourtant ce dernier — au moins posé en termes consacrés — ne tient plus d'une philosophie qui «se comprend elle-même».[33] L'emprise de l'«on» sur la quotidienneté tend à occulter la mort, envisagée comme la possibilité de tous et de personne. L'affirmation «on est mortel», par le biais de l'habitude, rend immortel, se substituant au problème comme tel. A proprement parler, l'«on» ne peut pas mourir: il se tient dans l'éternité de l'impuissance de toute détermination.

«L'existence quotidienne de l'être-là est caractérisée par l'emprise de l'«on». La mort est un évènement quotidien bien établi dans le domaine public de l'être-avec-autrui. L'interprétation de cet événement est: «on meurt certes un jour...» Mais «on meurt» recèle une ambiguïté. L'«on» est, précisément, ce qui ne meurt point et qui ne pourra jamais mourir. L'être-là dit «on meurt», parce que ceci signifie implicitement «personne ne meurt», c'est-à-dire surtout pas moi-même. La mort est quelque chose dans l'être-avec-autrui dont l'«on» a une interprétation convenable toute faite. L'af-

31. Aristote, *Physique*, VI, 239b 30–33.
32. *Gesamtausgabe*, tome 26, p. 264.
33. *Gesamtausgabe*, tome 20, p. 434.

firmation «on meurt» efface la possibilité d'être de la mort qui n'est, dans un certain sens, que la possibilité de «personne». Mais de la sorte, la mort est, dès le commencement, délogée de ce qu'elle est». [34]

L'«on» se complaît du temps linéaire et dissimulateur sans regarder du côté du voilement qui dévoile. Or la mort comme mort est déjà à la source. Elle dispense la différence de telle façon que, tout en différenciant, celle-ci puisse nous concerner tous, sans différence. Les mortels en tant que mortels sont semblables-dissemblables. Effeuillant les multiples aspects psychologiques, biologiques, anthropologiques et théologiques, Heidegger dévoile les dimensions ontologiques de la mort. Sum moribundus non pas comme voué à la défaillance (physisque ou morale): je suis mortel, en premier lieu, en tant que je suis. Il faut mesurer toute la distance qui sépare l'occasion de la «nécessité» (τό χρεών) [35] pour discerner ce qui fait une illusion être une illusion et, plus loin, ce qui apparente le dévoilé au voilé. Que je ne sois plus demeure, fondamentalement, une possibilité du fait indéfiniment initial que je suis.

«Si de telles formules concises disent tout de même quelque chose, alors celle qui convient et qui vise l'être-là dans son être devrait sonner: sum moribundus, mais certainement pas comme grièvement malade ou encore comme blessé — je suis moribundus dans la mesure où je suis. Le moribundus donne à sum avant tout son sens». [36]

---

34. Die Alltäglichkeit des Daseins bestimmt sich durch das Aufgehen im Man. In der Offentlichkeit des Miteinanderseins ist der Tod ein festes alltägliches Begegnis. Dieses Begegnis ist ausgelegt als „man stirbt eben auch einmal". Dieses „Man stirbt" birgt eine Zweideutigkeit in sich; denn dieses Man ist gerade das, was nie stirbt und nie sterben kann. Das Dasein sagt: „Man stirbt", weil darin gesagt ist: „Niemand stirbt", d. h. je nicht gerade ich selbst. Der Tod ist etwas im Miteinandersein, für das das Man schon eine entsprechende Auslegung bereit hat. Im „Man stirbt" ist der Tod von vornherein auf eine Seinsmöglichkeit nivelliert, die in gewissem Sinne niemandes Möglichkeit ist. Damit aber ist der Tod in dem, was er ist, von vornherein, abgedrängt.
Ibid., p. 435–436, R.
35. WhD, p. 112–120, trad. franç. p. 176–185.
36. Wenn solche zugespitzten Formeln überhaupt etwas besagen, müßte die angemessene und das Dasein in seinem Sein betreffende Aussage lauten: sum moribundus und zwar nicht moribundus als Schwerkranker oder Verwunde-

L'adjectif verbal (moribundus), conservant la tension événementielle du gérondif, suggère mieux la «mise en instance» que le participe futur (moriturus) que l'on rencontre dans certains aphorismes. Je suis comme pouvant-mourir, non pas dans un avenir mais à l'instant même. Cependant «avenir» et «instant» ont mal à couvrir le propre de la mort. Peut-être serait-il plus exact de dire: je suis comme pouvant-mourir dans l'instantanéité de l'instant, ayant accès au jaillissement du temps même. Je suis en tant que je ne suis pas. La négativité a, dans ce contexte, la même vocation médiane. «Je suis en tant que je ne suis pas» n'empêche point le fait que je suis, mais le conditionne. C'est dans cette direction que l'on peut suivre les traces d'un néantissement au cœur de l'être-au-monde. Si sum acquiert son sens à partir du moribundus, la temporalité y est certainement pour quelque chose.

Tant que l'être-là est en tant qu'étant, il n'atteint pas le terme de son accomplissement. S'il y parvenait, il ne pourrait plus se saisir lui-même en tant qu'étant. L'être de l'être-là ne se présenterait plus sous une forme accessible à l'expérience: il ne serait plus, en effet, être-*là*. La fin de l'étant comme être-là est le commencement de l'étant comme subsistance. Pourtant le fait brut en dit peu de choses. Le constat médical n'envisage nullement la portée réelle de ce qui vient de se produire. Sa concision se maintient tout en surface. Le culte de la mort et des morts, la constitution de la «dépouille mortelle» ne diminue en rien la désolation initiale de la pensée qui se trouve dans la quasi-obligation de dispenser des jugements sur l'intimité de l'être-là à partir des choses qui l'entourent, des «objets». Or la fin de ceux-ci ne saurait être de la même nature que celle de l'être-là. La seule lecture appropriée doit donc remonter en amont et établir que le «pas encore» déborde les limites d'un simple lapsus de temps et se constitue comme rapport.

«Nous avons eu à repousser comme inadéquate une interprétation qui entendrait comme un sursis le fait que la fin de la réalité-humaine ne soit «pas encore», le plus extrême Pas-

---

ter, sofern ich bin, bin ich moribundus — das moribundus gibt dem sum allererst seinen Sinn.
Gesamtausgabe, tome 20 p. 437–438, R.

encore n'étant alors lui-même qu'un sursis; une telle interprétation reviendrait en effet à convertir la réalité-humaine en une simple réalité-de-chose-donnée. «Etre à la fin», cela signifie existentialement être-pour-la fin. Le plus extrême Pas-encore a le caractère de quelque chose avec quoi, maintenant la réalité-humaine est en rapport».[37]

Ce «quelque chose» n'est pas de nature substantielle: il est le fait d'être-en-perspective (Bevorstehen) comme tel, le fait d'inaugurer, tout en demeurant en retrait. Heidegger défriche l'espace qui conduit vers la pensée de l'être. Si la mort est «la négativité pure et simple de l'être-là»,[38] il faut comprendre cette négativité comme faisant partie elle-même de l'origine. Ceci place la négativité dans le domaine du rapport de l'être avec l'être-là et lui donne un support positif.

Que la mort suppose un néantissement concernant l'être-là dans sa stricte intimité, paraît évident du fait que personne ne peut se charger de mourir pour un autre. Si l'on utilise, à l'occasion, cette formule, il importe de désigner par avance la raison pour laquelle quelqu'un consent à mourir à la place d'un tel autre. Ceci n'épargne en aucun cas à ce dernier — le moment venu — sa propre mort. On peut se faire remplacer soi-même dans le domaine de la préoccupation quotidienne, sous certaines conditions dans celui du souci, mais jamais devant la mort, c'est-à-dire au moment où le souci se soucie de sa possibilité extrême: la mort est à chaque fois inaliénable et propre.

«Cette possibilité — la mort comme ma propre mort — je la suis moi-même. Il n'y a pas de mort en général».[39]

---

37. Als unangemessen wurde die Interpretation des Noch-nicht und damit auch des äußersten Noch-nicht, des Daseiendes, im Sinne eines Ausstandes zurückgewiesen; denn sie schloß die ontologische Verkehrung des Daseins in ein Vorhandenes in sich. Das Zu-Ende-sein besagt existenzial: Sein zum Ende. Das äußerste Noch-nicht hat den Charakter von etwas, wozu das Dasein sich verhält.
SZ, p. 250, trad. franç. (Corbin) p. 139.
38. „die schlechthinnige Nichtigkeit des Daseins".
SZ, p. 306.
39. Diese Möglichkeit — der Tod als mein Tod — bin ich selbst. Den Tod überhaupt gibt es nicht.
Gesamtausgabe, tome 20, p. 433, R.

L'être-pour-autrui s'estompe devant la négativité constitutive qui renvoie l'être-là sans appel et de façon absolue à soi-même (solus ipse). Il y va, en effet, de son être. L'esseulement est dispersion transcendantale et, ainsi, une manière d'ouverture du «là» pour l'existence. La mort ne se confond plus avec le simple fait de mourir, mais se donne comme un mode particulier d'être de l'être-là, engageant ses disponibilités les plus intimes. C'est toujours l'angoisse qui met en demeure: «En elle l'être-là se trouve devant le néant de la possible impossibilité de son existence».[40]

Ontologiquement, de quelle possibilité est-il question? On ne saurait la situer dans le schéma aristotélicien. La possibilité des non-possibles élaborée par les Stoïciens dans le sillage et en réponse aux thèses de l'école mégarique ne se détache pas définitivement de ce schéma, car ici encore la possibilité s'oppose formellement à la réalisation. Ce qui paraît le plus près de la négativité heideggerienne c'est le rapport aristotélicien entre repos et mouvement: le repos fait partie de la mobilité. La «possible impossibilité de l'existence» n'est pas l'opposition totale aux possibilités (réalisables ou non-réalisables) de celle-ci, mais conditionne, fait surgir et converger ces possibilités. La conception heideggérienne de la transcendance prendra plus tard appui sur ce terrain. L'indépassable se révèle comme condition du dépassement.

Je suis donc à chaque instant de mon existence la possibilité de ma propre mort. Ceci concerne le mode d'être de l'être-là en lequel il peut être son extrême possibilité: ne plus être. Le pouvoir-être de l'être-là est constamment la possibilité indététerminée, mais certaine, de sa «négation». Tout est donc de saisir l'épaisseur du «pas encore» existential évoqué précédemment. La mort est constitutive de l'être-là en tant que dimension. Elle ne vient pas se surajouter comme une pièce qui, pour un bout de temps, fait défaut. Elle n'est pas non plus un défaut par elle-même, puisqu'elle est comprise dans ce qui, par définition, se refuse à toute défaillance: le commencement. Mais commencement et fin modifient leur sens dans ce nouveau contexte ontologique. La distance qui les désunit sans les séparer définitivement ne cesse de se

40. In ihr befindet sich das Dasein vor dem Nichts der möglichen Unmöglichkeit seiner Existenz.
SZ, p. 266, R.

constituer. La totalité de l'être-là dit autre chose que la totalité d'un étant subsistant. Ni finition, ni disparition («la peinture est finie», «le pain est fini») ne couvrent le propre de l'être-là dans son rapport avec la mort.[41] Tout en convenant de la précarité de l'analogie,[42] il nous semble opportun d'invoquer le concept de totalité tel qu'il apparaît dans les interprétations heideggériennes tardives des fragments d'Héraclite. Il en ressort que la totalité la plus globale (τὰ πάντα) ne consiste pas dans la somme exhaustive des étants, ni dans la région la plus éminente (absolue) de ces étants, mais dans le fait même de se constituer comme telle, dans une disposition lui permettant de s'acheminer vers sa propre position. La totalité est du côté du feu qui s'associe l'extinction en vue d'apparaître comme tel.[43] Héraclite n'envisage pas les choses intramondaines, mais l'être-monde du monde. L'être-là comme rapport à l'être témoigne d'un processus (tendance) similaire de conduction et reconduction d'une totalité non-totalisante. N'est-il pas fondamentalement être-au-*monde*? A la différence des choses se perpétrant sous le signe de la préoccupation, la totalité de l'être-là est, en quelque sorte, dès le commencement toute entière. La mort fait partie de cette totalité. La négativité conditionne ainsi la «perfectio» des humains. Heidegger cite à ce propos le théologien Ackermann de Bohème qui, par delà la conscience pêcheresse, fait découvrir l'innocence de la finitude.

«Dès qu'un humain vient à vie, déjà il est assez vieux pour mourir».[44]

Une distance infime et infinie sépare cette citation d'une affirmation, par ailleurs, fort banale au Moyen âge. Là où l'exégèse courante veut établir une carence, Ackermann de Bohème suggère la révélation d'une structure complète. Le disparaître n'empiète pas sur l'apparaître, mais fraternise avec lui. La schématisation temporelle, fondée sur la simple succession, s'éloigne de ce fait. La fin révélée par le commencement n'est pas «finie», mais néantissante. Là où on voudrait discerner clairement un aboutissement,

---

41. Ibid., p. 245.
42. Aristote, *Métaphysique,* I (X), 1052 a-b.
43. H-S, passim.
44. Sobald ein Mensch zum Leben kommt, sogleich ist er alt genug zu sterben. SZ, p. 245, trad. franç. (Corbin) p. 132.

ce sont peut-être les venants et les aboutissants de l'être. Heidegger reprend ce problème dans ses considérations sur le sens originel du mot φύσις. La mise à disponibilité de la fleur est toujours la fleur (en retrait). La mise à disponibilité du fruit est toujours le fruit (en retrait). La φύσις conditionne le double mouvement d'entrée en présence et de sortie de la présence.

> «Pourtant, dans «l'être-en-chemin» essentiel, chaque étant produit (ne pas confondre ici avec un étant fabriqué) est dans son mouvement même d'approche aboli (weggestellt = mis à disponibilité), par exemple la fleur par le fruit. Mais dans cette abolition, l'installation dans le visage ne renonce pas à soi; au contraire: comme fruit, la pousse retourne à son germe, qui d'après son déploiement n'est pas autre chose que s'épanouir dans le visage qui se donne à voir — ὁδὸς φύσεως εἰς φύσιν —. Tout vivant, avec son vivre, entreprend déjà aussi à mourir, et inversement: mourir c'est encore vivre, vu que seul le vivant est capable de mourir; oui, il se peut que mourir soit l'«acte» suprême de vivre».[45]

«Acte», mis entre guillemets suivant le texte original, fait état de l'interprétation tardive et appauvrissante de l'ἐνέργεια aristotélicienne. En effet, celle-ci passe sous silence l'acheminement — sans coup d'arrêt — de la φύσις vers la φύσις. Mais si la mort est une ἐνέργεια, il faut tout de suite penser l'ἐνέργεια comme favorisant la possibilité, c'est-à-dire comme tendant la main à la δύναμις. Il y a ainsi un jeu reconduit en faveur de la possibilité. Il est nécessaire de remarquer que Heidegger s'adapte ici, pour des raisons herméneutiques, à la perspective aristotélicienne. Au point de vue strictement heideggérien, la mort comme mort revient seulement aux humains: c'est parce que l'être-là puise à la source même du retrait et de l'apparition (la transcendance). La mort

---

45. Im wesenhaften „Unterwegs" jedoch wird ein je Hergestelltes (nicht etwa Gemachtes), z.B. die Blüte durch die Frucht, weggestellt. Aber in diesem Weg-stellen gibt die Gestellung in das Aussehen, die φύσις sich nicht auf; im Gegenteil: als Frucht geht das Gewächs in seinen Samen zurück, der seinem Wesen nach nichts anderes ist als Aufgehen in das Aussehen, ὁδὸς φύσεως εἰς φύσιν. Jedes Lebendige fängt mit seinem Leben auch schon an zu sterben und umgekehrt: das Sterben ist noch ein Leben, da nur Lebendiges zu sterben vermag; ja das Sterben kann der höchste „Akt" des Lebens sein.
Wegm, VWuBdphys, p. 295–296, trad. franç. p. 271.

n'assigne pas à l'être-là la tâche d'une «réalisation». Elle n'y paraît non plus comme une «réalité». Elle est ἐνέργεια ou «perfectio» dans la mesure où elle est garante de la possibilité. L'être-là n'est que comme pouvoir-être. L'éventualité certaine de la mort, telle qu'elle participe à la constitution de l'être-là, se comporte comme une limite mouvante qui indique plus qu'elle n'interdit.

Rejoignant et développant une tradition qui remonte aux Stoïciens et même à Socrate, l'anthropologie élaborée par la théologie médiévale considère la mort étroitement liée à la vie. L'exhortation memento mori, actualisation extrême d'une pensée soucieuse de rédemption, est pourtant difficilement trouvable dans l'exégèse heideggérienne de la mort. L'être-au-monde précède ontologiquement le concept de vie et se soustrait à toute datation. L'être-là ne vit pas une «crise de temps» en vue de son salut. Il est «crise» lui-même — Ent-scheidung. Sauver veut dire plutôt laisser libre dans son être propre.[46] Temporel, éternel, intemporel sont les produits d'une pensée dérivée, des éclats qui dissimulent la réalité du temps. L'être-là puise dans son rapport fondamental à l'être. L'exhortation de l'être-pour-la-fin, perçue dans l'horizon de la temporalité, se fait entendre comme une oraison, au sens classique de ce mot, proche du latin oratio. On dirait un discours sans vocables dont le message est: laisser être (anwesen lassen). Ceci est tout le contraire d'une pensée obsessionnelle de la mort qui ne fait que tenir en échec la liberté comme liberté.

Les humains (les mortels) sont solitaires en tant qu'ils sont solidaires — solidaires non seulement entre eux mais comme participant à la constitution même du monde. La «déchéance» fait partie de l'appropriement. Ceci modifie la teneur du problème. S'il nous est permis de reprendre une tournure chère à Aristote, nous pouvons dire: d'une façon, il y a de la déchéance et, d'une autre, il n'y en a pas. Puisque la déchéance à l'état séparé fait défaut, ce que nous désignons par ce vocable n'est visé que de manière approximative et provisoire. Si les mortels sont solitaires, ils ne sont pas seuls. Ils participent au Quadriparti (Geviert). Ils séjournent depuis toujours et déjà auprès des choses et auprès des divins. Ils déploient leur être sur la terre et, par conséquent sous le

---

46. „in sein eigenes Wesen freilassen".
   VA, BWD, p. 144, trad. franç. p. 177.

28

ciel. Si l'on dit «mortels», il faut penser tout ceci ensemble. Le séjour dans le Quadriparti libère de toute oppression la finitude des mortels, car eux seuls peuvent se situer dans ce qui est libre et accéder à la choséité de la chose. Accueillir le soleil comme soleil, la pluie comme pluie tient de ce séjour. Les divins ne connaissent pas la mort. Les mortels, ce sont les hommes en tant qu'ils peuvent mourir. Ceci n'assombrit pas l'habitation mais la soutient dans son propre. Il y a ainsi une fragilité inhérente à la chose elle-même. Le rassemblement repose sur la différence.

«La terre et le ciel, les divins et les mortels se tiennent, unis d'eux-mêmes les uns aux autres, à partir de la simplicité du Quadriparti uni. Chacun des Quatre reflète à sa manière l'être des autres. Chacun se reflète alors à sa manière dans son propre être, revenant à cet être au sein de la simplicité des Quatre. Cette réflexion n'est pas la présentation d'une image. Eclairant chacun des Quatre, la réflexion manifeste leur être propre et le conduit, au sein de la simplicité, vers la transpropriation des uns aux autres. Reflétant en cette manière, manifestant et éclairant, chacun des Quatre se donne à chacun des autres. La réflexion qui manifeste libère chacun des Quatre et le rend à ce qu'il possède en propre; mais ceux qui sont désormais libres, elle les lie dans la simplicité de cette appartenance mutuelle qui forme leur être».[47]

Même si Heidegger ne le dit pas, il est facile de deviner que ce fragment se rapporte à Platon. Les dieux, les humains, le ciel et la terre constituaient déjà dans *Gorgias* (507e) l'harmonie primordiale, c'est-à-dire le monde (ὁ κόσμος). Ce n'est pas l'«ensemble» qui fait problème mais la façon dont il est fondé ou, mieux encore, dont il se constitue. Platon y voit l'œuvre d'une égalité géométri-

---

47. Erde und Himmel, die Göttlichen und die Sterblichen gehören, von sich her zueinander einig, aus der Einfalt des einigen Gevierts zusammen. Jedes der Vier spiegelt in seiner Weise das Wesen der übrigen wieder. Jedes spiegelt sich dabei nach seiner Weise in sein Eigenes innerhalb der Einfalt der Vier zurück. Dieses Spiegeln ist kein Darstellen eines Abbildes. Das Spiegeln ereignet, jedes der Vier lichtend, deren eigenes Wesen in die einfältige Vereignung zueinander. Nach dieser ereignend-lichtenden Weise spiegelnd, spielt sich jedes der Vier jedem der übrigen zu. Das ereignende Spiegeln gibt jedes der Vier in sein Eigenes frei, bindet aber die Freien in die Einfalt ihres wesenhaften Zueinander.
VA, DD, p. 172, trad. franç., p. 213.

que (ἡ ἰσότης ἡ γεωμετρική). Ceci déplace le point de gravité du domaine de ce qui est en train de se constituer vers celui de ce qui est déjà constitué. La «mobilité» de toute égalité est statique, imperméable à la différence. La réalité mathématique préside de l'extérieur — il est vrai, encore de façon égale — aux affaires des dieux et des humains. Ce qui est constitué fonde le processus de constitution. Celui-ci acquiert forcément le statut d'une imitation. La réalité mathématique baigne dans la lumière et méconnaît la «négativité». Kant nous a révélé depuis que les concepts purs de la raison ne sont pas construisibles et que, par conséquent, les mathématiques ne peuvent nous aider à nous saisir du propre de la métaphysique. La préférence de Heidegger va vers les présocratiques en tant qu'ils sont penseurs du commencement et qu'ils habitent le commencement (anfängliche Denker). [48] Leur pensée, en premier lieu celle d'Héraclite, prend en compte le retrait et porte au jour le processus de constitution comme tel. ἀθάνατοι θνητοί, θνητοὶ ἀθάνατοι, ζῶντες τὸν ἐκείνων θάνατον, τὸν δὲ ἐκείνων βίον τεθνεῶτες. [49]

En désignant les humains comme les mortels, Héraclite fait jouer la «négativité». Les nombreuses difficultés de traduction de ce fragment tiennent principalement à la nature du rapport entre mortels et immortels. L'emploi des participes marque un déploiement événementiel. Les verbes «vivre» et «mourir» sont-ils ici transitifs ou intransitifs? Et s'ils sont intransitifs, quel autre verbe conditionne l'entrée en présence sans pour autant apparaître dans le texte? Les accusatifs qui suivent les participes excluent le verbe «être». De part en part, le fragment est investi par la co-appartenance des mortels et des immortels. Comment a-t-elle cependant lieu? Heidegger fait remarquer (en marge du commentaire d'Eugène Fink) la position médiane des mortels — donc de la «négativité» — et le renvoi au temps. Nous sommes, en effet, devant un exemple éloquent de temporalité. La lecture selon l'antérieur et le

---

48. *Gesamtausgabe,* tome 54, p. 2.
49. Diels traduit:
   Unsterbliche: Sterbliche, Sterbliche: Unsterbliche, denn das Leben dieser ist der Tod jener und das Leben jener der Tod dieser. Immortels: mortels, mortels: immortels, car la vie de ceux-ci et la mort de ceux-là et la vie de ceux-là, la mort de ceux-ci.
   H-S, p. 124, trad. franç. p. 127.

postérieur (κατὰ τὸ πρότερον καὶ ὕστερον) n'est pas adéquate. Le
« mourir » et le « vivre » ne se succèdent pas. Les immortels ne
vivent pas avant que les mortels ne meurent, les mortels ne meurent pas avant que les immortels ne vivent. La simultanéité ne
couvre pas non plus ce rapport. Quelle contemporanéité peut-il y
avoir entre deux dimensions différentes, si non celle d'une simple
coïncidence? Or le fragment témoigne d'une reconduction du rapport. Son dynamisme a le caractère originel du pouvoir-être. La
coïncidence est ici itinérente. La fin se trouve mal à l'aise dans la
perspective du temps qui jaillit. L'inégalité des dimensions soutient la différence comme différence.

La mort n'est pas seulement un problème de l'étant que nous
sommes, car elle concerne également l'être lui-même. Elle est
l'« arche du néant ». La mort met ainsi à notre portée la partie la
plus accessible de l'inaccessible. C'est le lointain qui est donné
comme proximité. Mais ce n'est pas en « cassant » la proximité
(l'arche) que l'on parvient à ce qui est lointain. Les deux tiennent
ensemble. Le voilement est ici dévoilant : il est transcendance. Le
néant, rendant possible l'expérience de l'être, lui appartient. Les
mortels sont le rapport à l'être en tant qu'être. Mais ce rapport
même a le caractère de l'être (das *wesende* Verhältnis). La fragilité
est inhérente à ce qui demeure. Ce qui demeure n'en demeure pas
moins et peut se donner comme tel.

« La mort est l'Arche du Rien, à savoir de ce qui, à tous
égards, n'est jamais un simple étant, mais qui néanmoins est,
au point de constituer le secret de l'être lui-même. La mort,
en tant qu'Arche du Rien, abrite en elle l'être même de l'être
(das Wesende des Seins). En tant qu'Arche du Rien, la mort
est l'abri de l'être. Aux mortels nous donnons le nom de mortels — non pas parce que leur vie terrestre prend fin, mais
parce qu'ils peuvent la mort en tant que mort. C'est en tant
que mortels que les mortels sont ceux qu'ils sont, trouvant
leur être (wesend) dans l'abri de l'être. Ils sont le rapport, qui
s'accomplit, à l'être en tant qu'être ». [50]

---

50. Der Tod ist der Schrein des Nichts, dessen nämlich, was in aller Hinsicht
niemals etwas bloß Seiendes ist, was aber gleichwohl west, sogar als das
Geheimnis des Seins selbst. Der Tod birgt als der Schrein des Nichts das
Gebirg des Seins. Die Sterblichen nennen wir jetzt die Sterblichen — nicht,
weil ihr irdisches Leben endet, sondern weil sie den Tod als Tod vermögen.

C'est le caractère éminemment humain du phénomène de la mort et sa dimension en tant qu'abri de l'être (Gebirg des Seins) que Werner Marx retient comme point de départ: son projet d'une éthique non-métaphysique pense plus loin la notion heideggérienne de finitude.[51]

D. Le néant, la conscience et l'être-fautif

Le problème de la conscience se pose dans l'horizon du pouvoir-être de l'être-là dans son mode propre d'être. «Propre» (eigen) désigne ici autre chose que l'authenticité ou la possession telles qu'elles se sont imposées dans le sillage des philosophies du sujet. C'est le même vocable que l'on entend dans l'«appropriement» (Ereignis). «Propre» signifie alors que ce qui est l'est selon son être. Par là, l'être est pris en garde et mené à son terme. La conscience perçoit la toute première amorce de ce mouvement. L'approche ontologique prend ses distances vis-à-vis de la description psychologique de la conscience, de l'explication déterministe-biologique (qui équivaut, en fait, à une expédition du problème) et de l'interprétation théologique, qui considère la conscience comme une preuve de la manifestation non-problématique de la divinité. La conscience n'est ni une réalité qui se laisserait aborder par une démarche expérimentale ni une «idéalité» qui s'ouvrirait à une approche purement théorique. L'analytique de l'être-là ne se décourage pas devant le fait irréel et, en même temps, non-idéel de la conscience et établit, à partir d'une lecture phénoménologique, le caractère propre de l'être de la conscience comme déterminant l'ouverture de l'être-là (Ent-schlossenheit). Ouvrir veut dire ici faire correspondre le pouvoir-être et son propre «là». Ce mouvement de détermination suit le penchant même de l'être.

Instaurer la possibilité comme possibilité constitue le préambule à tout choix. Le choix débute obligatoirement comme choix du

Die Sterblichen sind, die sie sind, als die Sterblichen, wesend im Gebirg des Seins. Sie sind das wesende Verhältnis zum Sein als Sein.
VA, DD, p. 171, trad. franç. p. 212–213.
51. *Gibt es auf Erden ein Maß? Grundbestimmungen einer nichtmetaphysischen Ethik*, Felix Meiner, Hamburg, 1983, p. 35–41 et 90–117.

choix, même s'il choisit de ne pas se choisir. Le «ne pas», l'oubli, la retenue sont toujours des possibilités. Ceci dépasse le problème de l'option dans le domaine ontique où les alternatives se succèdent sans mettre en question le «fondement». Cependant, pour qu'une pareille option puisse avoir lieu, il faut d'abord que la possibilité se soit manifestée comme possibilité. La pensée heideggérienne nous invite continuellement à «raccrocher», à faire marche arrière pour libérer l'endroit où peut apparaître le propre de chaque mouvement. C'est ainsi que la conscience bien avant qu'elle ne soit instance dispensatrice de jugements, dans l'horizon du sujet, est déjà possibilisation de l'être de l'être-là. Depuis la προαίρησις aristotélicienne et jusqu'à l'impératif catégorique kantien, le choix repose sur une hiérarchisation des étants, sans prendre en compte le commencement comme commencement, l'être comme se dévoilant et se dérobant. Toute l'axiologie moderne a comme point de départ cette omission initiale. C'est pourquoi la volonté de volonté est libre en tant qu'elle s'offre à elle-même son propre piège et non pas en tant qu'elle franchit le mur de l'étant.

Si la conscience n'est pas une réalité, au sens traditionnel du mot, elle est bien un phénomène, qui apparaît et qui fait apparaître. Elle met l'être-là devant son étrangeté (Unheimlichkeit), autrement dit devant soi-même comme source de possibilité. La conscience n'est pas le récipient d'un message, mais le message lui-même traversant l'être-là : un message qui a l'ampleur et la transparence d'un cri et qui pourtant demeure silencieux. La conscience est appel et rien d'autre. En tant que tel, elle emprunte la voie moyenne. L'appel n'est ni personnel, ni impersonnel.

«L'appel vient de moi et, pourtant, indépendamment de moi».[52] Celui qui appelle s'épuise dans le fait d'appeler. Du point de vue intramondain, on peut le désigner, à titre provisoire, comme «personne» à condition que l'on renonce à y chercher l'ombre d'une personne. La personnification, en dépit d'une reconnaissance de jure du côté «objectif» de l'appel, entérine de facto son caractère purement subjectif. L'objectivité se confond avec la subjectivité haussée à l'échelon absolu (mais toujours prisonnière

52. Der Ruf kommt aus mir und doch über mich.
   SZ, p. 275.

d'elle-même). Voir dans l'étrangeté de l'être-là l'effet d'une puissance (Macht) de dehors, même si indéterminée, réinstalle le sujet dans ses droits et occulte le phénomène originel de la conscience.

«Mais, si l'on pense bien, cette interprétation est seulement une fuite devant la conscience, une échappatoire de l'être-là pour contourner la cloison mince qui sépare, pour ainsi dire, l'«on» de l'étrangeté de son propre être. L'interprétation mentionnée de la conscience se fait passer pour la reconnaissance de l'appel comme une voix «à validité générale», dont le parler n'est pas simplement subjectif. Bien plus, cette conscience «générale» est haussée au rang de «conscience universelle». Mais, selon son caractère phénoménal, elle est bien «il» (es) et «personne», donc, comme indétermination, elle parle malgré tout dans la sphère individuelle du sujet».[53]

Il convient de remarquer que la séparation de l'«on» et de l'être-là est plutôt une façon de parler. L'«on» est toujours être-là et, par conséquent, du côté de la possibilité. La limite n'est pas définitive, mais en train de se constituer. Quant à l'individualité du sujet, elle baigne dans la généralité. Elle est le fruit d'une opposition qui ne parvient pas à la source de la différence comme différence. L'analytique de l'être-là s'acheminant vers la compréhension du sens de l'être déplace les fondements de la conscience. Avant que le discours ne soit moralisant, il doit être initial. Pour ce faire, il doit réincorporer le silence comme son propre et s'apprêter ainsi à l'écoute. L'appel est perçu tout d'abord comme une voix étrange et étrangère, mais nullement extérieure. Il ne noue pas de dialogue, ne fait pas de communication, ne dit rien aux oreilles curieuses. Il «est» pourtant là. Son abord est particulier.

---

53. Aber recht besehen, ist diese Auslegung nur eine Flucht vor dem Gewissen, ein Ausweg des Daseins, auf dem es sich von der dünnen Wand, die gleichsam das Man von der Unheimlichkeit seines Seins trennt, wegschleicht. Die genannte Auslegung des Gewissens gibt sich als Anerkennung des Rufes im Sinne einer „allgemeinverbindlichen" Stimme, die „nicht bloß subjektiv" spricht. Mehr noch, dieses „allgemeine" Gewissen wird zum „Weltgewissen" aufgesteigert, das seinem phänomenalen Charakter nach ein „es" und „Niemand" ist, also doch das, was da im einzelnen „Subjekt" als dieses Unbestimmte spricht.
SZ, p. 278, R.

34

L'appel parle uniquement en tant qu'il se tait.[54] Il y a une «négativité» de l'appel qui donne en tant qu'il retient. La présence est
maintenant présence du retrait. Autrement dit, elle est présence
extatique. La conscience serait-elle la compréhension du temps?
Dans l'appel, c'est «le néant qui perce». Ceci place l'appel dans la
perspective de la transcendance. Or il n'y a rien de plus initial que
la transcendance. Le néant est un néant donnant: il offre le fond
(«négatif») de la possibilité. C'est pourquoi Heidegger ajoute:
«Que le néant perce» signifie selon l'être-là quelque chose de positif».[55] «Percer» suggère assez bien l'intention du texte original
dans la mesure où ce verbe indique l'aboutissement et, à la fois,
l'ouverture. La positivité est investie par la négativité seulement
en tant qu'elle est initiale. Elle continue de demeurer positivité et
même se trouve amplifiée pour autant qu'elle habite le commencement. L'appel annonce l'amorce du projet comme tel. Son ouverture peut être saisie par l'être-là parce que celui-ci est déjà
ouverture. Celui qui appelle est l'être-là lui-même en tant qu'il
peut être «chez lui». Avant qu'il ne soit éclosion, il est envolée de
tout fondement.

«Il est l'être-là dans son étrangeté, l'être-au-monde dans sa
déréliction originelle, comme n'étant pas «chez lui», le pur
«que...» (Daß) dans le néant du monde».[56]

Le «que...» déclare le fait inaugural dans sa nudité: qu'il est,
qu'il a à être en tant qu'il est pouvoir-être. L'éclatement en essence et en existence disparaît dans cette injonction. On ne saura
expliquer ce déploiement à partir d'un pourquoi, car, conjointement à la mondanéité du monde, c'est la liberté comme liberté qui
fait surface. Le silence (la retenue) de l'appel révèle à sa manière la
transcendance. Dans l'horizon ainsi libéré, l'être-là se met en rapport avec son être-fautif (Schuldig-sein). La conscience regagne, du
même coup, son statut ontologique et ses propres sources comme
conscience. En tant que phénomène originel, elle ne se laisse pas

54. Ibid., p. 273.
55. „Daß nichts erfolgt", bedeutet daseinmäßig etwas Positives.
    Ibid., p. 279.
56. Er ist das Dasein in seiner Unheimlichkeit, das ursprüngliche geworfene In-
    der-Welt-sein als Un-zuhause, das nackte „Daß" im Nichts der Welt.
    Ibid., p. 276, R.

réduire à une fonction de l'entendement, de la volonté ou de la sensibilité ou encore de la synthèse de ces trois facultés.

Le problème de la conscience est également celui de la faute. Pour que l'on ait la moindre idée de faute, il faut que cette possibilité soit donnée d'une façon ou d'autre, au niveau de l'être-là. Dans le langage courant la faute désigne soit une dette (Schuld haben bei), soit la responsabilité d'un fait (Schuld haben an). Dans les deux cas, la faute sanctionne une insuffisance que l'on est tenu de remédier. Il importe dès lors de trouver l'«équivalent» de la faute en vue de sa réparation. La faute comme telle demeure en retrait par rapport à cette préoccupation. On la situe dans la perspective générale d'un devoir. Ceci n'est pas forfuit et implique un certain oubli. Le devoir (Sollen) s'écarte de l'être, à un moment déterminable, suivant la dispensation historiale de l'être.

«Ceci est devenu clair : le devoir intervient comme opposé à l'être aussitôt que celui-ci se détermine comme idée. Avec cette détermination, la pensée assume un rôle décisif en tant que logos énonçant des propositions (διαλέγεσθαι). Par suite, la scission entre l'être et le devoir se prépare à prendre dans les temps modernes sa forme véritable dès que cette pensée, en tant que raison rapportée à elle-même, assure sa suprématie. Ce processus trouve son achèvement chez Kant». [57]

La contamination réciproque de l'idée et de la réalité — l'idée devient la réalité par excellence et la réalité se transforme en une simple idée — a comme conséquence l'amenuisement précoce de la portée ontologique du devoir. La faute revêt à son tour le caractère de simple insuffisance et retombe dans le domaine de l'étant subsistant. Elle est, justement, ce qui fait défaut, la partie manquante. La «négativité» de la faute n'est pas pensée comme telle. La morale garde un profil fragmentaire, sans prise sur le commencement. A la recherche d'un fondement ontologique, la morale s'élance en avant d'elle-même, oublieuse du fait qu'elle surgit d'un

57. Deutlich wurde: das Sollen tritt als Gegensatz zum Sein auf, sobald dieses sich als Idee bestimmt. Mit dieser Bestimmung gelangt das Denken als aussagender Logos (διαλέγεσθαι) in eine maßgebliche Rolle. Sobald daher dieses Denken als auf sich selbst gestellte Vernunft in der Neuzeit zur Herrschaft gelangt, bereitet sich die eigentliche Ausgestaltung der Scheidung von Sein und Sollen vor. Vollendet ist dieser Vorgang bei Kant.
EM, p. 150–151, trad. franç. p. 200–201.

pareil fondement. Avant qu'elle ne monte, il lui faut redescendre. Le caractère existential originel de «fautif» se révèle tout d'abord dans «je suis fautif»: le «suis» investit le «fautif» et en tant qu'attribut «fautif» ne survient que dans l'horizon du «suis». Ceci nous empêche de limiter la faute à une déficience. Il n'y a rien au monde qui puisse «faire défaut» à l'existence (l'orthographe de la *Lettre sur l'Humanisme* paraît ici plus éloquente: ek-sistence). Ce n'est pas parce que l'être-là serait en état continuel de perfection, mais parce que son mode d'être diffère essentiellement de celui de l'étant subsistant. On a déjà vu combien le concept de totalité modifie son contenu dans cette perspective. Rien *au monde* n'y fait défaut puisque la mondanéité du monde s'affirme premièrement à travers l'existence. L'estimation ne peut se faire ici au moyen d'un étalon bien établi, mais dans la traînée de la dimension qui transit l'être-là. Le fait de se constituer et de pouvoir se constituer libère la dimension comme telle: l'être-fautif y déploie son être. S'il ne fait pas état d'un défaut, il a bien le caractère de «ne pas». Cette «négativité» (possibilité ontologique) est accessible uniquement à partir de l'être-là.

«Si l'idée de «ne pas», impliquée par le concept de faute dans son acception existentiale, exclut la référence à un étant subsistant possible ou requis, si, par conséquent, l'être-là ne doit pas être mesuré à quelque chose de subsistant ou de valide, à quelque chose qui n'est pas lui-même ou bien qui possède une autre façon d'être — autrement dit qui n'existe pas —, alors il n'est plus possible de considérer comme «déficient» ce qui est fondement pour autant qu'il est fondement d'une déficience. On ne peut pas déduire tout simplement, à partir d'une déficience «causée» existentialement, à partir de l'insatisfaction d'une exigence, le caractère déficient de la «cause». L'être-fondemnet-pour... ne doit pas avoir le même caractère de «ne pas» que le «privativum» qui est fondé par lui et qui surgit à partir de lui. Le fondement ne doit pas d'abord recevoir la négativité de ce qui est fondé par lui».[58]

58. Wenn die im existential verstandenen Begriff der Schuld liegende Idee des Nicht die Bezogenheit auf ein mögliches bzw. gefordetes Vorhandenes ausschließt, wenn mithin das Dasein überhaupt nicht an einem Vorhandenen oder Geltenden gemessen werden soll, das es selbst nicht ist oder das nicht in

On ne saurait expliquer, par conséquent, l'être-fautif à partir d'un devoir ou, plus banalement encore, à partir d'une dette. Pour que l'obligation ou l'endettement soient perçus dans l'existence quotidienne, il faut que la possibilité de la différence soit déjà donnée originellement. Il se peut également que l'interprétation quotidienne repose sur une lecture trop hâtive de ce qui est initial. La distinction courante entérinerait, en ce cas, plutôt une indistinction de fait. Distinguer c'est toujours tracer une limite mais ce n'est que dans une perspective originelle que la limite surgit comme limite. Dans *L'Etre et le Temps* le vocable «fondement» est assez rare. Heidegger l'utilise, de préférence, dans des composés avec le verbe «être» (Grund*sein* ou plus «mobile» et rappelant le participe présent grec — ὄν —, Grund*seiend*). Ceci investit le fondement d'une certaine impondérabilité. Le fondement s'épuise dans le fait de prendre appui pour s'élancer. Il s'agit bien d'une fondation réitérée qui se fonde et se soutient elle-même. Ce n'est que lorsque nous ne nous situons pas dans ce déploiement que le «fondement» accuse une certaine lourdeur (dans l'angoisse). D'autre part, associé au verbe «être», le fondement perd son autarcie, il se constitue comme rapport et, comme tel, il implique plus que lui-même. C'est pourquoi Heidegger met entre guillemets le vocable «cause». L'être-là est fondateur en tant qu'il est être-fautif. Il n'est pas être-fautif d'abord et, ensuite, fondateur. Il est les deux à la fois.

«En étant fondement, autrement dit, en existant comme jeté, l'être-là demeure derrière ses possibilités. Il n'est jamais existant avant son fondement, mais à chaque fois seulement à partir de celui-ci et comme celui-ci. Etre fondement veut dire ne pas disposer entièrement (von Grund auf) de son propre être. Ce «ne pas» appartient au sens existential de l'être-jeté.

seiner Weise ist, das heißt existiert, dann entfällt damit die Möglichkeit, mit Rücksicht auf das Grundsein für einen Mangel das so Grundseiende selbst als „mangelhaft" zu verrechnen. Es kann nicht schlechthin von einem daseinmäßig „verursachten" Mangel, der Nichterfüllung einer Forderung, auf die Mangelhaftigkeit der „Ursache" zurückgerechnet werden. Das Grundsein für... braucht nicht den selben Nichtcharakter zu haben wie das in ihm gründende und aus ihm entspringende Privativum. Der Grund braucht nicht erst seine Nichtigkeit von seinem Begründeten zurückzuerhalten.
SZ, p. 283–284, R.

Le fait d'être fondement est lui-même la négativité de lui-même». [59]

«Ne pas disposer entièrement de son être» désigne une limite. Remarquons d'abord que ce n'est pas toujours de la même façon que l'on ne dispose pas entièrement de son être. La limite est sans doute mouvante. Elle dispense la négativité. Loin d'être une ligne géométrique, elle est plutôt pulsation, traînée, fulguration. Elle institue un écart. Il n'y a ni possibilité ni nécessité de rattrapage dans cet horizon. Disposer entièrement de son être reviendrait à ne pas en disposer du tout. Pouvoir disposer (mächtig sein) repose sur une négativité. En s'élançant, l'être-là se donne son propre fondement. Celui-ci «disparaît» dans le fait de s'élancer. Mais il ne disparaît que pour réapparaître dans l'instantanéité même de l'instant. Le fondement apparaissant-disparaissant est justement l'être-fondement. L'être-jeté n'est pas différent du projet à la manière de la positivité par rapport à la négativité. L'être-jeté est, en même temps, son «là» et son ouverture. Tant la possibilité que l'impossibilité investissent, en égale mesure, bien que différemment, l'être-jeté et le projet. L'être-jeté est possibilité de la possibilité reposant sur l'impossibilité de son caractère jeté. Le projet est déjà la mise en route d'une possibilité sur le fond de l'impossibilité et en entamant l'impossibilité. Cette possibilité se retire, cède la place à une autre. L'impossibilité de l'être-jeté n'est plus la même : elle est entraînée dans l'élancement. Mais elle n'est jamais entraînée à tel point qu'elle se confonde avec le projet. Le projet puise dans la différence. L'«enrichissement» de l'impossibilité ne diminue en rien la possibilité et l'«enrichissement» de la possibilité ne diminue en rien l'impossibilité. Il n'y a d'enrichissement que si l'impossibilité et la possibilité fraternisent. Tel est le sens de la négativité heideggérienne. On ne peut la comprendre que si l'on prend en compte le fait transcendantal, le domaine extatique. Ce n'est pas la «périssabilité» du projet (doublée, en fait, d'une con-

---

59. Grund-seiend, das heißt als geworfenes existierend, bleibt das Dasein ständig hinter seinen Möglichkeiten zurück. Es ist nie existent vor seinem Grunde, sondern je nur aus ihm und als dieser. Grundsein besagt demnach, des eigensten Sein von Grund auf nie mächtig sein. Dieses Nicht gehört zum existenzialen Sinn der Geworfenheit. Grundseiend ist es selbst eine Nichtigkeit seiner Selbst.
Ibid., p. 284, R.

stante réitération) qui détermine son caractère négatif. Le projet est déjà négatif comme surgissement. Il fait surface sur la base d'un retrait et comme liberté. Le projet n'est ni complet ni éternel. Il n'est pas pour autant manqué. L'aborder avec les moyens de la pensée dichotomique, c'est le détourner de son propre être. Le formalisme logique s'accommode mal de ce qui est intermédiaire et, en même temps, non-symétrique. D'autre part, l'axiologie — affirmation tardive et contradictoire de l'interprétation de l'étant comme ἰδέα — n'a pas de prise sur le fait originel (Urfaktum). Il n'y a rien d'inutile (d'utile non plus) dans ce qui surgit dans la liberté de surgir.

«Le projet n'est seulement en tant que jeté à chaque fois, déterminé par la négativité de l'être-fondement, mais en tant que projet même, il est essentiellement négatif. Cette détermination ne se confond pas avec le caractère ontique de «manqué» ou «dépourvu de valeur», mais elle est un fait existential constitutif de la structure d'être du projeter. La négativité mentionnée appartient à l'être-libre de l'être-là pour ses possibilités existentielles. La liberté n'est que le choix d'une possibilité. Ceci veut dire : porter (en soi) le fait de ne pas avoir choisi et aussi de ne pas avoir pu choisir».[60]

Il apparaît donc que le choix n'est pas univoque, mais équivoque. Il n'a pas, à proprement parler, plusieurs significations mais plusieurs dimensions. Il se fonde comme liberté dans le mouvement de retraît-apparition. C'est pourquoi le «ne pas» du choix renvoie incessamment à ses origines ontologiques. La négativité heideggérienne ne concerne pas l'étant subsistant, mais la finitude de l'être-là. Une lecture a posteriori, à partir de l'étant, manque l'ouverture. Il convient d'envisager toute présence du point de vue de son entrée en présence autant que cette entrée se trouve à la

---

60. Der Entwurf ist nicht nur als je geworfener durch die Nichtigkeit des Grundseins bestimmt, sondern als Entwurf selbst wesenhaft nichtig. Diese Bestimmung meint wiederum keineswegs die ontische Eigenschaft des „erfolglos" oder „unwertig", sondern ein existenziales Konstitutivum der Seinsstruktur des Entwerfens. Die gemeinte Nichtigkeit gehört zum Freisein des Daseins für seine existentiellen Möglichkeiten. Die Freiheit aber ist nur in der Wahl der einen, das heißt im Tragen des Nichtgewählthabens und Nichtauchwählenkönnens der anderen.
SZ, p. 285, R.

portée de l'être-là. Ceci nous conduit vers le propre de la possibilité. Si l'être-là n'est pas le fondement de son être, il est l'être de
son fondement.[61] En tant qu'existant, il assume son propre fondement. Sa position est ambiguë. Elle implique la négativité. Sans
déterminer en tout point son être, l'être-là est fondateur : il lui est
donné de débuter. Heidegger fait une distinction entre commencement (Anfang) et début (Beginn).[62] Ce sont les divins qui peuvent
vraiment commencer, les humains, pour leur part, débutent. Le
commencement n'est pourtant pas commencement que si le début
est début. Autrement dit le commencement va main dans la main
avec le début. Il investit le début. C'est pourquoi la négativité du
début ne se réduit pas à une négativité simplement discursive. La
co-appartenance du commencement et du début présuppose une
certaine réciprocité : si le commencement paraît dans le début,
dans quelle mesure le début investit le commencement ? Dans
quelle mesure, donc, la négativité remonte vers l'être ? Nous au-
rons l'occasion, par la suite, d'aborder ce problème.

L'être-là — l'étant dont l'être est souci — n'a pas de faute facticielle, mais est fautif dans ses fondements mêmes, ce qui constitue le préalable ontologique de toute moralité. L'être-fautif de
l'être-là se manifeste (comme rapport à l'être) avant que l'on en ait
pris connaissance et que l'on en ait fait un problème. Comme le
fondement, dans ce contexte, est absence de fondement (d'où le
caractère fondateur de l'être-là), la conscience se maintient
d'abord dans un état de transparence originelle sans se laisser figer
dans l'image prestigieuse d'une enceinte de tribunal (Gerichtshof-
vorstellung).[63] On est bien loin d'une malformation initiale ainsi
que du mal envisagé comme «privatio boni». D'autre part, l'innocence n'est-elle pas — à en croire Nietzsche — la forme la plus
raffinée et la plus cruelle de culpabilité ? L'être-fautif de l'être-là
indique simplement un décalage, une différence. A chaque fois
que ces termes reviennent, il faut envisager la possibilité d'un rapport au temps. L'être-fondement veut dire dans l'horizon de l'être-
là : se projeter dans son être-jeté, exister comme tel, se constituer
sans cesse, s'élancer en avant et demeurer nonobstant en retrait

61. ibid., p. 285.
62. *Gesamtausgabe,* tome 39, p. 3–4.
63. SZ, p. 293.

par rapport à son pouvoir-être. Cet écart non-quantifiable et jamais égal à lui-même donne un premier aperçu de la négativité de l'être-fautif. Si l'on se situe dans une perspective plus large, on peut supposer que c'est l'être lui-même qui se donne ce fondement «négatif» de l'être-là. C'est pourquoi l'être-là ne domine jamais l'être de son fondement. Il est toujours et seulement être-*là*. Mais cette «faiblesse» conditionne la possibilité de la transcendance et concerne ainsi, en égale mesure, l'être. Il se peut qu'au moyen de ce fondement négatif l'être et l'être-là se donnent la main. On comprend alors mieux pourquoi chaque montée s'accompagne d'une retombée. La conduction du projet est, pareillement, déjà le fondement négatif de sa reconduction. Son «échec» est rayonnant. Il soutient l'ouvert de l'ouverture. C'est ainsi que la liberté n'est jamais mise en échec. L'être-fautif se situe à ce carrefour ontologique, comme condition de la différenciation.

A l'opposé d'un cri de combat, l'appel ne pousse pas en avant. La voix résolue du silence fait signe en arrière: se dessaisir de la possibilité de l'«on» et se mettre à l'écoute de l'être. Entendre l'appel c'est déjà faire un choix ontologique, accéder à la conscience comme conscience. Vouloir avoir une conscience (Gewissenhaben-wollen) rend libre d'être comme être-fautif. Le concept de volonté, épanoui dans l'horizon du sujet, prête ici à une certaine confusion. Il n'y est pas question de vouloir se donner (personnellement) une bonne conscience ou acquérir une belle renommée, de vouloir assumer librement un devoir ou encore s'en libérer d'un autre. La volonté d'avoir une conscience constitue le préliminaire à tout enraciment dans l'étant. Il convient d'entendre dans cette expression toute la richesse sémantique du verbe «wollen» que l'usage philosophique traditionnel a rendu univoque. «Wollen» signifie également «souhaiter». Il fait, d'autre part, état d'une tendance et surtout exprime, comme en anglais, l'avenir (es will regnen — il va pleuvoir). La volonté d'avoir une conscience décroche, en quelque sorte, l'avenir. Heidegger reprend à son compte et réinterprète la parole de Goethe: celui qui agit est, par principe, inconscient (gewissenlos). [64] Ceci veut dire dans le langage heideggérien: se laisser être (se donner un «fondement») et laisser être. La volonté d'avoir une conscience est cette singulière inconscience

---

64. *Gesamtausgabe,* tome 20, p. 441.

42

d'assumer l'être-fautif comme tel et de se laisser impliquer dans le jeu de la liberté. La distinction entre une conscience purement connaissante et une conscience morale, entre une raison théorique et une autre pratique, entre objectivité et subjectivité détourne l'agir de son projet initial. La volonté d'avoir une conscience plonge l'être-là dans le déploiement même de l'être comme étant lui-même être. Le silence est déjà la percée de la conscience. Ontologiquement, tout choix met au monde. Si le bavardage moralisant naît dans l'oubli de la morale, la morale, à son tour, fait son apparition comme science dans l'oubli de l'être.

«L'«éthique» apparaît pour la première fois avec la «logique» et la «physique» dans l'école de Platon. Ces disciplines prennent naissance à l'époque où la pensée se fait «philosophie», la philosophie ἐπιστήμη (science) et la science elle-même, affaire d'école et d'exercice scolaire. Le processus ouvert par la philosophie ainsi comprise donne naissance à la science, il est la ruine de la pensée. Avant cette époque, les penseurs ne connaissaient ni «logique», ni «éthique», ni «physique». Leur pensée n'en était pour autant ni illogique, ni immorale, mais ils pensaient la φύσις selon une profondeur et avec une amplitude dont aucune «physique» postérieure n'a jamais plus été capable. Si l'on peut se permettre ce rapprochement, les tragédies de Sophocle abritent plus originellement l'ἦθος dans leur dire que les leçons d'Aristote sur l'«éthique». Une sentence d'Héraclite, qui tient en trois mots, exprime quelque chose de si simple que par elle l'essence de l'éthos s'éclaire immédiatement».[65]

65. Die „Ethik" kommt mit der „Logik" und der „Physik" zum erstenmal in der Schule Platons auf. Diese Disciplinen entstehen zu der Zeit, die das Denken zur „Philosophie", die Philosophie aber zur ἐπιστήμη (Wissenschaft) und die Wissenschaft selbst zu einer Sache der Schule und des Schulbetriebes werden läßt. Im Durchgang durch die so verstandene Philosophie entsteht die Wissenschaft, vergeht das Denken. Die Denker vor dieser Zeit kennen weder eine „Logik", noch eine „Ethik", noch die „Physik". Dennoch ist ihr Denken weder unlogisch noch unmoralisch. Die φύσις aber dachten sie in einer Tiefe und Weite, die alle spätere „Physik" nie mehr zu erreichen vermochte. Die Tragödien des Sophokles bergen, falls überhaupt ein solcher Vergleich erlaubt ist, in ihrem Sagen das ἦθος anfänglicher als die Vorlesungen des Aristoteles über „Ethik". Ein Spruch des Heraklit, der nur aus drei Wörtern besteht, sagt so Einfaches, daß aus ihm das Wesen des Ethos unmittelbar ans Licht kommt.
Wegm, Hum, p. 350, trad. franç., p. 137–138.

Avant qu'elle n'enseigne, n'admoneste et n'interdise, la conscience habite l'ouverture de l'être-là, accueillant la différence comme différence. La distinction formelle négatif-positif fond dans le mouvement originel de décantation. Veillant à l'entrée en présence et demeurant dans la révélation qui tient ensemble l'être et le néant, l'être-fautif témoigne de la contemporanéité originelle (Gleichursprünglichkeit) des structures de l'être-là. Leur dispersion n'empêche pas l'orientation constante vers l'origine (Ursprung). L'être-fautif institue un écart. Cette négativité lui assure la faveur de participer à la transcendance et, ainsi, à la mise au monde. Dans l'horizon de l'être-là tout écart est extatique. La conscience accompagne l'amorce de la différence. Il lui est donné d'avoir accès à la vérité de l'être. Ce n'est que dans l'écho de cette conscience essentielle que les lois se constituent. Dans l'écart, comme foyer de la transcendance, l'être et l'être-là se rencontrent. La réciprocité n'exclut pas la négativité, mais lui donne son propre sens : la limite n'est plus disjonctive mais constitutive et surgissante. L'être protège celui qui le prend en garde.

«C'est seulement pour autant que l'homme ek-sistant dans la vérité de l'Etre appartient à l'Etre, que de l'Etre lui-même peut venir l'assignation de ces consignes qui doivent devenir pour l'homme normes et lois. Assigner se dit en grec νέμειν. Le νόμος n'est pas seulement la loi, mais plus originellement l'assignation cachée dans le decret de l'Etre. Cette assignation seule permet d'enjoindre l'homme à l'Etre. Et seule une telle injonction permet de porter et lier. Autrement toute loi n'est que le produit de la raison humaine. Plus essentiel que l'établissement de règles est la découverte par l'homme du séjour en vue de la vérité de l'Etre».[66]

_____

66. Nur sofern der Mensch, in die Wahrheit des Seins ek-sistierend, diesem gehört, kann aus dem Sein selbst die Zuweisung derjenigen Weisungen kommen, die für den Menschen Gesetz und Regel werden müssen. Zuweisen heißt griechisch νέμειν. Der νόμος ist nicht nur Gesetz, sondern ursprünglicher die in der Schickung des Seins geborgene Zuweisung. Nur diese vermag es, den Menschen in das Sein zu verfügen. Nur solche Fügung vermag zu tragen und zu binden. Anders bleibt alles Gesetz nur das Gemächte menschlicher Vernunft. Wesentlicher als alle Aufstellung von Regeln ist, daß der Mensch zum Aufenthalt in die Wahrheit des Seins findet.
Ibid., p. 357, trad. franç. p. 148–149.

E. Le néant, le souci et la temporalité

Avant de quitter le domaine — quant à lui toujours ouvert — de l'analytique de l'être-là, pour suivre dans d'autres horizons le problème du néant, il est important de jeter un regard en arrière pour tenter de saisir l'unité intime des structures déjà envisagées. L'être-là n'est pas une construction astucieuse reposant sur un plan savamment élaboré ou révélé. Il est encore moins l'agencement artificiel de fragments, il fait manifestement état d'une unité phénoménale initiale. Il y a, d'un côté, la contemporanéité originelle des structures et, de l'autre, les possibilités existentiales de ces mêmes structures. Ce qui assure le fondement de l'unité constitutive de l'être-là, c'est le souci. Pour discerner, dans cette perspective, quelles peuvent être les relations du néant et du souci, il faut avoir en vue que le souci n'est nullement une fonction psychique et que fonder veut dire pouvoir se donner un fondement. L'être-là est un étant concerné essentiellemnet par son être. Il y va dans son être de cet être même. Le souci est dès le commencement dans ce rapport et en constitue la seule teneur. Il est, ainsi, antérieur existentialement et, en même temps, présent dans chaque comportement humain: pourvu que l'on y fasse attention, toutes les démarches humaines sont «soucieuses». Il convient pourtant d'aller plus loin et de voir, par delà cette contamination prodigieuse, la vocation essentielle du souci qui est d'ordre singulièrement ontologique. Au croisement de la possibilité et de son installation en présence, le souci entretient la «perfectio» des humains.

«La perfectio de l'homme, c'est-à-dire sa capacité de devenir ce qu'il peut être en raison de sa liberté pour ses possibilités inaliénables (de son pro-jet) est l'œuvre du souci. Mais, en même temps, le «souci» détermine un mode fondamental de cet étant, selon lequel celui-ci est livré au monde de ses préoccupations (déréliction). L'«ambiguité» caractéristique de la cura vise la constitution fondamentale unique de cet étant, mais qui le fait exister selon la structure essentiellement double du pro-jet jeté (au monde)».[67]

67. Die perfectio des Menschen, das Werden zu dem, was er in seinem Freisein für seine eigensten Möglichkeiten (dem Entwurf) sein kann, ist eine „Leistung" der „Sorge". Gleichursprünglich bestimmt sie aber die Grundart dieses Seienden, gemäß der es an die besorgte Welt ausgeliefert ist (Geworfen-

L'ambiguité révèle toujours une forme de négativité. Ordonné à l'étant, dans le sens qu'il est pris par et porté vers l'étant, l'homme n'est pas maître non plus de l'étant qu'il est lui-même. Il est ainsi jeté et, en même temps, projet. Laisser être l'étant comme il est présuppose avoir déjà projeté ce qui peut être rencontré en tant qu'étant. Il n'y a d'asservissement ni d'un côté ni de l'autre, puisque l'on est dans une relation de liberté et non pas de causalité : l'être-là est justement l'entre-deux qui laisse être. L'existence comme mode d'être est possible à partir d'une compréhension initiale et non pas initiatique de l'être. D'autre part, il n'y a d'être que si la finitude prend la forme de l'existence. Ceci situe la négativité du souci à mi-chemin, sans l'enfermer dans une structure rigide. La négativité est toute empreinte de mobilité, elle investit de la sorte toutes les activités humaines.

«Tout projet — et, par conséquent, même l'activité «créatrice» de l'homme — est jeté, c'est-à-dire déterminé par la dépendance à l'égard de l'étant en totalité que le Dasein subit toujours. La déréliction ne porte pas seulement sur l'accomplissement secret de la venue-au-monde, mais elle transit le Dasein comme tel. C'est ce qui s'exprime dans le mouvement qui a été décrit comme déchéance. L'idée de déchéance ne vise pas certains événements négatifs de la vie humaine, qu'une critique de la culture aurait à condamner, mais un caractère intime de la finitude transcendantale du Dasein, caractère qui est lié à la nature jetée du projet».[68]

Le souci est souci, de façon égale, pour ces deux tendances. Il n'y a pas de mauvais ou de bon souci. Le souci diffère fondamen-

---

heit). Der „Doppelsinn" von „cura" meint eine Grundverfassung in ihrer wesenhaft zweifachen Struktur des geworfenen Entwurfs.
SZ, p. 199, trad. franç. p. 243.

68. Aller Entwurf — und demzufolge auch alles „schöpferische" Handeln des Menschen — ist geworfener, d.h. durch die ihrer selbst nicht mächtige Angewiesenheit des Daseins auf das schon Seiende im ganzen bestimmt. Die Geworfenheit aber beschränkt sich nicht auf das verborgene Geschehen des Zum-Dasein-kommens, sondern sie durchherrscht gerade das Dasein als ein solches. Das drückt sich in dem Geschehen aus, das als Verfallen herausgestellt wird. Dieses meint nicht die allenfalls negativ und kulturkritisch abschätzbaren Vorkommnisse im Menschenleben, sondern einen mit dem geworfenen Entwurf einigen Charakter des innersten transzendentalen Endlichkeit des Daseins.
KPM, p. 299, trad. franç. p. 291.

talement de la volonté, du désir, de l'inclination ou de n'importe quel autre comportement. Le vouloir se détermine nécessairement en fonction d'une chose (étant) voulue. Pour ce faire, il lui faut la possibilité «apriorique» de l'orientation vers... ainsi qu'une révélation préalable de l'étant. Le souci précède et conditionne, pour cela même, le vouloir. On ne peut pas élucider le souci à partir d'un comportement, de même que l'on ne parvient pas à saisir le propre de l'être à partir de l'étant. Le souci adhère à chaque chose et, cependant, il n'y a pas lieu de parler, à son égard, d'un primat de la raison pratique sur la raison théorique. Cette différence n'est pas encore la différence. Le souci porte sur le comportement théorique aussi bien que sur le comportement pratique. En plus, il concerne pareillement ce qui n'est ni l'un ni l'autre : par exemple, une activité purement distractive.

Cette interprétation du souci offre un départ adéquat pour l'élaboration d'une «ontologie» de l'homme. L'opposition «esprit-corps», qui se laisse réduire à une dichotomie logique, apporte seulement un témoignage partiel sur le fait existential. L'esprit d'un côté, le corps de l'autre, l'un éternel, l'autre périssable, ceci recoupe de trop près les apories du temps linéaire. La négativité ne fait pas problème ou se trouve reléguée aux extrêmes. L'exégèse heideggérienne invoque un témoignage préontologique : une fable latine, sans paternité et sans titre certains, qui raconte autrement la création et l'histoire de l'homme. Heidegger précise, en outre, que le souci s'est affirmé comme structure centrale de l'analytique de l'être-là à la suite de son essai d'interpréter l'anthropologie augustinienne (gréco-chrétienne) au moyen des principes fondamentaux de l'ontologie d'Aristote.[69] Cette confrontation ne pouvait avoir d'autre but que celui de dégager un horizon encore plus originel de l'essence de l'homme. Le souci (cura) n'est pas cependant un terme présocratique. Sa première mention remonte au Portique (μέριμνα). En mettant sur le premier plan le souci, Heidegger demeure essentiellement un homme moderne. Ceci veut dire que le commencement exige une perspective historiale et non pas historique. Il n'est à chercher en arrière que dans la mesure où il s'annonce déjà dans le présent. En «créant» l'homme à partir de la terre, le souci l'accompagne depuis constamment. Il remplit la

69. SZ, p. 199, trad. franç. p. 242.

fonction d'une ἀρχή, au sens le plus complet du terme. L'homme habite ainsi l'origine. Le souci détermine ontologiquement l'être-au-monde. Si «négativité» il y a, elle est plurivalente et en train de se constituer. L'opposition (le «combat») esprit-corps présume de ses résultats (certes, les nuances ne manquent pas : la perméabilité kantienne du sensible face à l'intelligible, pour ne citer que cela), le rapport du souci (cura) et de la terre (humus) laisse la porte ouverte aux mutations. Ces termes ne sont ni réductibles ni irréductibles. Comme pour mieux faire ressortir le sens de l'imagerie, celui qui décide de la destination originelle des humains s'appelle Saturne, autrement dit le temps. Toute parabole a ses inconvénients. Par exemple, le fait que l'homme ait pu tirer son nom de ce dont il a été façonné met en question l'opportunité de ce nom. Ce n'est pas la terre comme terre qui fait problème mais son utilisation à titre de matériel. «Homo» (= humus) rend compte de façon très approximative de l'étant qu'il désigne. L'analytique de l'être-là, relevant le rapport de l'être et de l'être-là, se saisit tout autrement de l'humanité de l'homme. Le souci dépasse maintenant les cadres du témoignage préontologique évoqué. Il est impliqué dans la constitution même de la «réalité» pour autant que celle-ci se fonde sur le phénomène de l'être-au-monde. Il devance et embrasse l'émergence de l'esprit.

«L'«esprit» ne fait pas d'abord une chute dans le temps, mais existe comme temporalisation originelle de la temporalité».[70]

L'esprit se trouve ramené à ses propres sources comme esprit. Il est par nature «soucieux» et baigne dans la temporalité. Seulement, lè propre du temps se dévoile comme surgissement et non pas comme succession à partir du présent. Ceci ouvre une perspective différente, à savoir extatique, au problème de la «substantialité» de l'homme. Si l'on accorde, au dépens de l'essentia, un statut privilégié à l'existentia, on continue, en fait, de considérer l'être-présent de l'homme à partir des choses simplement présentes. Or, à la différence des choses qui nous entourent, l'être-là fait état de l'être et non pas d'une essence (Was-sein). C'est en envisageant l'existence comme rapport à l'être que Heidegger parle de

---

70. Der „Geist" fällt nicht erst in die Zeit, sondern existiert als ursprüngliche Zeitigung der Zeilichkeit.
SZ, p. 436, R.

la substance (Substanz) de l'homme.[71] L'histoire de ce vocable conduit au problème du fondement. Ce qui fonde l'être-là c'est l'existence, autrement dit un processus de fondation. Le souci a une vocation fondatrice pour autant qu'il est extatique.

« Que signifie « existence » dans S.u.Z.? Le mot désigne un mode de l'Etre, à savoir l'être de cet étant qui se tient ouvert pour l'ouverture de l'Etre, dans laquelle il se tient tandis qu'il la soutient. Ce soutenir est expérimenté sous le nom de « souci ». L'essence extatique du Dasein est pensée à partir du souci, de même qu'en retour le souci n'est expérimenté d'une manière suffisante que dans son essence extatique ».[72]

Le souci assure l'unité structurale du déploiement de la transcendance et rend compte de la finitude de l'être-là. Il est si « antérieur » qu'il participe à la possibilité d'être de l'être-là. Pour que l'être-là soit, la finitude doit se manifester comme besoin de transcendance. La positivité majeure du souci va de pair avec sa négativité au point de ne pas pouvoir en être dissociée. Les deux se rapportent à l'origine. Il n'y a donc lieu ni de reléguer le souci dans le domaine de la préoccupation quotidienne, ni, par contre, de lui assigner, à cause de son « irréalité », une fonction idéelle. Le souci œuvre déjà et depuis toujours à la source de l'être-là. Son ambiguïté foncière révèle à sa façon le phénomène de la temporalité. L'être-là est temporel non pas parce qu'il est simplement « passager », mais parce qu'il est doué d'une compréhension de l'être. Ceci change de fond en comble le sens de la négativité : elle participe à part entière au déploiement de la transcendance. Si le souci « porte en lui mort et faute originellement »,[73] il soutient et entretient, en même temps, le projet. A entendre ceci, nous pen-

---

71. SZ, p. 212, trad. franç. p. 256.
72. Was bedeutet „Existenz" in S.u.Z.? Das Wort nennt eine Weise des Seins, und zwar das Sein desjenigen Seienden, das offen steht für die Offenheit des Seins, in der es steht, indem es sie aussteht. Dieses Ausstehen wird unter dem Namen „Sorge" erfahren. Das ekstatische Wesen des Dasein ist von der Sorge her gedacht, so wie umgekehrt die Sorge nur in ihrem ekstatischen Wesen zureichend erfahren wird.
    Wegm, E-WiM?, p. 369, trad. franç. p. 34.
73. Die Sorge birgt Tod und Schuld gleichursprünglich in sich.
    SZ, p. 313.

sons tout naturellement à quelque chose qui peut survenir. Or il est nécessaire — si l'on veut faire apparaître le propre du souci — de nous délivrer de l'acception purement grammaticale de l'avenir. Le problème n'est pas de mesurer la proximité ou la durée de ce que l'on appelle «futur» ou de lui donner un contenu plus ou moins déterminé, mais de saisir, à la racine, comment celui-ci se met en rapport avec l'étant que nous sommes et que nous avons à être. Autrement dit, comment le temps peut-il se temporaliser? Le souci défraye tout en tenant ensemble les caractères ontologiques fondamentaux de l'être-là: existentialité, facticité, être-déchu. Ceci ne peut se faire que si le temps se manifeste comme horizon de l'être. L'avenir, le présent et le passé — nous faisons pour le moment usage des termes traditionnels — se reconduisent dans une seule et même rencontre. Si l'avenir se voit octroyer un rôle privilégié, ce n'est pas en tant que promesse, mais, avant tout, comme le tenant de l'ouverture. Il se situe dans la double perspective de la finitude et de l'œuvre qui s'accomplit dans cette finitude. L'avenir décroche les possibles. Il clôt l'espace propre à l'éclosion et détermine le fait d'exister par rapport à la possibilité indépassable de la négativité. Cette impossibilité dont se trouve investie la possibilité rend la négativité accessible et, du même coup, fait surgir la positivité du projet.

«La question n'est pas: qu'est-ce qu'il peut encore arriver dans «un temps qui suit son cours» et quelle sorte de laisser-venir-vers-et-à-soi» peut provenir de «ce temps», mais comment le «laisser-venir-vers-et-à-soi» lui-même est déterminé comme tel originellement. La finitude de celui-ci ne signifie pas initialement prendre fin, elle est un trait de la temporalisation elle-même. L'avenir propre, originel est le «vers-et-à-soi», le «vers-soi», existant comme la possibilité indépassable de la négativité. Le caractère extatique de l'avenir originel réside précisément dans le fait qu'il confine le pouvoir-être — ce qui veut dire qu'il est confiné lui-même et que, comme tel, il permet la compréhension existentielle (comme ouverture) de la négativité. Le «venir-vers-et-à-soi» originel et propre est le sens du fait d'exister dans la négativité la plus propre. La thèse de la finitude originelle de la temporalité ne conteste pas le fait que «le temps suit son cours», elle veut simplement saisir le caractère phénoménal de la temporalité originelle qui se montre dans le projeter du projet existential originel».[74]

La temporalité n'empiète pas sur le cours (la fluence) du temps. Elle concerne, en premier lieu, l'instantanéité de l'instant, la façon dont le temps surgit et retombe en lui-même. La dispersion transcendantale manifeste une certaine tendance: elle conditionne, dans son développement, l'ipséité. La négativité ne va jamais jusqu'à une radicalisation telle que la différence se transforme en une simple opposition. Elle soutient, entretient et retient. L'ipséité n'est guère le fruit de l'individuation, au sens traditionnel du mot. Sans se laisser dissoudre dans l'opposition unité-multiplicité, l'ipséité reprend sur le plan de la temporalité le mouvement le plus intime de l'être: le retrait-apparition. Si l'on veut chercher le propre de la négativité, il ne faut jamais aller vers les extrêmes, mais suivre la voie moyenne. L'être-là n'a pas de «fin» qui lui «met fin», mais existe dans le mode de la finitude. La limite est ainsi ramenée vers le point du surgissement. La négativité constitue l'horizon de l'ipséité. Le nivellement du temps dans l'interprétation courante dissimule cette effervescence-évanescence. Celle-ci n'est accessible qu'à partir du temps qui se temporalise, c'est-à-dire qui se produit lui-même.

La temporalité se révèle comme l'unité qui ne cesse de se constituer des trois caractères fondamentaux: attendre (Gewärtigen), garder (Behalten), représenter (Gegenwärtigen). L'articulation structurale du souci suit la même disposition: être-en-avant-de-

74. Die Frage ist nicht, was „in einer weitergehenden Zeit" noch alles geschehen und was für ein Auf-sich-Zukommen-lassen „aus dieser Zeit" begegnen kann, sondern wie das Auf-sich-Zukommen selbst als solches ursprünglich bestimmt ist. Seine Endlichkeit besagt nicht primär ein Aufhören, sondern ist ein Charakter der Zeitigung selbst. Die ursprüngliche und eigentliche Zukunft ist das Auf-sich-zu, auf sich, existierend als die unüberholbare Möglichkeit der Nichtigkeit. Der ekstatische Charakter der ursprünglichen Zukunft liegt gerade darin, daß sie das Seinkönnen schließt, das heißt selbst geschlossen ist und als solche das entschlossene existentielle Verstehen der Nichtigkeit ermöglicht. Das ursprüngliche und eigentliche Auf-sich-zukommen ist der Sinn des Existierens in der eigensten Nichtigkeit. Mit der These von der ursprünglichen Endlichkeit der Zeitlichkeit wird nicht bestritten, daß die „Zeit weiter geht", sondern sie soll lediglich den phänomenalen Charakter der ursprünglichen Zeitlichkeit festhalten, der sich im Entworfenen des ursprünglichen existentialen Entwurfs des Daseins selbst zeigt.
Ibid., p. 330, R.

soi-même, être-déjà-à..., être-auprès-de... Faut-il supposer un en-chevêtrement de ses structures, leur parfaite coïncidence ou, mieux peut-être, chercher la trace d'un phénomène encore plus originel? La temporalité se manifeste constamment comme unité extatique d'une temporalisation extatique.[75] Le souci se soucie dans ce domaine extatique. Attendre ne signifie pas parcourir une série d'étants à la découverte d'un autre étant, mais demeurer dans l'ouverture où l'étant peut d'abord apparaître comme étant. Etre en extase tient de l'essence de l'être-là. Il n'y a pas de violence ou d'outrepassement. Dans le «raptus» de la temporalité l'être-là se trouve chez lui. C'est pourquoi le fait extatique concerne, en égale mesure, le garder (le «passé») et le représenter (le «pré-sent»). L'interprétation traditionnelle envisage le présent comme ce qui est le plus proche. Mais, si l'on fait abstraction de la fonc-tion conventionnelle de databilité, le présent est, en fait, irrépéra-ble. Il est seulement proche comme ayant accès au lointain, com-me étant extatique lui-même. D'autre part, le passé n'est pas refer-mé sur lui — simple accumulation de faits voués à l'abandon —, mais se projette dans l'avenir sans lequel il ne pouvait y avoir de passé. La proximité dans la temporalité c'est l'é-loignement, la constitution incessante de l'espace révélateur. L'image d'un main-tenant avec les bras tendus dans le non-être (le «pas encore» et le «non plus») fait place à une négativité médiane qui tient en sus-pens et réunit les caractères de la temporalité. Il ne suffit pas d'envisager la temporalité comme phénomène unitaire. Il est tout aussi important de saisir, du même coup, sa profondeur non-radi-cale. On est tenté d'imaginer que les trois extases prennent appui sur un substrat et se comportent alors à la façon des antennes que certains insectes déplient et retirent. Or il n'en est rien. La totalité complexe et mouvante des extases ne repose nullement sur quel-que chose qui puisse ressembler à un échaffaudage ou à un trem-plin. Il n'y a pas de fondement non-extatique des extases. Et s'il est permis de parler de l'être des extases, il faut bien dire qu'il réside uniquement dans le libre jaillissement (Schwung) extatique. On est assez près de l'élan bergsonien. Cependant Bergson demeu-re pour l'essentiel attaché à la métaphysique. Son «élan» a seule-ment une dimension ontique, orientée vers en avant. Pour saisir le

75. *Gesamtausgabe,* tome 26, p. 266.

propre de la temporalité, il faut renoncer à l'illusion que quelque chose de «réel» (de l'ordre de l'étant subsistant) fait le pont entre le passé et l'avenir ou que le «moi» constitue le centre de déploiement des extases. Ce qui soutient les extases n'«est» pas. Tout le sens ontologique du souci provient de ce bain initial de négativité qui préside à l'entrée en présence.

«Le souci lui-même est, dans son essence, transi de part en part par la négativité. Le souci — l'être de l'être-là — signifie comme projet jeté : l'être-fondement (négatif) d'une négativité».[76]

Avant que le souci ne se soucie, il est perméable. Comme la négativité n'est jamais simplement négative, elle coïncide avec le surgissement de l'horizon. On assiste à la toute première amorce du monde. «Horizon» (ὁρίζειν) indique originellement et de façon neutre le fait d'enclore, d'entourer, d'investir. Le regard s'y installe plus tard. Les extases ne sont pas un savoir, une prise de conscience et, d'autant moins, une attitude contemplative. Chaque extase lance ses propres entours. Il ne s'agit pas cependant de quelque chose de définitif, d'absolument arrêté. Les extases ne produisent pas une chose possible, mais l'horizon de la possibilité. Ils dépassent, en cela, tout étant et submergent la sphère du sujet. Ils sont indéterminables spatialement et temporellement, au sens traditionnel de ces termes. L'horizon surgit dans la temporalisation des extases : il est «ekstema». Heidegger forme ce mot sur le modèle grec de σύστασισ-σύστημα.[77] Le fait ekstématique constitue la condition temporelle de la possibilité du monde. Ce n'est que dans cette perspective que l'entrée au monde (Welteingang) peut avoir lieu. Qu'il y a temporalité correspond au fait originel (Urfaktum) métaphysique. Ceci décide de l'orientation essentielle de l'être-là. L'entrée au monde a un caractère constitutif. Le monde n'est pas chose déterminée, «res corporea», mais le fait de se déterminer, mondanéisation. Le monde n'est pas, il y a monde. Le «il» du «il y a» est lui-même non-étant. Il est rigoureusement temporalisation de la temporalité, constitution de l'horizon. Si le

76. Die Sorge selbst ist in ihrem Wesen durch und durch von Nichtigkeit durchsetzt. Die Sorge — das Sein des Daseins — besagt demnach als geworfener Entwurf: Das (nichtige) Grund — sein einer Nichtigkeit. SZ, p. 285, R.
77. *Gesamtausgabe,* tome 26, p. 269.

monde est un néant, il n'est certainement pas le «nihil negativum». Son épaisseur non-consistante, sa profondeur non-radicale s'annoncent sans discontinuer dans l'horizon de l'être-là. Le néant du monde est possible et accessible dans la mesure où l'être-là se trouve déjà investi par la négativité. Il est donné un monde en tant que la finitude est déjà là. Il n'y a pas un horizon pour le monde et un horizon pour l'être-là. Le fait ekstématique couvre les deux. On comprend, en l'occurrence, mieux la position médiane de la négativité heideggérienne. Elle est négative en tant que réceptive — réceptive pour ce qui lui est propre. La négativité de l'être-là va de pair avec le néant du monde. Le souci met en évidence de façon éloquente la réceptivité créatrice de l'être-là. La finitude se dévoile à travers le souci. D'une part, il rassemble toutes les structures de l'être-là, d'autre part, il ne se constitue pas en fondement, au sens de quelque chose de définitivement établi, d'une part, il a une portée ontologique, d'autre part, il n'est que temporalité. La négativité foncière du souci réside, avant tout, dans sa capacité de découvrir le monde. La négativité est, en fait, la transcendance vue du côté de l'être-là. La mondanéité du monde peut s'y déployer.

> «Il paraît nécessairement plus clair maintenant en quelle mesure il nous est permis de dire que le monde est un rien. Quelle sorte de nihil est-il? Le monde doit bien être quelque chose tant que nous en discutons, que nous en faisons un problème et que nous nous efforçons de mettre en évidence son rôle essentiel dans la transcendance. S'il est, nonobstant, un rien, alors il n'est pas du tout le «nihil negativum», autrement dit la négation creuse, pure et simple de quelque chose. Le monde est un rien pour autant qu'il n'est rien d'étant. Rien d'étant et cependant quelque chose qu'il y a. Le «il», en raison duquel il y a ce non-étant, est lui-même non-étant: il est la temporalité qui temporalise. Et ce qu'elle temporalise en tant qu'unité extatique, c'est bien l'unité de son horizon: le monde. Le monde est le rien qui se temporalise, le pur jaillissement avec et dans la temporalisation. C'est pourquoi nous l'appelons «nihil originarium».[78]

---

78. Nun muß auch deutlicher geworden sein, inwiefern wir von der Welt sagen können, sie sei ein Nichts. Was für ein nihil ist sie? Sofern wir von ihr über-

54

Cette citation, provenant d'un cours de 1928, ressemble beaucoup aux textes heideggériens tardifs et prouve combien il est difficile de suivre dans notre recherche un critère simplement chronologique. Ici, le monde apparaît déjà comme donation. Pour qu'un «monde», au sens courant du mot, puisse se constituer autour de nous, il faut qu'il puise dans la mondanéisation. «Nihil originarium» veut dire que le néant est à l'origine même. Dans la temporalisation, il y a transcendance (dépassement) et, conjointement, entrée au monde. C'est seulement sur la base de cet événement qu'il peut y avoir des choses «dans le temps» et, par conséquent, une datation. Le monde n'est pas. Cependant il y a (Es gibt) monde. Le «sujet» de cette donation n'est pas du tout un ὑποκείμενον, un fondement établi, mais la temporalité. Il a ici tout de même un contenu différent de celui de la donation proprement dite. Il s'épuisera plus tard (dans *Le Temps et l'Etre*) dans l'acte même de donner. C'est que la temporalité ne couvre pas l'essence du temps. A la façon des fragments d'Héraclite, cette citation exige, en plus de la lecture linéaire, un certain effort de synchronisation. Le fait originel se refuse à la décomposition, à l'échelonnement. Ceci vaut aussi pour la coincïdence des structures de l'être-là que Heidegger désigne comme contemporanéité d'origine (Gleichursprünglichkeit). L'origine comporte plusieurs caractères ontologiques. Monde, temporalité, néant, horizon font partie, en même temps, du même «processus» qui révèle l'apparaître dans son rapport avec le retrait. Le jaillissement constitue la totalité des mouvements et, pourtant, dire qu'il contient tous les mouvements serait inexact dans la mesure où ceci présuppose un coup d'arrêt. La totalité renferme une négativité (retenue) pour autant qu'elle est processus. La totalité du jaillissement est non-

haupt handeln, sie zum Problem machen und sie als wesentlich für die Transzendenz nachzuweisen versuchen, muß sie etwas sein. Wenn sie also ein nihil ist, dann kein nihil negativum, d.h. nicht die einfache, schlechthinnige leere Negation von etwas. Die Welt ist nichts in dem Sinne, daß sie nichts Seiendes ist. Nichts Seiendes und gleichwohl etwas, was es gibt. Das „es", das da dieses Nicht-seiende gibt, ist selbst nicht seiend, sondern ist die sich zeitigende Zeitlichkeit. Und was diese als ekstatische Einheit zeitigt, ist die Einheit ihres Horizontes: die Welt. Die Welt ist das Nichts, das sich ursprünglich zeitigt, das in und mit der Zeitigung Entspringende schlechthin — wir nennen sie daher das nihil originarium.
Ibid., p. 271–272, R.

totalisante et réside dans l'«origo» de la transcendance. La façon
dont elle se constitue et se modifie implique, en dernière analyse,
le temps.

«Vu que la modification de la présence en absence, de
l'être-présent en être-absent, propre à la temporalité (à l'extase du présent ainsi qu'aux autres extases) a un caractère de
négativité (Negativität), de «ne pas», de «ne-pas-être-pré-
sent», il se pose la question où peut bien se trouver la racine
de ce «ne pas». Une considération plus approfondie montre
que l'on ne peut interpréter le «ne pas», respectivement son
essence — la «négativité» (Nichtigkeit) — qu'à partir du
temps et que c'est d'abord sur cette base que l'on peut élucidir
la possibilité de la modification, par exemple, de l'être-présent en être-absent».[79]

La négativité ne se trouve pas sur un versant ou sur un autre,
mais à la source même de toute bifurcation. Elle ne caractérise pas
ce qui est modifié, c'est la modification qui comporte le caractère
de la négativité. La modification est, en premier lieu, un processus. La négativité ne se laisse pas ranger parmi les choses déjà
établies. Elle se déploie incessamment. Elle fait ainsi paraître sa
négatité (Nichtheit). Le «ne pas» fait surface à partir de l'être lui-
même. Ceci nous impose la plus grande prudence quant au caractère simplement négatif du «ne pas». Est-ce toute séparation déjà
une négation pure et simple? La métaphysique s'est évertuée à
penser l'être-absent à partir de l'être-présent, instaurant ainsi une
opposition. La modification tient ensemble l'être-présent et l'être-
absent, tout en les séparant (différant). La négativité ne concerne
pas moins l'être-présent que l'être-absent. Elle rend plutôt possible
la donation qui se fait dans cette modification. Ceci exclut toute
symétrie et toute opposition. La modification implique la surprise,

---

79. Weil die zur Zeitlichkeit (sowohl zur Ekstase der Gegenwart als zu den anderen Ekstasen) gehörende Modifikation der Praesenz zur Absenz, der Anwesenheit zur Abwesenheit, einen Charakter der Negativität hat, des Nicht,
nichtandwesend, erhebt sich die Frage, wo die Würzel dieses Nicht überhaupt
liegt. Eine nähere Betrachtung zeigt, daß auch das Nicht bzw. das Wesen des
Nicht, die Nichtigkeit, ebenfalls nur aus dem Wesen der Zeit interpretiert
werden kann und daß von hier aus erst die Möglichkeit der Modifikation, z.B.
der Anwesenheit zur Abwesenheit, aufzuklären ist.
Gesamtausgabe, tome 24, p. 443, R.

comme expression de la liberté, et, sur cette base, le déploiement d'une révélation. Ce n'est que le temps qui peut conditionner la co-appartenance de l'être-présent et de l'être-absent. Il s'agit du temps profond, qui n'est pas temporel. L'existence se fonde sur la compréhension de l'être (donnée comme horizon ekstématique). La duplicité du souci — sa positivité «négative» — renvoie, en dernière analyse, à l'être lui-même, car l'extase n'est pas simplement une «sortie», mais déjà la différence. Or la différence comme différence n'est possible que si l'être et le temps se donnent la main. Suivant le déploiement de la transcendance, la négativité remonte aussi loin que possible.

«C'est pourquoi l'essence extatique de l'existence est encore comprise d'une manière insuffisante, lorsqu'on la représente seulement comme «ex-tase» (Hinausstehen) et que l'on conçoit le «ex» (das Hinaus) comme «éloignement de» l'intérieur d'une immanence de la conscience et de l'esprit, car, ainsi comprise, l'existence ne serait toujours représentée qu'à partir de la «subjectivité» et de la «substance», alors que le «ex» reste à penser comme dis-jonction (das Auseinander) de l'ouverture de l'être lui-même».[80]

L'analytique de l'être-là met en évidence la négativité comme marque de la finitude de l'être-là et le néant comme mondanéité du monde. Vu que le néant connaîtra par la suite d'autres développements dans la pensée heidegérienne, il convient de limiter nos conclusions seulement au problème de la négativité. Il reste par ailleurs entendu que la négativité et le néant s'appartiennent. Si le terme de «négativité» devient rare dans les textes ultérieurs à *L'Etre et le Temps,* il est à supposer que la compréhension de l'horizon de l'être-là exige l'approche d'autres horizons.[81] Les

---

80. Das ekstatische Wesen der Existenz wird deshalb auch dann noch unzureichend verstanden, wenn man es nur als „Hinausstehen" vorstellt und das „Hinaus" als das „Weg von" dem Innern einer Immanenz des Bewußtseins und des Geistes auffaßt; denn so verstanden, wäre die Existenz immer noch von der „Subjektivität" und der „Substanz" her vorgestellt, während doch „Aus" als das Auseinander der Offenheit des Seins selbst zu denken bleibt. Wegm, E-WiM?, p. 369, trad. franç. p. 34.

81. Outre cet emploi spécifique, limité à l'analytique de l'être-là, de la Nichtigkeit, Heidegger utilise ultérieurement ce vocable pour désigner une négativité plus diffuse, élargie à d'autres domaines. Elle garde alors son caractère moyen, tout-à-fait différent de la négativité pure et simple (vollständige Nichtigkeit,

questions concernant la finitude de l'être-là font surgir d'autres questions portant sur l'être lui-même. D'autre part, le terme «négativité» (Nichtigkeit) ne peut pas éviter complètement le rapprochement avec la négativité fondée sur l'opposition. Et pourtant, même provisoire, ce terme s'impose comme porteur de nombreuses incidences. Pourra-t-on avoir accès aux formes subtiles du retrait envisagé par les derniers textes heideggériens sans cette négativité qui défriche le terrain et submerge l'emprise du «nihil negativum» et du «nihil privativum»? En regardant en arrière, une question fait son apparition. S'il est impossible de déduire la négativité (Nichtigkeit) à partir des manifestations négatives perçues dans le domaine de l'étant, est-il possible de suivre le chemin inverse et de donner ainsi une lecture convenable à ces dernières à partir du fait initial? Heidegger ne thématise pas cet aspect. Serait-ce parce que cette négativité parle seulement comme silence? Eclaterait-elle si on lui assignait une destination plus précise? Nous croyons pourtant retrouver ses échos à chaque fois qu'il est question du souci. Heidegger mettra plus tard en évidence le souci historial des humains qu'il appelle la «veille» (Wächterschaft). Il s'agit, en effet, du souci de se situer dans le souci. Il empêche les dépôts d'une histoire simplement antiquitaire, accumulatrice et, pour cela même, oublieuse d'elle-même. Une négativité médiane, plurivalente et non-stigmatisante peut alléger cet empêtrissement et porter les humains vers la vérité de l'être. La veille leur rappelle

---

das bloß Nichtige). Les mots d'origine latine „die Negativität" et „das Negative" recoupent, dans l'usage heideggérien, à peu près cette acception bien propre de la négativité. Le terme de référence reste toujours la négatité (Nichtheit) qui renvoie — comme on l'a déjà vu — au fait initial. Par contre, lorsque Heidegger parle de la négativité de la négation, il fait appel à un tout autre terme: Verneinheit. Comme le vocable «négativité» (auquel nous ne pouvons pas renoncer) fait penser en français d'abord à la négation, nous le mettons de temps à autre — par prudence — entre guillemets ou, pour marquer encore mieux la différence, nous lui ajoutons l'épithète «originelle». D'autre part, il nous semble opportun de signaler ici que la Nichtigkeit n'a pas toujours eu en allemand la radicalité de l'usage moderne courant. C'est ainsi que Luther l'utilise pour naturaliser le latin «humilitas» (... habe ich das Wörtlîn humilitas verdeutscht „Nichtigkeit"..., *Magnificat*, LW, tome 7, p. 560). On retrouve également le terme „Nichtigkeit" chez Maître Eckhart („vber wesende nitheit", „nihtekeit", *Sermon 83* et note 1, DdulW, tome 3, p. 442) où il porte sur la divinité et rappelle des sources augustiniennes et, plus loin, néoplatoniciennes.

58

que plus lourd de conséquences que l'oubli, c'est l'oubli de l'oubli : la positivité où rien ne fait plus problème. L'épanouissement des humains réside dans la reconquête inlassable du commencement.

«La transition n'est pas pro-grès ni non plus glissement du jusqu'à maintenant vers le nouveau. La transition est l'intransitaire, parce qu'elle rentre dans la décision de l'initialité du commencement. Celui-ci ne se laisse point saisir par des régressions historiques ou par une culture historique de ce qui a été reçu... Le commencement est seulement dans le saisir initial. Le commencement est tra-dition (trans-mission). La préparation à semblable «saisie initiale» (An-fang) assume cette façon de questionner qui met les questionneurs à la discrétion de ce qui répond. La question initiale ne répond jamais elle-même. Il ne lui reste que la pensée qui accorde l'homme à l'audition de la voix de l'Etre et ainsi le dis-pose à veiller sur la vérité de l'Etre».[82]

82. Der Ubergang ist nicht Fort-schritt und ist auch nicht Hinüberleiten vom Bisherigen in Neues. Der Ubergang ist das Ubergangslose, weil er in die Entscheidung der Anfänglichkeit des Anfangs gehört. Dieser läßt sich durch historische Rückgänge und historische Pflege des Uberkommenen nicht fassen. Anfang ist nur im Anfangen. Anfang ist: Uber-lieferung. Die Vorbereitung zu solchem An-fang übernimmt jenes Fragen, das die Fragenden an ein Antwortendes überantwortet. Das anfängliche Fragen antwortet nie selbst. Ihm bleibt nur das Denken, das den Menschen auf das Hören der Stimme des Seins abstimmt und ihn zur Wächterschaft für die Wahrheit des Seins ge-fügig werden läßt.
N II, p. 29, trad. franç. p. 27.

CHAPITRE II

LE DEPLOIEMENT DE LA QUESTION DU NEANT
ET L'APPROPRIATION DE LA METAPHYSIQUE

Le texte traditionnel et le plus connu de référence concernant l'interprétation heideggérienne du néant demeure *Qu'est-ce que la Métaphysique?* (1929). S'il s'agit là d'une approche explicite, d'ampleur et essentiellement consacrée au néant, il faut pourtant se garder d'y voir le dernier mot de l'auteur sur un problème qu'il aurait par la suite abandonné. *Qu'est-ce que la Métaphysique?* est à la fois un texte définitif et provisoire. Définitif, parce qu'il porte au jour de façon catégorique les conditions de l'oubli du problème du néant. Provisoire, parce qu'il constitue une étape dans le dévoilement d'un néantir originel. Si l'on envisage les métamorphoses du concept du néant depuis l'aube de la pensée et jusqu'à l'époque moderne, il est à remarquer que *Qu'est-ce que la Métaphysique?* s'adresse surtout à la dernière de ses métamorphoses : le néant comme le négatif pur (das bloß Nichtige), le néant des sciences exactes, mais non pas rigoureuses, le néant dont il n'est plus question de parler. La saisie de ce même problème dans ses assises premières ainsi que la mutation qui s'ensuit sont le fait de l'œuvre heideggérienne en son entier. Pour le moment, il n'y a que la mise en route qui est définitive.

On peut comparer la conférence inaugurale *Qu'est-ce que la Métaphysique?* à l'opuscule kantien *La Conflit des Facultés.* Dans les deux cas, il s'agit bien de sauvegarder la place de choix de la philosophie parmi les disciplines universitaires. En défendant l'indépendance de la philosophie face à la tutelle des disciplines théologiques, Kant met en valeur un aspect qui demeure au cœur de son projet : la vocation inaugurale de la philosophie.[1] Pour Hei-

---

1. Auch kann man allenfalls der theologischen Fakultät den stolzen Anspruch, daß die philosophische ihre Magd sei, einräumen (wobei doch noch immer die Frage bleibt: ob diese ihrer gnädigen Frau die Fackel vorträgt oder die

60

degger, l'autonomie de la philosophie, plus précisément de la pensée se joue devant l'avance impétueuse et la démarche quasi totalitaire des sciences exactes. Sauvegarder la pensée signifie également mettre en évidence que l'être humain baigne dès l'origine dans la vérité et que celle-ci n'est pas d'abord acquise au bout d'une spécialisation. Les sciences, en dépit de leur complexité formelle, ne pensent pas, mais raisonnent selon des lois qu'elles se donnent elles-mêmes. Leur validité incontestable s'inscrit dans les limites de la coupure que les sciences effectuent à l'intérieur de l'étant et se fonde en l'ignorance axiomatique de tout ce qui dépasse le domaine consacré à cette partition. Penser c'est, par contre, pouvoir se tenir dans l'éclaircie de l'être, procéder à chaque fois de façon inaugurale. La philosophie n'est pas une superscience, la science n'est pas une philosophie plus précise. Leur rapport demeure la tâche constante de la pensée. Que Heidegger ait choisi le néant pour redéfinir le rôle de la philosophie prouve, si besoin était, les implications majeures de ce problème. Si le point de départ peut paraître simplement polémique — l'embarras des sciences face au concept de néant — Heidegger indique sans tarder la portée réelle de cette déconvenue: l'impossibilité d'habiter dans le commencement. Y-a-t-il finalement une autre condition plus haute pour tout ce qui se rapporte à la pensée?

Le début de *Qu'est-ce que la Métaphysique?* confirme l'attachement de l'auteur à la méthode phénoménologique. Comment pourrait-on répondre à la question posée par le titre? Par un discours? Ce serait forcément une ample définition. Le type même de question (qu'est-ce que...?) nous amène dans cette voie. Mais le propre de la pensée veut que l'on ne s'enferme pas dans des définitions. On peut tourner la difficulté, en abordant un problème métaphysique tel que l'essence de la métaphysique puisse se présenter d'elle-même. Pour qu'un problème soit à proprement parler

Schleppe nachträgt), wenn man sie nur nicht verjagt, oder ihr den Mund zubindet.

On peut aussi, sans doute, concéder à la Faculté de théologie l'orgueilleuse prétention de prendre la Faculté de philosophie pour sa servante (mais alors la question subsiste toujours de savoir si celle-ci précède avec la torche sa gracieuse Dame ou si elle la suit portant la traîne), si toutefois on ne la chasse pas ou si on ne lui ferme pas la bouche.
DSdF, p. 21, trad. franç. p. 27.

métaphysique, il est à attendre qu'il implique d'une certaine façon l'ensemble de la problématique métaphysique. Il doit d'autre part pouvoir constituer à lui seul une «totalité» et surtout entraîner, voire comprendre, dans sa perspective celui qui interroge. Le néant remplit ces conditions préalables. N'est-il pas la clé de voûte de la possibilité de tout rapport de l'être-là, de toute possibilité de sortir de soi-même? Au carrefour des horizons métaphysiques, n'est-il pas impliqué dans toute pensée de la totalité? Sa marginalisation trahit en fait à chaque fois un oubli de plus grande envergure.

Comme le projet heideggérien vise le dépassement des structures métaphysiques, le point de départ de *Qu'est-ce que la Métaphysique?* peut surprendre de prime abord. Il est pourtant permis d'affirmer que, dans des limites précises, Heidegger réhabilite la métaphysique en tant que philosophie première. Elle est appelée même «événement fondamental de l'être-là». [2] Mais la métaphysique concernant intimement le mode d'être de l'être-là — le dépassement de l'étant — ne recoupe plus la métaphysique comme théorie du suprasensible. Elle en est même dissimulée. Si réhabilitation de la métaphysique il y a, elle est temporaire et destinée à faire sortir la philosophie de ce que Heidegger considère, dans d'autres circonstances, comme un oubli de l'oubli. [3] A partir de l'effritement des sciences modernes, il faut rebrousser chemin vers leur origine commune et se demander en quoi ceci explique cela. Cette démarche rendra encore plus manifeste la mesure dans laquelle la métaphysique est par elle-même un oubli. D'autre part, on ne saura sortir de la métaphysique que si l'on parvient à retourner dans son fondement, pour penser ce qui, constitutivement, lui échappe. Autrement dit, la métaphysique se méprend comme métaphysique. En visant l'au-delà du saut (Sprung), elle est contrainte à une cécité certaine vis-à-vis du saut lui-même. Si l'on aborde le domaine de l'essence non-métaphysique de la métaphysique, on est encore tenu de parler le langage des métaphysiciens ce qui peut entretenir une certaine confusion. C'est pourquoi *Qu'est-ce que la Métaphysique?* sera accompagné, lors de ses réé-

2. Die Metaphysik ist das Grundgeschehen im Dasein.
   Wegm, WiM?, p. 120.
3. Wegm, zS, p. 409, trad. franç. p. 236–239.

ditions, d'une *Postface* (1943) et d'une *Préface* (1949). Outre le souci d'éclaircir, d'affermir et de nuancer ce qui avait été précédemment dit, ces petits textes complémentaires — conçus à des intervalles visiblement importants et gardant une certaine indépendence — certifient la permanence du problème du néant dans la pensée heideggérienne. Pourrait-il en être autrement dans une recherche consacrée à la saisie originelle de l'être?

Qu'est-ce que la Métaphysique? instaure les préliminaires d'une interrogation bien conduite. Les sous-titres de la conférence indiquent une approche graduée et maintes fois temporisée: ébauche, développement, réponse à la question posée par le titre. On assiste à la fin à un revirement. La réponse n'est pas une réponse, mais une autre question. On est en pleine herméneutique heideggérienne. Répondre c'est savoir questionner. La meilleure réponse n'est que la question la plus appropriée. *Qu'est-ce que la Métaphysique?* en est la recherche tant passionnée que patiente. La conférence se referme en débouchant sur la question fondamentale (Grundfrage) de la métaphysique: «Pourquoi donc l'étant est et non pas plutôt Rien?».[4] Cette phrase révélée par le néant révèle à son tour le néant dans ses propres dimensions. On est plongé dans le commencement comme commencement où immersion et émersion se distinguent dans le même.

En quoi cette ample interrogation concerne-t-elle le fond même de la pensée? Il convient de constater tout d'abord que les sciences se montrent bien plus réticentes à s'engager dans cette voie. Mais leur prétention, plus ou moins explicite, de constituer le corollaire du savoir, voire même au point de rendre caduque toute approche philosophique, est-elle tout-à-fait légitime? Penser les sciences par rapport à un savoir fondamental et rechercher les conditions préalables de ce même savoir n'est pas sans rappeler la démarche husserlienne. *Les Prolégomènes à une Logique pure* (1900) mettaient déjà en cause le bon droit des mathématiques de se substituer à une philosophie première. Pour nous introduire dans cette vaste problématique, Heidegger reprend et commente une image de Descartes (*Lettre à Picot*): le savoir humain, à la manière d'un arbre, a des racines (la métaphysique), un tronc (la physique) et de

---

4. Warum ist überhaupt Seiendes und nicht vielmehr Nichts?
   Wegm, WiM?, p. 121.

nombreuses branches (les sciences). [5] Serait-ce l'enracinement déficient des racines qui conditionne la disfonction des branches et leur trompeuse autonomie? Les sciences, séparées du savoir foncier, sont-elles pour autant moins tributaires de celui-ci? Ne risquent-elles pas, contre toute évidence de dynamisme, de demeurer «traditionnelles», en tant que privées de la source mouvante des concepts de base? Ne retrouve-t-on pas dans les sciences les plus pertinentes les termes de la métaphysique classique? Il n'est pas question de donner une nouvelle solution à un ancien problème, mais de redéfinir le problème comme problème. Les sciences contemporaines se caractérisent par une diversification et une spécialisation poussées. L'écart entre les différents domaines de la connaissance (scientifique) s'agrandit. Les méthodes se multiplient et deviennent, en fait, de simples manières d'aborder la chose qui leur est d'avance répartie. Elles ne parviennent plus à déboucher sur une vision d'ensemble ou, plutôt, à entrevoir l'horizon. La méthode, en tant que chemin inaugural, dépérit. La cohérence des disciplines scientifiques relèvent d'abord des facteurs extérieurs. En même temps, l'état de dispersion occulte la vocation propre de la science. Celle-ci n'est compréhensible qu'à partir de l'étant que nous sommes. La science est un rapport spécifique avec le monde, choisi librement par l'homme. A la différence d'autres activités, la science explore l'étant et laisse à celui-ci le premier et le dernier mot. [6] Il y a mouvement d'approche vers l'essentiel des choses et soumission à ce qui est considéré comme réalité. Le déploiement historial (Geschehen) de la science a une envergure insoupçonnée.

«L'homme — cet existant parmi d'autres existants — «poursuit des recherches scientifiques». Ce qui se produit dans cette poursuite, ce n'est rien du moins que l'irruption d'un existant, appelé homme, dans l'ensemble de l'existant, et cela de telle sorte que dans cette irruption et par elle, l'existant vient à éclore, en ce qu'il est et tel qu'il est. L'irruption qui fait éclore, c'est elle qui avant tout, suivant le mode qui est le sien, produit l'existant à lui-même». [7]

5. Wegm, E-WiM?, p. 361, trad. franç. p. 23.
6. Wegm, WiM?, p. 104, trad. franç. p. 50.
7. Der Mensch — ein Seiendes unter anderem — „treibt Wissenschaft". In diesem „treiben" geschieht nichts Geringes als der Einbruch eines Seienden,

Les sciences remplissent-elles toujours ce rôle inaugural? L'enracinement dans une philosophie première faisant défaut, elles dépendent d'un concept de réalité figé. Peut-être s'agit-il des suites d'une faille bien plus ancienne. La métaphysique n'entamait-elle pas le rétrécissement du concept de réalité et l'édification, par voie de compensation, d'échafaudages superposés dont la raison était déjà mise en doute par Aristote? La séparation radicale des deux mondes, l'un sensible, l'autre intelligible, n'occultait-elle pas des couches encore plus profondes de cette même réalité? Le concept de réalité demeure, en tout état de cause, bien vulnérable. Il ne peut pas prendre en compte la mondanéité du monde, ce qui fait qu'une réalité puisse se manifester comme telle.

«Réalité est un terme ontologique qui se rapporte à l'étant intramondain. S'il sert à désigner ce type d'être en général, la disponibilité et la subsistance sont à considérer comme des modes de la réalité. Mais lorsqu'on garde à ce mot sa signification traditionnelle, il signifie l'être au sens de la pure subsistance comme chose. La «nature» qui nous «entoure» est certes un étant intramondain, mais elle ne manifeste ni le mode d'être de l'étant disponible ni celui de l'étant subsistant à la manière de la «chose naturelle». Quelle que soit la façon dont on interprète l'être de la «nature», tous les modes d'être de l'étant intramondain sont ontologiquement fondés sur la mondanéité du monde et, dès lors, sur le phénomène de l'être-au-monde. D'où il suit que la réalité ne jouit d'aucun privilège parmi les modes d'être de l'étant intramondain, et, en outre, que ce mode d'être n'est nullement adéquat pour caractériser ontologiquement le monde et l'être-là». [8]

genannt Mensch, in das Ganze des Seienden, so zwar, daß in und durch diesen Einbruch das Seiende in dem, was und wie es ist, aufbricht. Der aufbrechende Einbruch verhilft in seiner Weise dem Seienden allererst zu ihm selbst.
Ibid., p. 105, trad. franç. p. 51.

8. Realität ist als ontologischer Titel auf innerweltliches Seiendes bezogen. Dient er zur Bezeichnung dieser Seinsart überhaupt, dann fungieren Zuhandenheit und Vorhandenheit als Modi der Realität. Läßt man aber diesem Wort seine überlieferte Bedeutung, dann meint es das Sein im Sinne der puren Dingvorhandenheit. Aber nicht jede Vorhandenheit ist Dingvorhandenheit. Die „Natur", die uns „umfängt" ist zwar innerweltliches Seiendes, zeigt aber weder die Seinsart des Zuhandenen noch des Vorhandenen in der Weise der „Naturdinglichkeit". Wie immer dieses Sein der „Natur" interpretiert werden

Les sciences s'occupent de l'étant et de rien d'autre. Elles subissent la contrainte de ce qu'elles se sont librement imposées. Le caractère exclusif de leur champ d'intérêt a pour conséquence la fermeture de l'horizon comme tel. Elles ne peuvent plus se saisir elles-mêmes dans leur essence et faire une lecture adéquate de leur objet. L'«étant et rien d'autre» représente plus qu'une simple façon de parler. Il s'agit d'une affirmation totale sur un fait partiel, puisque la science ne se demande plus ce qu'il en est de ce rien. Cette élusion est-elle en tout point scientifique? Repose-t-elle sur une raison quelconque? Et dans l'affirmative, quelle est la raison de cette raison? La science opère en la matière une réduction étonnante. Elle ne laisse plus le dernier mot aux choses elles-mêmes, mais tranche de façon catégorique. Le néant est le négatif pur et rien d'autre. Si cette identité formelle justifie des constructions ultérieures, elle ferme, du même coup, la porte à la permanence d'un effort herméneutique. Abandonnant le concept de néant, la science s'expose à une première objection. Peut-on renoncer de quelque manière que ce soit à ce qui n'est précisément pas? La discussion s'apprête à tourner en rond. C'est que la science n'a pas les moyens adéquats pour se saisir du problème comme tel. En se posant gardienne de l'étant, elle renvoie tout ce qui peut être autre dans le domaine de l'illusion pure. Ce qui fait une illusion être une illusion demeure hors de sa préoccupation.

«Si la science est dans son droit, un seul point se trouve fixé: c'est que du Rien la science prétend rien savoir. Et telle est, finalement, la conception scientifiquement rigoureuse du Néant. Nous le connaissons pour autant que nous n'en voulons rien savoir, ne rien savoir de ce Rien.

La science ne veut rien savoir du Néant. Mais tout aussi sûr est ceci: justement là où elle cherche à exprimer son essence propre, elle appelle le Néant à l'aide. Sur ce qu'elle rejette, elle

---

mag, alle Seinsmodi des innerweltlichen Seienden sind ontologisch in der Weltlichkeit der Welt und damit im Phänomen des In-der-Welt-seins fundiert. Daraus entspringt die Einsicht: Realität hat weder innerhalb der Seinsmodi des innerweltlichen Seienden einen Vorrang, noch kann gar diese Seinsart so etwas wie Welt und Dasein ontologisch angemessen charakterisieren.

SZ, p. 211, trad. franç. p. 256.

élève une prétention. Quelle discordance nous dévoile-t-elle en sa réalité essentielle».[9]

Pour comprendre le fait scientifique, il faut aller plus loin que la science. On aurait tort de considérer l'exégèse heideggérienne comme une attaque contre les sciences, comme une prise de position foncièrement anti-scientifique. Si critique il y a, il convient de se rappeler le sens profond que ce mot acquiert à travers le projet kantien: définir les conditions préalables de la connaissance. Pour Heidegger, il s'agit de dévoiler l'essence de la science et de fonder ainsi ses limites. Limite a ici une signification positive, comme ce qui est le plus proche de l'ouverture. Autrement dit, Heidegger veut mettre en contact l'essor scientifique et l'essence de la science. Cette démarche libère en même temps la pensée d'une importante servitude. Heidegger met fin à la confusion entre exactitude et rigueur.[10] L'une révèle le caractère calculateur de la science, l'autre la possibilité d'une lecture originelle et non-arbitraire du monde. Vouloir transformer la philosophie en science, ce ne sera plus l'asservir à des règles préconçues et «sûres», mais jeter les fondements d'une herméneutique. Heidegger fait valoir à maintes reprises la prudence d'Aristote en matière de méthode scientifique. La démonstration a une légitimité limitée. En faire usage sans distinction fournit la preuve d'une formation déficiente.[11] Heidegger veut rendre à la science la capacité de s'étonner. L'exactitude peut être bornée, la rigueur est téméraire.

La question du néant ne va pas de soi. Questionner n'est jamais innocent. La façon dont nous nous interrogeons sur le néant a un caractère historial. Nous formulons cette question toujours à par-

---

9. Ist die Wissenschaft im Recht, dann steht nur das eine fest: die Wissenschaft will vom Nichts nicht wissen. Dies ist am Ende die wissenschaftlich strenge Erfassung des Nichts. Wir wissen es, indem wir von ihm, dem Nichts, nichts wissen wollen.

Die Wissenschaft will vom Nichts nichts wissen. Aber ebenso gewiß bleibt bestehen: dort, wo sie ihr eigenes Wesen auszusprechen versucht, ruft sie das Nichts zu Hilfe. Was sie verwirft, nimmt sie in Anspruch. Welch zwiespältiges Wesen enthüllt sich da?
Wegm, WiM?, p. 106, trad. franç. p. 51.
10. HW, ZW, p. 73, trad. franç., p. 104–105.
11. ἔστι γὰρ ἀπαιδευσία τὸ μὴ γιγνώσκειν τίνων δεῖ ζητεῖν ἀπόδεξιν καὶ τίνων οὐ δεῖ.
Métaphysique, Γ (IV), 1006 a 6–7.

tir d'une connaissance déjà acquise de l'étant. «Qu'est-ce que le néant?» pose une condition qui risque de transformer prématurément la question en réponse. En interrogeant de cette façon, nous envisageons implicitement le néant comme quelque chose d'étant. «Qu'est-ce que...?» (τί ἐστι) n'est pas une question originelle. La pensée y est obligée de se manifester comme déclaration de quelque chose sur quelque chose (τὶ κατὰ τινὸς). La possibilité de répondre à la question du néant se trouve dès lors dans une impasse. On est tenu soit de trouver un support (substance) au néant, soit d'envisager le néant comme non-substance. La simple formulation de la question pèche, en l'occurence, vis-à-vis du principe de contradiction. La règle fondamentale de la logique relègue le problème du néant comme tel. Il n'en reste qu'une source de contresens. Il convient cependant de regarder de plus près les conditions de cette incompatibilité. Elle marque une étape de la dispensation historiale de l'être.

«... la «logique» n'est qu'une interprétation de l'essence de la pensée, celle précisément qui repose, comme le mot déjà l'indique, sur l'épreuve de l'Etre atteinte dans la pensée grecque. La défiance envers la «logique» dont la logistique peut être considérée comme la naturelle dégénérescence, surgit du savoir de cette pensée qui trouve sa source dans l'épreuve de la vérité de l'Etre, et non dans la considération de l'objectivité de l'étant. Jamais la pensée exacte n'est la pensée la plus rigoureuse, s'il est vrai que la rigueur reçoit son essence de la manière dont le savoir à chaque fois s'applique à maintenir la relation à l'essentiel de l'étant. La pensée exacte s'attache uniquement au calcul au moyen de l'étant et sert exclusivement celui-ci».[12]

12. ... die „Logik" nur eine Auslegung des Wesens des Denkens ist, und zwar diejenige, die schon dem Namen nach auf der im griechischen Denken erlangten Erfahrung des Seins beruht. Der Verdacht gegen die „Logik", als deren folgerichtige Ausartung die Logistik gelten darf, entspringt dem Wissen von jenem Denken, das in der Erfahrung der Wahrheit des Seins, nicht aber in der Betrachtung der Gegenstänlichkeit des Seienden, seine Quelle findet. Niemals ist das exakte Denken das strengste Denken, wenn anders die Strenge ihr Wesen aus der Art der Anstrengung empfängt, mit der jeweils das Wissen den Bezug zum Wesenhaften des Seienden innehält. Das exakte Denken bindet sich lediglich in das Rechnen mit dem Seienden und dient ausschließlich diesem.
Wegm, N-WiM?, p. 306, trad. franç. p. 79.

68

La «logique» — mot que Heidegger met ici entre guillemets — a son point de départ dans le λόγος de la tradition grecque. Elle retient un seul aspect d'un vocable particulièrement riche en significations. Comme proposition, le λόγος décide du vrai et du faux. La logique devient un ensemble de règles régissant toute énonciation. Ce développement s'accomplit dans l'école aristotélicienne. L'autonomie de la logique entérine une omission de taille : le rapport essentiel du λόγος et de la φύσις, le seul à pouvoir rendre compte de l'être de l'étant, se trouve abandonné. Le λόγος comme saisie initiale n'est nullement logique. Ce paradoxe renferme une longue évolution.

«On n'en arrive là que lorsque le λόγος renonce à son estance originelle, une transformation dans l'interprétation de l'être dérobant à l'être son caractère de φύσις. Il en résulte une transformation de l'être-là de l'homme. Le lent aboutissement de cette histoire, que nous vivons déjà depuis longtemps est la souveraineté de la pensée conçue comme ratio (comme entendement aussi bien que comme raison) sur l'être de l'étant. A partir de là commence l'alternance entre «rationalisme et irrationalisme», qui se produit jusqu'aujourd'hui sous tous les déguisements possibles et sous les rubriques les plus contradictoires. L'irrationalisme n'est que la faiblesse du rationalisme devenue enfin manifeste, et l'achèvement de son abdication; par là, il est lui-même un rationalisme. L'irrationalisme est une issue hors du rationalisme, mais qui, loin de conduire sur une route libre, ne fait que nous empêtrer encore davantage dans le rationalisme, parce qu'ainsi prend naissance l'idée que celui-ci peut être surmonté par une simple négation, tandis qu'il n'en est alors que plus dangereux, parce que masqué, et pouvant agir d'autant plus à l'aise».[13]

13. Dahin kommt es erst und nur dadurch, daß der Logos sein anfängliches Wesen aufgibt, insofern das Sein als φύσις verdeckt und umgedeutet wird. Demzufolge wandelt sich das Dasein des Menschen. Das langsame Ende dieser Geschichte, in dem wir seit langem mitten innestehen, ist die Herrschaft des Denkens als ratio (als Verstand sowohl wie als Vernunft) über das Sein des Seienden. Von hier aus beginnt das Wechselspiel zwischen „Rationalismus und Irrationalismus", das sich bis zur Stunde in allen möglichen Verkleidungen und unter den widersprechendsten Titeln abspielt. Der Irrationalismus ist nur die offenkundig gewordenen Schwäche und das vollendete Versagen des Rationalismus und damit selbst ein solcher. Irrationalismus ist ein

Qu'en est-il du principe de contradiction? Il oppose une fin de non-recevoir à toute approche du néant. Sa puissance n'efface pas totalement sa faiblesse: la pensée est maintenant réduite à se mouvoir dans un circuit clos. Le principe de contradiction est opérationnel dans la mesure où il proclame l'interdiction même de toute ouverture. Ce n'est qu'en filigrane que l'on peut lire son passé lourd de conséquences. Le passage du λόγος à la proposition affirmative ne se produit pas sans laisser des traces si minces soient-elles. L'affirmation désigne toujours, même si de façon formelle, l'être de l'étant. Au moins fait-elle signe dans cette direction. L'émergence d'une contradiction (ἀντίφασις) indique, par contre, que la chose n'est pas. L'affirmation garantit donc le minimum d'un pouvoir être. Si l'on fait appel à la terminologie kantienne, on peut imaginer que la possibilité logique est l'écho lointain de la possibilité transcendentale. Le «oui» et le «ne-pas» accomplissent une séparation de taille, mais seulement en surface, c'est-à-dire dans l'oubli de la différence comme différence. Déjà le λόγος représente par lui-même une forme émaciée de la φύσις. Celle-ci en tant qu'apparition-retrait incorpore originellement la «négativité». Il y a ainsi à l'horizon une négativité co-naturelle. Affirmation et négation constituent la schématisation, la formalisation du mouvement de dévoilement-voilement. Le principe de contradiction, fondé dans l'interprétation logique du λόγος renvoie à plus lointain que lui. Son long voyage dans l'histoire de la philosophie, d'Aristote à Hegel, porte la traînée de cette implication initiale.

«Le vieux débat, où l'on demande si le principe de contradiction a chez Aristote une signification «ontologique» ou «logique», est mal engagé, parce qu'il n'y a pour Aristote ni «ontologie», ni «logique». L'une comme l'autre ne prennent naissance que sur le terrain de la philosophie aristotélicienne. Le principe de contradiction a bien plutôt une signification «ontologique» parce qu'il est une loi fondamentale du λόγος, un principe «logique». C'est pourquoi son dépassement, dans

Ausweg aus dem Rationalismus, welcher Ausweg nicht ins Freie führt, sondern nur noch mehr in den Rationalismus verstrickt, weil dabei die Meinung erweckt wird, dieser sei durch bloßes Neinsagen überwunden, während er jetzt nur gefährlicher, weil verdeckt und ungestörter seine Spiele treibt. EM, p. 136, trad. franç. p. 183.

la dialectique de Hegel, n'est pas, au fond, une victoire sur la souveraineté du λόγος, mais signifie que celui-ci a atteint son plus haut degré (le fait que Hegel intitule «Logique» ce qui est proprement la métaphysique, c'est-à-dire la «Physique», est un rappel aussi bien du λόγος au sens de lieu des catégories, que du λόγος au sens de la φύσις initiale)». [14]

La logique finit par accomplir machinalement et dans le vide un acte autrefois inaugural. Le λόγος, réduit à l'état de proposition, devient un simple instrument, un moyen d'expression. Le néant se transforme en concept de néant, un concept-limite. Il passe pour la négation totale de la totalité de l'étant, pour le non-étant pur et simple. [15] Ceci subordonne le néant à la négation, donc à une opération logique. La négation se constitue en genre supérieur englobant le néant comme une espèce particulière. Pour qu'une pareille construction puisse résister, il faut que la totalité de l'étant soit quelque chose de bien défini. Autrement, il serait impossible d'opérer ne serait-ce que mentalement une négation radicale. Cependant, le concept de la totalité de l'étant demeure hautement problématique. On peut seulement s'en faire une certaine «idée» (règle). Il convient ensuite de nier cette idée même et de penser le résultat obtenu. On parvient à un concept de néant imaginé (eingebildetes Nichts), mais pas encore au néant réel. D'ailleurs, «néant imaginé» et «néant réel» ne peuvent être que des distinctions purement formelles, à tel point l'entendement se meut ici dans le vide. La différence ne peut être saisie qu'à partir d'une expérience fondamentale. La recherche doit se donner alors d'autres moyens pour suivre son chemin. Un premier recul s'impose

14. Die alte Streitfrage, ob der Satz vom Widerspruch bei Aristoteles eine „ontologische" oder eine „logische" Bedeutung habe, ist falsch gestellt, weil es für Aristoteles weder „Ontologie" noch „Logik" gibt. Beides ensteht erst auf dem Boden der aristotelischen Philosophie. Der Satz vom Widerspruch hat vielmehr „ontologische" Bedeutung, weil er ein Grundgesetz des Logos, ein „logischer" Satz ist. Die Aufhebung des Satzes vom Widerspruch in der Dialektik Hegels ist daher im Prinzip keine Uberwindung der Herrschaft des Logos, sondern nur die höchste Steigerung. (Daß Hegel die eigentliche Metaphysik, d.h. „Physik" mit dem Namen „Logik" betitelt, errinert sowohl an den Logos im Sinne des Ortes der Kategorien, als auch an den Logos im Sinne der anfänglichen φύσις).
Ibid., p. 143, trad. franç. p. 191.
15. Wegm, WiM? p. 106, trad. franç. p. 53.

pour préparer l'approche adéquate. La question «Qu'est-ce que le néant?» est abandonnée en faveur d'une question moins exigeante et plus accueillante: Qu'en est-il du néant? L'interrogation ne doit jamais constituer une «mise à question». Tel est le sens propre de l'herméneutique. Interroger signifie se mettre en route. La question se transforme elle-même pendant le parcours. L'interrogation heideggérienne débute par une constatation apparemment simple. Elle est faite dans l'esprit de la démarche phénoménologique, sans l'éclat de la spéculation. Il faudra attendre tout le développement de la méditation heideggérienne sur la parole pour saisir sa portée. Pour le moment, ce n'est qu'un premier «accroc»: puisque nous invoquons dans nos discussions le néant, nous en possédons déjà une certaine connaissance. Celle-ci repose sur une expérience fondamentale dont l'entendement ne peut rendre compte. Il en va de même pour ce qui est de l'étant dans son ensemble.

«S'il est sûr que jamais nous ne saisissons absolument en soi l'ensemble de l'existant, il est non moins certain que nous nous trouvons placés au milieu de cet existant, qui nous est dévoilé en son ensemble d'une manière ou d'une autre. Finalement, une différence essentielle intervient entre saisir l'ensemble de l'existant en soi, et se sentir au milieu de l'existant en son ensemble. Le premier terme marque une impossibilité de principe. Le second, un événement continuel en notre réalité humaine». [16]

«Se sentir au milieu de l'étant en son ensemble» implique l'affectivité originelle que nous avons déjà considérée dans le chapitre précédant. Si nous y revenons, c'est pour faire ressortir la co-appartenance de l'affectivité et de la pensée. Elle seule rend possible une approche du néant comme néant.

L'affectivité mène une vie plus ou moins souterraine selon le développement historial de la philosophie. Platon avait déjà désigné comme πάθος l'expérience la plus intime et la plus décisive de

16. So sicher wir nie das Ganze des Seienden an sich absolut erfassen, so gewiß finden wir uns doch inmitten des irgendwie im Ganzen enthüllten Seienden gestellt. Am Ende besteht ein wesenhafter Unterschied zwischen dem Erfassen des Ganzen des Seienden an sich und dem Sichbefinden inmitten des Seienden im Ganzen. Jenes ist grundsätzlich unmöglich. Dieses geschieht ständig in unserem Dasein.
Ibid., p. 109, trad. franç. p. 55–56.

72

la pensée. [17] Dans la mesure où les principes disent plus que le concept de fondement — car ils gardent toujours la transparence d'un premier contact au monde — Aristote touchait à un problème similaire dans *L'Ethique à Nicomaque*[18] et dans *Les Seconds Analytiques*. [19] L'appréhension des principes baigne dans une aperception affective. Le commencement du commencement est l'absence du commencement. La première étude systématique des affections n'est pas le fait de la psychologie, mais de la *Rhétorique* aristotélicienne. Heidegger l'appelle «herméneutique de l'existence quotidienne de l'être-en-commun». [20] L'affectivité constitue le milieu mouvant de toute prise de position et, dans un sens plus large, de tout rapport possible. [21] Le sentiment ne pousse pas ses racines dans le «sujet», mais représente la possibilité de tout enracinement, la transparence inaugurale où le «sujet» peut, à la rigueur, prendre des contours. La décision (κρίσις ou le mot heideggérien Ent-scheidung) est ouverture au monde et signe de la différence. Le statut de la rhétorique — art par excellence et non pas science — plaide en faveur de son enracinement ontologique.

Définissant l'affectivité, Leibniz fait état du long cheminement de la pensée occidentale.

«Affectus est occupatio animi orta ex sententia animi circa bonum et malum». [22]

Indépendamment de l'épaisseur ontologique du bien et du mal, l'affectivité paraît avoir subi une mutation importante. Elle dépend, en effet, d'une souveraine «sententia». Perméabilité originelle ou permission initiale? L'impératif catégorique kantien repose sur la même «sententia» que Leibniz fait régir les fluctuations affectives.

Heidegger libère l'affectivité originelle. Elle précède la déchirure historiale entre subjectivité et objectivité. Elle représente l'horizon propice pour toute amorce et toute occurrence. D'autre part, l'af-

17. Μάλα γὰρ φιλοσόφου τοῦτο τὸ πάτος, τὸ θαυμάζειν· οὐ γὰρ ἄλλη ἀρχὴ φιλοσοφίας ἢ αὕτη, ...
Théétète, 155d.
18. 1098a 20–1098b 10.
19. 99b 15–100b 15.
20. SZ, p. 138, trad. franç. p. 173.
21. Ἔστι δὲ τὰ πάθη δι'ὅσα μεταβάλλοντες διαφέρουσι πρὸς τὰς κρίσεις...
Rhétorique, II, 1378a 19–20.
22. *Textes inédits, De Affectibus*, tome II, p. 513.

fectivité n'est pas cause, mais participe au déploiement même de la pensée. Saisissement et dessaisissement se conditionnent réciproquement. Immersion dans l'être et émersion de l'être font une seule démarche. L'étonnement est la capacité de s'ouvrir au monde, la marge transparente de la pensée, l'indéterminabilité précédant toute structure. Il ne déclenche pas, ne fonde pas la pensée, mais en fait partie. Nous pouvons répondre ainsi à la convocation de l'être.

«L'étonnement est πάθος: Nous traduisons d'ordinaire par passion, bouillonnement affectif. Mais πάθος est en connexion avec πάσχειν souffrir, patienter, supporter, endurer, se laisser porter par, céder à l'appel de. Il est témaraire, comme toujours en pareilles occurences, de traduire πάθος par disposition, en quoi nous avons en vue la convocation accordante et la vocation déterminante. Mais il nous faut toutefois risquer cette traduction, parce qu'elle seule nous préserve de nous représenter le πάθος au sens de la psychologie moderne. C'est seulement si nous comprenons le πάθος comme dis-position que nous pouvons aussi caractériser d'une manière plus précise le θαυμάζειν l'étonnement. Dans l'étonnement, nous sommes en arrêt. C'est comme si nous faisions recul devant l'étant — devant le fait qu'il est, et qu'il est ainsi, et qu'il n'est pas autrement. Mais l'étonnement ne s'épuise pas dans ce retrait devant l'être de l'étant. L'étonnement est, en tant qu'un tel retrait, en même temps arraché vers et pour ainsi dire enchaîné par ce devant quoi il fait retraite. Ainsi l'étonnement est cette dis-position dans laquelle et pour laquelle s'ouvre l'être de l'étant».23

23. Das Erstaunen ist πάθος. Wir übersetzen πάθος gewöhnlich durch Passion, Leidenschaft, Gefühlwallung. Aber πάθος hängt zusammen mit πάσχειν, leiden, erdulden, ertragen, austragen, sich tragen lassen von, sich be-stimmen lassen durch. Es ist gewagt, wie immer in solchen Fällen, wenn wir πάθος durch Stimmung übersetzen, womit wir die Gestimmtheit und Be-stimmtheit meinen. Doch wir müssen diese Übersetzung wagen, weil sie allein uns davor bewahrt, πάθος in einem neuzeitlich-modernen Sinne psychologisch vorzustellen. Nun wenn wir πάθος als Stimmung (dis-position) verstehen, können wir auch das θαυμάζειν, das Erstaunen näher kennzeichen. Im Erstaunen halten wir an uns (être en arrêt). Wir treten gleichsam zurück vor dem Seiendem — davor, daß es ist und so und nicht anders ist. Auch erschöpft sich das Erstaunen nicht in diesem Zurücktreten vor dem Sein des

74

Il faut admettre, dans cette perspective large, que toute recherche de l'essence (τί ἐστι) a un caractère dérivé. Au delà et en dépit des figures déjà sédimentées, il convient de laisser l'étonnement en tant que dis-position faire son travail inaugural, demeurer à l'écoute. Echappant à la mise en question systématique, le propre du néant exige avant tout la perméabilité foncière de la «méthode»: laisser venir à la pensée ce qui est digne d'être pensé (das Denkwürdige).

L'objectivité des sciences entérine la coupure entre objet et sujet, repoussant l'affectivité comme secondaire et limitée au seul domaine du sujet. Il y a ainsi obstruction des sources. C'est le côté «non-métaphysique» des sciences. Mais la façon dont les sciences abordent le problème du néant rappelle la métaphysique. Envisager le néant comme le négatif pur n'est que la radicalisation de la thèse selon laquelle le néant n'est pas assez étant. Les sciences formalisent l'interrogation métaphysique à tel point que la définition exclut par définition ce dont il était question de donner la définition. Abstraire a moins le sens d'accrocher, de retenir, pour rapporter à un tout (καθόλου) que celui de généraliser, de passer à un concept de plus en plus vide. Si le rapport aristotélicien entre essence première et seconde (le vocable individuel paraît «plus essentiel»)[24] se trouve tout-à-fait renversé, il n'en est pas moins vrai que la possibilité du renversement réside dans ce rapport lui-même. Le formalisme des sciences hérite d'une certaine interprétation de l'étant. Le terme «formalisme» trahit lui-même la vaporisation de l'ancien εἶδος. En tant que constructions logiques, les structures scientifiques manquent d'appérité quant à la choséité de la chose. Le néant métaphysique conditionne de loin en loin l'oubli du concept de néant.

«Sur le Néant, la métaphysique s'exprime depuis le lointain des âges en une thèse, il est vrai, équivoque: ex nihilo nihil fit. Du rien, rien ne se fait. Bien que dans la discussion de cette thèse, jamais le Néant ne devient lui-même vraiment le

Seienden, sondern es ist, als dieses Zurücktreten und Ansichhalten, zugleich hingerissen zu dem und gleichsam gefesselt durch das, wovor es zurücktritt. So ist das Erstaunen die Dis-position, in der und für die das Sein des Seienden sich öffnet.
Wid-dPh?, p. 39–40, trad. franç. p. 33–34.
24. *Catégories*, 2a, 11–19.

problème, elle notifie pourtant par cette attention prêtée chaque fois au Néant, quelle conception de l'existant la fonde et la dirige.

La métaphysique antique conçoit le Néant sous l'espèce du non-existant, c'est-à-dire de la matière privée de forme qui ne peut par elle-même s'informer en un existant pourvu d'une forme et présentant par conséquent un εἶδος, une Idée, «ce que l'on voit». L'existant, c'est la forme se formant elle-même, et qui se présente comme tel dans la forme (dans «ce que l'on voit»). [25]

Le néant est donc ce qui reste en arrière par rapport à l'étant, ce qui n'est pas assez étant ou, plus positivement, pas encore étant. L'étant, à son tour, représente le visible par excellence, la «vraie» présence. L'analogie ou la négation — des expressions telles que «vu par l'esprit» ou «invisible» — ne modifient pas fondamentalement les données du problème. La vue représente bien ici le critère, ce qui intronise la différence. Platon surcharge le visible — ce qui s'offre proprement à la vue — de l'essence. [26] Cette contamination décide de l'avenir de la métaphysique. Ἰδέα acquiert une généralité reprise, par contrecoup, par le néant (certainement, κοινόν désigne initialement ce qui concerne l'ensemble et non pas le concept général). Dorénavant — et ceci en dépit de la réhabilitation platonicienne — le néant perdra graduellement toute épaisseur. Le vide du néant puisera dans la montée dans le vide du concept d'être. D'autre part, la caractère «pas assez» étant sera tôt perçu comme une déficience, voire un manque coupable, d'où la mauvaise renommée du néant dans la conscience courante. Il n'est pas sans intérêt, en l'occurrence, de faire valoir que l'aspect «pas encore étant» prime sur celui de «pas assez étant» chez Aristote.

25. Über das Nichts spricht sich die Metaphysik von altersher in einem freilich mehrdeutigen Satze aus: ex nihilo nihil fit, aus Nichts wird Nichts. Wenngleich in der Erörterung des Satzes das Nichts selbst nie eigentlich zum Problem wird, so bringt er doch aus dem jeweiligen Hinblick auf das Nichts die dabei leitende Grundauffassung des Seienden zum Ausdruck. Die antike Metaphysik faßt das Nichts in der Bedeutung des Nichtseienden, d.h. des ungestalteten Stoffes, der sich selbst nicht zum gestalthaften und demgemäß ein Aussehen (εἶδος) bietenden Seienden gestalten kann. Seiend ist das sich bildende Gebilde, das als solches im Bilde (Anblick) sich darstellt. Wegm, WiM?, p. 118, trad. franç. p. 67–68.
26. Wegm, VWuBdphys., p. 273, trad. franç. p. 232.

76

Son néant de relation (πρός τι) institue le cadre de la migration d'un étant à l'autre. Mais ceci accomplit, en fait, la résorbtion du néant par l'étant. Aussi le parricide que le *Sophiste* met en scène contre Parménide se trouve-t-il, au moins dans ses conséquences, dédramatisé.

L'autre interprétation du néant qui a pesé de tout son poids dans le destin de la métaphysique occidentale est le fait de la dogmatique chrétienne.

> «La dogmatique chrétienne, par contre, nie la vérité de la thèse ex nihilo nihil fit: elle transforme la signification du Néant en l'entendant comme l'Absence radicale de l'existant extra-divin: ex nihilo fit... ens creatum. Le Néant devient alors la notion antithétique de l'Existant véritable, du summum ens, de Dieu comme ens increatum. Ici aussi, l'interprétation du Néant annonce quelle est la conception fondamentale de l'existant. Mais la discussion métaphysique de l'existant se maintient sur le même plan que la discussion du Néant. Les questions de l'Etre et du Néant comme tels ne sont posées ni l'une ni l'autre. C'est pourquoi on ne soupçonne pas même cette difficulté que, si Dieu crée du Néant, il faut précisément qu'il puisse soutenir un rapport avec le Néant. Or, si Dieu est Dieu, il ne peut pas connaître le Néant, s'il est vrai que l'«Absolu» exclut de soi tout manque d'être (Nichtigkeit = «négativité»)».[27]

Le problème de la négativité se trouve ainsi éludé. Mais n'est-il pas de même de celui de la transcendance? Le divin qui ne pense que le divin représente avant tout l'adaptation d'une vision pro-

27. Die christliche Dogmatik dagegen leugnet die Wahrheit des Satzes ex nihilo nihil fit und gibt dabei dem Nichts eine veränderte Bedeutung im Sinne der völligen Abwesenheit des außergöttlichen Seienden: ex nihilo fit-ens creatum. Das Nichts wird jetzt der Gegenbegriff zum eigentlich Seienden, zum summum ens, zu Gott als ens increatum. Auch hier zeigt die Auslegung des Nichts die Grundauffassung des Seienden an. Die metaphysische Erörterung des Seienden hält sich aber in derselben Ebene wie die Frage nach dem Nichts. Die Fragen nach dem Sein und dem Nichts als solchen unterbleiben beide. Daher bekümmert auch gar nicht die Schwierigkeit, daß, wenn Gott aus dem Nichts schafft, gerade er sich zum Nichts muß verhalten können. Wenn aber Gott Gott ist, kann er das Nichts nicht kennen, wenn anders das „Absolute" alle Nichtigkeit von sich ausschließt.
Wegm. WiM?, p. 118, trad. franç., p. 68.

fondément aristotélicienne. La mystique chrétienne a une perspective différente : rapprocher le «summum ens» de l'«ens creatum» paraît finalement secondaire par rapport à l'interprétation de la divinité comme «ens». Les *Sermons* de Maître Eckhart en apporte un témoignage de taille. (Voir en quoi l'expérience de l'être diffère fondamentalement de l'expérience mystique dépasse largement les cadres de cette thèse). Quant au dieu des philosophes, il a évolué vers l'«Absolu». S'agissant d'une représentation foncièrement logique, il y a souvenir et, en même temps, empêchement d'une saisie originelle de la négativité. Considérant la synthèse — jamais entièrement effective — entre la cohabitation grecque de la perfection et du limité (fini) et celle chrétienne de la perfection et de l'illimité (infini), Henri Birault donne un aperçu indispensable de la perception historiale du problème du néant. [28]

En dépit d'un renversement notoire, le néant de la métaphysique et le néant de la dogmatique chrétienne s'accordent sur un point majeur. Le néant est considéré, dans les deux cas, à partir de l'étant et comme non-étant. Le projet heideggérien tente de franchir le cadre de l'opposition néant-étant. La prédilection de la philosophie grecque pour le visible et celle de la dogmatique chrétienne pour l'in-visible laissent en suspens l'horizon où s'effectue la prise de contours comme telle. L'unité plus ou moins marquée du visible (in-visible), de l'essence et de la présence méconnaît le passage de l'être-absent à l'être-présent ainsi que la dimension dans laquelle présence et absence s'appartiennent. En retrait par rapport à la proposition «ex nihilo nihil fit», il y en a une autre qui mérite d'être pensée.

«La thèse ancienne «ex nihilo nihil fit» prend alors un autre sens, un sens qui concerne le problème de l'Etre lui-même, et elle est à énoncer ainsi : ex nihilo omne ens qua ens fit. C'est dans le Néant de la réalité-humaine que l'existant dans son ensemble arrive seulement à soi-même, suivant la possibilité qui lui est absolument propre, c'est-à-dire selon un mode fini». [29]

28. *Heidegger et la pensée de la finitude*, Revue internationale de philosophie, 52, 1960, p. 135–162.
29. Der alte Satz ex nihilo nihil fit enthält dann einen anderen, das Seinsproblem selbst treffenden Sinn und lautet : ex nihilo omne ens qua ens fit. Im Nichts

78

Ceci fait ressortir l'essence même de la transcendance et éclaire, du même coup, la métaphysique comme disposition constitutive (Anlage) de la nature humaine. L'être-là est rapport à l'être et, par là même, il lui est possible de rencontrer quelque chose comme l'étant. Pour qu'un étant apparaîsse, il faut que la totalité de l'étant se retire. C'est dans cette perspective que le néant accomplit son propre. Le néant révélé par l'angoisse n'est pas un «étant à valeur négative», un objet ou un non-objet ou encore quelque chose de séparé, de définitivement constitué. Le néant s'annonce dans l'étant en tant que celui-ci nous échappe, s'«effondre» dans son ensemble. Il accompagne constamment l'étant, comme une injonction du fait même d'être. Cette indivisibilité originelle repousse tant l'interprétation du néant comme anéantissement que celle proclamant la négation conceptuelle radicale de l'étant. Le propre du néant se manifeste comme néantir. Le néant n'est pas, il néantit. Il soutient la transcendance. L'angoisse nous en donne un premier aperçu.

«Dans l'angoisse, il y a un mouvement de «recul devant...»», mouvement qui sans doute n'est plus une fuite, mais un repos sous une fascination. Ce «recul-devant...» prend du Néant son issue. Le Néant n'attire pas à soi; au contraire, il est essentiellement répulsion. Mais en repoussant, sa répulsion est comme telle l'expulsion qui déclenche le glissement, celle qui renvoie à l'existant en train de glisser dans tout son ensemble, c'est elle dont le Néant obsède la réalité-humaine dans l'angoisse, et qui est comme telle l'essence du Néant: le néantissement (Nichtung). Pas plus qu'elle n'est un anéantissement de l'existant, elle ne résulte d'une négation. Le néantir ne se laisse mettre au compte ni d'un anéantissement ni d'une négation. C'est le Néant lui-même qui néantit». [30]

des Daseins kommt erst das Seiende im Ganzen seiner eigensten Möglichkeit nach, d.h. in endlicher Weise.
Ibid., p. 119, trad. franç. p. 70.
30. In der Angst liegt ein Zurückweichen vor..., das freilich kein Fliehen mehr ist, sondern eine gebannte Ruhe. Dieses Zurück vor... nimmt seinen Ausgang vom Nichts. Dieses zieht nicht auf sich, sondern ist wesenhaft abweisend. Die Abweisung von sich ist aber als solche das entgleitenlassende Verweisen auf das versinkende Seiende im Ganzen. Diese im Ganzen abweisende Verweisung auf das entgleitende Seiende im Ganzen, als welche das Nichts in der Angst das Dasein umdrängt, ist das Wesen des Nichts: die Nichtung. Sie ist

Le néant néantit. Nous sommes en face d'une formulation à caractère tautologique. L'identité n'est pourtant pas égalité. Elle embrasse la différence. Le néant néantit veut dire: il accomplit son propre. Est-il question d'une action agie ou d'une action subie, d'un état, d'une émanation, d'une création? Aucun de ces vocables de la tradition ne parvient pas à rendre compte du déploiement en cause. Dans la mesure où le «sujet» et l'«action verbale» se confondent, il y a mutation des deux et ouverture d'un nouvel horizon. La grammaire ne précède pas, mais suit l'interprétation de l'étant. «Le néant néantit» va dans la même direction que «le temps temporalise» (L'Etre et le Temps) et préfigure le statut des verbes impersonnels chez Heidegger ainsi que le vocable majeur «appropriement» (Ereignis). Accomplir son propre conditionne ici l'entrée en présence et la sortie de la présence. La positivité non-positive du néant effectue un renvoi. Il n'est plus question d'attribuer une étantité au néant, comme la question traditionnelle de la métaphysique nous y enjoint, mais de cerner son propre. Le néantir libère l'«espace» et déploie l'horizon de la possibilité. Pour que l'être-là puisse s'orienter vers l'étant et se mettre en contact avec lui, il lui faut se tenir dans le néant. Ceci rend possible la manifestation de l'étant comme tel: «l'étant est». L'altérité de l'étant ne réside pas dans la pure opposition vis-à-vis d'un concept de néant, mais concerne la constitution de l'être-là. En même temps, le néant appartient originellement à l'«essence» (Wesen): «c'est dans l'être de l'étant que le néant néantit».[31] D'ores et déjà le néant se trouve placé dans la perspective de l'être et non pas de l'étant. L'«essence» a maintenant un statut moyen, intermédiaire, mouvant. Son emploi verbal (west) déstabilise le concept établi d'essence. Il indique une «certaine activité» de l'être. Il est le juste milieu entre être-absent (Abwesenheit) et être-présent (Anwesenheit). Ce mouvement en profondeur nous est le plus souvent dissimulé. Tout ce que nous entreprenons s'oriente principalement vers l'étant et nous lui consacrons de ce fait la

weder eine Vernichtung des Seienden, noch entspricht sie einer Verneinung. Die Nichtung läßt sich auch nicht in Vernichtung und Verneinung aufrechnen. Das Nichts selbst nichtet.
Ibid., p. 113, trad. franç. p. 61.
31. Im Sein des Seienden geschieht das Nichten des Nichts.
Ibid., p. 114.

majeure partie de notre temps linéaire. L'enracinement dans l'étant signifie apparemment que nous nous détournons expressément du néant. Cette illusion n'est possible que sur la base de l'interprétation du néant comme non-étant. Il y a lieu désormais de saisir notre orientation quotidienne par son propre tenant. C'est bien le néant qui nous renvoie essentiellement à l'étant. Si ce mouvement se produit à notre insu, c'est que la pensée est un événement de l'être et non pas le contraire. Le néantir concerne l'être-là comme rapport fondamental à l'être. Notre comportement et notre manière de questionner y trouvent leur origine. La négation n'explique pas, mais apporte seulement un témoignage de l'épaisseur du néantissement. On ne pourra jamais comprendre le propre de la négation, si on voulait la limiter à un acte conventionnel de division et d'opposition du donné. Le «ne-pas» comme moyen de la négation repose sur ce qui a déjà le caractère du «ne pas» (nichthaft). Il y a correspondance entre le «ne pas» et une certaine négativité à l'horizon. Dire «ne pas» va à la rencontre d'une remontée négative. Nous faisons signe parce que l'on nous fait signe. Le «ne pas» découvre son identité seulement sur la base d'un dévoilement du néant. Comme partie intégrante de l'essence de la pensée humaine, la négativité (Verneinheit) de la négation a pour point de départ le néantir. Dans chaque négation, il y a un «ne pas» plus profond qui fait surface.

«Mais ce non (ce «ne pas») la négation ne l'ajoute nullement d'elle-même pour l'intercaler, en quelque sorte, comme moyen de différenciation, et d'opposition à l'égard du donné. Aussi bien, comment la négation introduirait-elle par ellemême le «ne pas», alors qu'elle ne peut nier que si préalablement lui est donné quelque chose de niable? Mais comment quelque chose de niable et à nier pourrait être aperçu comme n'étant pas, si non à la condition que toute pensée comme telle n'anticipe pas déjà du regard sur le «ne pas». A son tour ce «ne pas» ne peut être révélé que si son origine, le néantir du Néant en général et par là le Néant lui-même, a été dégagé de l'obscurité (Verborgenheit = retrait)».[32]

---

32. Diese bringt aber das Nicht keineswegs aus sich als Mittel der Unterscheidung und Entgegensetzung zum Gegebenen hinzu, um es gleichsam dazwischenzuschieben. Wie soll auch die Verneinung das Nicht aus ihr selbst aufbringen,

La négation comme opération logique représente le frémisse-
ment en surface, plus ou moins fidèle, d'un mouvement concernant l'être de l'étant dans son intimité. Y prêter attention c'est
déjà passer de la logique comme collection de règlements à l'écoute du λόγος comme voix de l'être. Nous y sommes disposées (gestimmt) par nature. Le néant s'avère la contrepartie la plus résolue
de ce qui est tout simplement nul.[33] Heidegger apporte, en faveur
de cette épaisseur, un argument étymologique. Le vocable allemand «nichts» provient du gothique «waihts» qui sert à traduire
le vieux grec πρᾶγμα.[34] Le néant se trouve depuis toujours impliqué dans la chose de la pensée ainsi que dans l'accomplissement
de cette pensée. C'est pourquoi le foisonnement des formes de
négation, leur importance pour notre discours, ne prouvent ni la
primauté, ni l'exclusivité de la négation parmi les possibilités de
manifestation du néantissement.

«Si fréquents et variés puissent être les cas où la négation
— exprimée ou non — s'impose à chaque pensée, il s'en faut
d'autant qu'elle soit le seul témoin valide et décisif de cette
révélation du Néant qui comporte essentiellement la réalité-
humaine. En effet, la négation ne peut prétendre ni à l'exclusivité, ni au rôle directeur quant au comportement néantissant dans lequel la réalité-humaine reste secouée par le néantir du Néant. Plus abyssale que l'adéquation pure et simple à
la négation logique sont la rudesse de la transgression et la
morsure de l'exécration. Plus responsables sont la douleur de
refuser et la cruauté de défendre. Plus accablante, l'âpreté de
la privation».[35]

wo sie doch nur verneinen kann, wenn ihr ein Verneinbares vorgegeben ist?
Wie soll aber ein Verneinbares und Zu-verneinendes als ein Nichthaftes
erblickt werden können, es sei denn so, daß alles Denken als solches auf das
Nicht schon vorblickt? Das Nicht kann aber nur offenbar werden, wenn sein
Ursprung, das Nichten des Nichts, der Verborgenheit entnommen ist.
Ibid., p. 115, trad. franç. p. 64.
33. der schärfste Widerpart des bloß Nichtigen.
HW, ZW, p. 104.
34. N II, p. 50, trad. franç., p. 46.
35. So oft und vielfältig nun auch die Verneinung — ob ausgesprochen oder nicht
— alles Denken durchsetzt, so wenig ist sie allein der vollgültige Zeuge für die
zum Dasein wesenhaft gehörige Offenbarkeit des Nichts. Denn die Verneinung kann weder als das einzige, noch gar als das führende nichtende Verhalten angesprochen werden, darin das Dasein vom Nichten des Nichts durch-

Des expressions curieuses, faisant prélude à un registre affectif essentiellement en retrait, illustrent l'impuissance de l'entendement à se saisir du propre de la négativité. Cette remontée impressionnante se passe en dehors de toute «subjectivité». Il ne s'agit nullement des «sentiments», mais de l'affectivité originelle, constitutive de l'être-là. Elle «forme» et, en même temps, déborde l'être-là. Le penchant négatif de l'affectivité renvoie à la réciprocité (Gegenwendigkeit) foncière de l'être. Celle-ci n'est ni mouvement dialectique ni alternance de tendances contraires, mais rend compte de la co-appartenance du retrait et du non-retrait.

Si la science tente de reléguer le problème du néant, elle en reste pourtant dépendante. Ce paradoxe vise une réalité de premier ordre. L'attitude «scientifique» devient possible seulement à partir de la différence révélée par le néant. Retenu à l'intérieur du néant, l'être-là saisit conjointement la «naissance» et l'étrangeté de l'étant. C'est précisément dans cette oppression initiale que puise l'étonnement. Le «pourquoi» y surgit et instaure la possibilité de la recherche. Il faudrait que la science se maintienne dans cette ouverture et qu'elle se refuse à une simple accumulation de connaissances. L'interprétation doit prévaloir sur l'inventaire et l'alléger au fur et à mesure. L'essence «technique» (artistique cf. τέχνη) de la science, par l'effet d'un oubli, conditionne le développement au nom du développement seul. L'assurance de cette démarche confond fondement avec sédiment et dépôt. La science a besoin de la faveur d'une méditation inaugurale, car le fondement n'est que liberté pour fonder.[36] Le propre de la pensée veut qu'elle soit toujours partie à la rencontre de ce qui fait signe à l'horizon. La volonté de la volonté, issue de la volonté de puissance, prend pour seule réalité l'étant et le sursollicite.[37] Cette domination sans mesure se retourne contre elle-même à partir du moment où elle ne parvient plus au dépassement de ce qu'elle possède (l'étant). Elle supplée cette carence par une confusion

---

schüttert bleibt. Abgründiger als die bloße Angemessenheit der denkenden Verneinung ist die Härte des Entgegenhandels und die Schärfe des Verabscheuens. Verantwortlicher ist der Schmerz des Versagens und die Schonungslosigkeit des Verbietens. Lastender ist die Herbe des Entbehrens. Wegm, WiM?, p. 116, trad. franç. p. 65.

36. VA, WB, p. 43–44, trad. franç. p. 51–53.
37. Wegm, N-WiM?, p. 301, trad. franç. p. 74.

entre l'être et l'étant. Ce qui obstrue l'horizon est pris pour l'horizon lui-même, car, par nature, les humains ne peuvent pas se passer d'un horizon. L'être-jeté est, du même coup, projet. La science doit recouvrir son essence «technique», autrement dit révélatrice.

La question du néant revêt un caractère fondamental dans la mesure où elle nous met nous-mêmes en question, nous qui questionnons. Nous sommes engagés dans le déploiement de notre interrogation et nous nous situons ainsi davantage dans l'initial. Ceci ne veut pas dire rebrousser chemin vers un point de départ, mais s'ouvrir, en tout point, au surgissement du chemin comme tel. La question du néant dépasse l'horizon des questions que les sciences se posent séparément. Elle dépasse premièrement l'étant lui-même. C'est pour cela qu'on la considère comme une question métaphysique. Elle fonde toute philosophie première et transperce de part en part l'être-là.

«La réalité-humaine ne peut soutenir de rapport avec l'existant que si elle se maintient à l'intérieur du Néant. Le dépassement de l'existant s'historialise dans l'essence de la réalité humaine. Mais ce dépassement, c'est la Métaphysique elle-même. Ce qui implique que la Métaphysique com-pose la «nature de l'homme». Elle n'est ni la spécialité d'une philosophie d'école, ni un champ clos pour extravagances fantaisistes — elle est l'historial qui, fondement de la réalité-humaine, s'historialise comme réalité-humaine.

La vérité de la Métaphysique résidant en ce fond abyssal (abründiger Grund), elle a pour voisinage immédiat la possibilité qui la guette sans cesse, de l'erreur la plus profonde. C'est pourquoi la rigueur d'aucune science n'égale le sérieux de la Métaphysique. Et jamais la philosophie ne peut être mesurée à la mesure de l'Idée de la Science».[38]

38. Das menschliche Dasein kann sich nur zu Seiendem verhalten, wenn es sich in das Nichts hineinhält. Das Hinausgehen über das Seiende geschieht im Wesen des Daseins. Dieses Hinausgehen aber ist die Metaphysik selbst. Darin liegt: Die Metaphysik gehört zur „Natur des Menschen". Sie ist weder ein Fach der Schulphilosophie noch ein Feld willkürlicher Einfälle. Die Metaphysik ist das Grundgeschehen im Dasein. Sie ist das Dasein selbst. Weil die Wahrheit der Metaphysik in diesem abgründigen Grunde wohnt, hat sie die ständig lauernde Möglichkeit des tiefsten Irrtums zur nächsten Nachbarschaft.

Le vocable «métaphysique» désigne premièrement la disposition constitutive de l'être-là et représente, en tant que tel, l'essence ou la vérité de la métaphysique. Il signifie ensuite l'historialisation de cette vérité. *Qu'est-ce que la Métaphysique?* retient soigneusement ces deux aspects et essaie de penser leur rapport. La métaphysique historialisée constitue le noyau d'une philosophie première. Elle a une visée fondamentale qui fait défaut à la dissémination des sciences et peut se prévaloir pour le moment d'un oubli moins coupable de la chose elle-même. Elle est du côté de l'erreur, parce qu'elle est du côté de la vérité. Mais, en même temps, elle reste à l'extérieur de cette vérité. La métaphysique entérine l'oubli de ce qu'elle accomplit par le fait même de ce qu'elle accomplit. Son essence demeure impensée.

Si les sciences considèrent le néant comme le négatif pur, elles le font en vertu de leur origine. Elles mènent à terme, en beaucoup de points, le destin de la métaphysique.[39] Même si les sciences renient leur passé, elles en retiennent la façon d'aborder les problèmes. En dépit d'un renversement hautement proclamé, le positivisme s'en tient au langage de Platon. Les sciences offrent une «théorie du réel». «Théorie» ne signifie pas ici l'activité intellectuelle proprement dite — la possibilité de mettre en accord le monde sensible et le monde suprasensible — mais plutôt la schématisation, la systématisation, voire la mathématisation du réel. Il n'en reste pas moins que le vocable de la tradition platonicienne-aristotélicienne — «théorie» — conserve sa place de premier rang. D'autre part, le «réel» n'est plus le suprasensible, la forme, mais le sensible, la matière. Les raisons de cette séparation ne font pas problème. Pourquoi la faille ontologique suit précisément ce trajet demeure hors de question. Le positivisme construit ses vérités premières sur le modèle platonicien. L'essence technique (artistique) des sciences ne se reconnaît plus dans ce que l'on appelle «objet de la technique». Le non-retrait fait échouer maintenant ce qui convient au retrait. N'est réel que ce qui peut devenir objet de

---

Daher erreicht keine Strenge einer Wissenschaft den Ernst der Metaphysik. Die Philosophie kann nie am Maßstab der Idee der Wissenschaft gemessen werden.
Wegm, WiM?, p. 120, trad. franç. p. 71-72.
39. ZSD, EPH-AD, p. 64, trad. franç. p. 118.

la technique. L'étant doit s'y convertir selon les normes de la volonté de volonté. Les sciences élaborent ainsi une interprétation sui generis de l'étant par excellence. Ceci représente la dernière conséquence de l'attachement de la métaphysique à l'étant comme étant. L'oubli des sciences et le resserrement de leur champ de vue reflètent l'oubli majeur de la métaphysique. Moment de la dispensation de l'être, la métaphysique demeure indifférente à ce qu'elle dissimule.

«En tant que vérité de l'étant comme tel, la métaphysique est, dimorphe. Mais le fondement de ce dimorphisme, tout autant que sa provenance, échappent à la métaphysique — et cela non par le fait du hasard ou en raison d'une négligence. La métaphysique présente ce dimorphisme par cela même qu'elle est ce qu'elle est : la représentation de l'étant en tant qu'étant. La métaphysique n'a pas de choix. En tant que métaphysique elle est, de par sa propre essence, exclue de l'épreuve de l'être; car elle ne représente constamment l'étant (ὄν) qu'en ce qui s'est montré déjà en tant qu'étant (ἧ ὄν) à partir de celui-ci. La métaphysique toutefois ne porte jamais attention à ce qui précisément dans cet ὄν, en tant qu'il a été décelé, déjà s'est celé».[40]

Le néant concerne directement ce mouvement. Il l'annonce et le possibilise. L'emploi verbal du néant (néantir) a pour conséquence non seulement l'imminence d'une expérience de l'être, mais encore l'abandon du champ traditionnel de l'ontologie, qui se confond avec celui du verbe «être». On est porté dans une perspective plus «événementielle» qui débouche finalement sur l'appropriement. La question du néant procède ainsi à une ouverture à multiples horizons, tout en débloquant l'accès à l'essence de la métaphysi-

---

40. Die Metaphysik ist als die Wahrheit des Seienden als solchen zwiegestaltig. Aber der Grund dieser Zwiegestalt und gar seine Herkunft bleiben der Metaphysik verschlossen, und zwar nicht zufällig oder zufolge eines Versäumnisses. Die Metaphysik nimmt diese Zwiegestalt dadurch hin, daß sie ist, was sie ist : das Vorstellen des Seienden als des Seienden. Der Metaphysik bleibt keine Wahl. Als Metaphysik ist sie von der Erfahrung des Seins durch ihr eigenes Wesen ausgeschlossen; denn sie stellt das Seiende (ὄν) stets nur in dem vor, was sich als Seiendes (ἧ ὄν) schon von diesem her gezeigt hat. Die Metaphysik achtet jedoch dessen nie, was sich in eben diesem ὄν, insofern es unverborgen wurde, auch schon verborgen hat.
Wegm, E-WiM?, p. 374, trad. franç. p. 41.

que. Le retour vers le fondement de celle-ci inaugure la possibilité d'un nouveau départ. La métaphysique représente à la fois la vocation fondamentale de la nature humaine et la méconnaissance de cette vocation. C'est pourquoi l'essence de la métaphysique ne peut être comprise à partir de la métaphysique. La question du néant révèle en quoi consiste le dépassement de l'étant et permet ainsi de saisir par le tenant le plus propre le problème de la métaphysique. Si l'on s'en tient à la métaphore de Descartes qui envisageait la métaphysique comme la racine de l'arbre de la philosophie, il faut tout de suite se demander de quelle nature est le sol (Grund) où cette racine pousse. Nourrissant l'arbre, le sol «disparaît» dans un lent processus d'accroissement. La racine, s'enfonçant toujours plus dans le sol (fondement) ne se tourne vraiment jamais vers lui, mais demeure partie de l'arbre. Orientée vers l'étant en tant qu'étant, la métaphysique ignore pareillement la vérité de l'être, sa vocation décelante. Pourtant, elle est contrainte d'y prendre appui à chaque fois quand elle doit penser l'étantité de l'étant. La racine demeure étrangère au fondement qui est fondement pour la racine.[41] De la même manière, la métaphysique ne se rapporte qu'indirectement à son fondement. Penser le fondement, c'est quitter l'étant ainsi que l'étant par excellence et, ceci, non pas seulement pour le retrait (toute démarche univoque est vouée à ne rencontrer que l'étant), mais pour le mouvement de retrait-apparition.

La métaphysique, abordant l'être de l'étant manifeste une prédilection pour la lumière.[42] Par contrecoup, le néant s'assombrit dans cette tradition. Le déploiement du problème du néant dans la pensée heideggérienne libère l'horizon du double asservissement de la lumière et de l'obscurité. En se demandant ce qu'est l'étant, la métaphysique porte l'étant à vue. Celui-ci ne peut apparaître qu'à la lumière de l'être. La métaphysique en fait une expérience indirecte — «révélation inaperçue de l'être»[43] — et se dissimule le problème comme tel. L'esprit, la matière, le devenir, la représentation, la volonté, la substance, le sujet — autant de formes d'in-

---

41. Ibid., p. 362, trad. franç. p. 24.
42. ... τὸ ὄν καὶ τοῦ ὄντος τὸ φανότατον.
   Platon, *La République,* 518c.
43. Wegm, E-WiM?, p. 362, trad. franç. p. 24.

terprétation de l'être de l'étant — se rapportent d'une façon ou d'une autre à la lumière. L'être demeure pourtant en retrait et impensé. La métaphysique ne va pas jusqu'à saisir le cèlement, ce qui se retire en faveur du décelé. Ce qu'elle expérimente comme lumière s'appuie sur l'être, mais se présente seulement comme la partie la plus éminente de l'étant. L'instance la plus éclairante n'a pas besoin d'être éclairée. L'obscurité — la partie la moins lumineuse de l'étant — n'empêche plus que la lumière la saisie de la chose elle-même. La lumière — la partie la moins obscure de l'étant — fait également obstruction à l'essence de la pensée. L'épithète «obscur», collé au nom d'Héraclite, trahit la force de la convention. L'obscurité ne constitue pas ici une barrière, autrement dit, elle n'est pas simplement obscure. [44] On désigne de son nom l'approche du retrait. L'interprétation heideggérienne du néant démonte le concept traditionnel du néant qui pourrait s'accrocher à l'obscurité comme opposée formellement à la lumière. Il convient de dépasser l'inconsistence ou plutôt la consistence artificielle de cette dichotomie. La pensée comme pensée doit pouvoir accéder à l'éclaircie (Lichtung) qui précède la lumière et l'obscurité et qui est sa patrie de droit et de fait.

«Ce qui est Waldlichtung, la clairière en forêt, est éprouvé par contraste avec l'épaisseur dense de la forêt, que l'allemand plus ancien nomme Dickung. Le substantif Lichtung renvoie au verbe lichten. L'adjectif licht est le même mot que leicht (léger). Etwas lichten signifie : rendre quelque chose plus léger, le rendre ouvert et libre, par exemple dégager en un lieu la forêt, la désencombrer de ses arbres. L'espace libre qui appa-

---

44. Das Wort des anfänglichen Denkens hütet „das Dunkle". Etwas anderes ist es, das Dunkle hüten, etwas anderes, am Dunklen sich nur stoßen als an einer Grenze. Das Dunkle hüten in der Weise des Denkens ist wesentlich geschieden von jeder Mystik und dem Versinken in der Nacht. Weil das anfängliche Denken dasjenige denkt, zu dessen Wesen das Sichverbergen gehört, deshalb bleibt das Dunkle hier notwendig und stets ein Thema des Denkens.
   La parole de la pensée initiale prend en garde l'«obscur». C'est une chose que de prendre en garde l'obscur et une toute autre que de s'y heurter comme à une frontière. Prendre en garde l'obscur à la façon de la pensée diffère fondamentalement de la mystique et de l'engouffrement dans la nuit. C'est parce que la pensée initiale pense ce au déploiement duquel appartient le retrait que l'obscur demeure nécessairement un thème constant de cette pensée.
   Gesamtausgabe, tome 55, p. 32, R.

raît ainsi est Lichtung. Ce qui est licht au sens de libre et d'ouvert n'a rien de commun ni linguistiquement, ni quant à la chose qui est ici en question, avec l'adjectif licht qui signifie clair et lumineux. Il faut y prendre garde pour bien comprendre la différence entre Lichtung et licht. Néanmoins la possibilité reste maintenue d'une connexion profonde entre les deux. La lumière peut en effet visiter la Lichtung, la clairière, en ce qu'elle a d'ouvert, et laisser jouer en elle le clair et l'obscur. Mais ce n'est jamais la lumière qui d'abord crée l'Ouvert de la Lichtung».[45]

L'éclaircie se soustrait à toute dichotomie. Elle accueille de la même façon l'absence et la présence. Elle les unit, tout en les différenciant. Ce double accueil qui n'en est qu'un seul et même nous fait découvrir l'essence de la pensée libérée de toute entrave. Heidegger vise l'impensé de ce qui a été pensé par Parménide dans la célèbre phrase concernant l'identité de l'être et de la pensée. Retourner au fondement de la métaphysique signifie s'approprier (verwinden) la métaphysique. L'«éclaircie» constitue un essai pertinent de submersion de la pensée par représentations. Cet endroit rendu libre, à la faveur du retrait et du non-retrait, se refuse à une délimitation spatiale, au sens traditionnel du terme. Il déploie lui-même l'horizon. Il n'est, en même temps, nullement extérieur à l'être-là. L'éclaircie s'accorde avec le fait que l'être-là est capable de transcendance. Or se retenir dans le néant conditionne la transcendance comme telle. Heidegger établit ailleurs un rapport ana-

45. Die Waldlichtung ist erfahren im Unterschied zum dichten Wald, in der älteren Sprache „Dickung" genannt. Das Substantivum „Lichtung" geht auf das Verbum „lichten" zurück. Das Adjektivum „licht" ist das selbe Wort wie „leicht". Etwas lichten bedeutet: etwas leicht, etwas frei und offen machen, z.B. den Wald an einer Stelle frei machen von Baümen. Das so entstehende Freie ist die Lichtung. Das Lichte im Sinne des Freien und Offenen hat weder sprachlich noch in der Sache etwas mit dem Adjektivum „licht" gemeinsam, das „helle" bedeutet. Dies bleibt für die Verschiedenheit von Lichtung und Licht zu beachten. Gleichwohl besteht die Möglichkeit eines sachlichen Zusammenhangs zwischen beiden. Das Licht kann nämlich in die Lichtung, in ihr Offenes, einfallen und in ihr die Helle mit dem Dunkel spielen lassen. Aber niemals schafft das Licht erst die Lichtung, sondern jenes, das Licht, setzt diese, die Lichtung, voraus.
ZSD, EPH-AD, p. 72, trad. franç. p. 127–128.

logique entre le néant et l'éclaircie. [46] Le néant entoure l'étant de la même façon que l'éclaircie. Entourer veut dire former l'ouverture. L'ouverture est elle-même en retrait: elle se soustrait en tant que l'étant est, apparaît. Le néant n'est donc pas du domaine de la lumière et de l'ombre (qui peuvent visiter, à la rigueur, l'éclaircie). Le néant «noirci» convoie seulement une représentation dérivée et inadéquate. Faudrait-il supposer pour autant que le néant soit transparent? Oui, si la transparence pouvait être comprise comme précédant tant le visible que l'invisible. Par définition, la transparence est in-visible. C'est elle qui nous offre le visible. Elle disparaît ainsi dans le visible: nous n'y prêtons plus attention. Mais nous pouvons aussi penser que la transparence a une vocation moyenne, comme ce à partir de quoi la distinction entre visible et invisible devient possible. La transparence n'est ni l'un ni l'autre: elle est l'entre-deux. Le néant n'est pas, mais il fait apparaître l'étant — qui est. La «transparence» du néant est autrement plus profonde puisqu'elle tient en main la présence et l'absence. Que l'on ait pu nommer la présence visible et l'absence in-visible est peut-être une approximation mais pas encore la proximité. Mieux que de transparence, on peut parler, dans le cas du néant, de perméabilité. L'éclaircie est un endroit non seulement pour le clair et l'obscur, mais aussi pour ce qui résonne et ce qui se tait. Ce dernier aspect nous préoccupera plus tard. Pour le moment, retenons que la perméabilité n'a pas d'assignation précise, mais constitue plutôt la capacité d'assigner. Elle est perméable en tant que perméable et non pas en tant que critère. D'autre part, le jeu de la présence et de l'absence peut se jouer à l'intérieur de l'étant, par interpositions successives, sans éclairer et même en dissimulant la co-appartenance du retrait et du non-retrait. La perméabilité du néant exige la prise en compte de l'étant et de l'être.

46. Diese offene Mitte (weil raumgebend) ist daher nicht von Seiendem umschlossen, sondern die lichtende Mitte selbst umkreist wie das Nichts, das wir kaum kennen, alles Seiende. Das Seiende kann als Seiendes nur sein, wenn es in das Gelichte dieser Lichtung herein — und hinaussteht.
Ce milieu ouvert (parce qu'il offre de l'espace) n'est pas, pour cela, entouré par l'étant, mais le milieu éclaircissant lui-même entoure, comme le néant que nous connaissons à peine, tout étant. L'étant peut être en tant qu'étant seulement s'il se tient dedans et dehors l'éclairci de l'éclaircie.
HW, UK, p. 41–42, R.

«Le néant comme l'autre par rapport à l'étant est le voile de l'être».[47]

Le néant n'est donc plus le non-étant de l'approche métaphysique, mais bien l'autre par rapport à l'étant. Ceci veut dire que le néant concerne intimement l'étant, mais ne s'en trouve pas déterminé. Il n'est pas le négatif (au sens photographique) d'une prise de vue de l'étant. Une marge décisive de liberté vient d'être instaurée. Le néant dispose (stimmt) de telle manière les humains que l'expérience de l'être leur soit possible. D'une part, il conditionne l'entrée en présence — l'accessibilité de l'étant — et d'autre part, il penche vers ce qui se tient en retrait. L'horizon demeure ainsi ouvert et préserve les humains d'un enlisement dans l'étant («cécité», «surdité»). La transcendance est, en l'occurence, le contraire de l'obstruction. Le «voile» (le néant) doit être rapporté tant à l'étant qu'à l'être. Le néant peut être l'autre par rapport à l'étant en tant qu'il est le voile de l'être, il peut être le voile de l'être en tant qu'il est l'autre par rapport à l'étant. Le voile de l'être n'est pas simplement un fichu. Il couvre et découvre ou, plus précisément, il couvre en tant qu'il découvre. Il possibilise la possibilité. La métaphore nous transporte dans la pensée. Mais dans la pensée, nous avons déjà quitté toute représentation. Le néant est la mouvance de ce qui couvre et découvre. Si le «voile» est transparent ou opaque ne doit plus nous préoccuper. La métaphore n'est que la fléchette vers le côté événementiel de la chose. Tout est de saisir comment le voilement appartient au dévoilement. Les catégories de la métaphysique (essence, quantité, qualité, etc.) défendent l'accès à ce domaine originel. Il faut repenser ces catégories non seulement du point de vue de leur justification (déduction kantienne), mais encore du point de vue de leur surgissement, dans la perspective de la dispensation historiale de l'être. Nous nous engageons ainsi dans l'appropriation de la métaphysique. *Qu'est-ce que la Métaphysique?* n'offre pas de réponse, mais déploie une autre question qui embrasse et submerge la question posée par le titre: «Pourquoi donc l'étant est et non pas plutôt Rien?». Echappant au modèle métaphysique, l'interrogation rend compte de l'amorce de ce modèle. S'adonner à l'écoute de cette

---

47. Das Nichts als das Andere zum Seienden ist der Schleier des Seins.
Wegm, N-WiM?, p. 310, R.

question initiale signifie s'acheminer vers la vérité de l'être, se situer déjà sur l'autre versant du sommet métaphysique. Mais on ne peut passer au delà de ce sommet que si l'on descend dans ce qui le fonde. Cette descente nous libère des idoles (Götzen). En écoutant la question fondamentale de la métaphysique, nous percevons déjà ce qui n'a pas encore été dit et ce qu'il faut d'abord se laisser dire.

«Dans la mesure où une pensée se dispose à expérimenter le fondement de la métaphysique, dans la mesure où cette pensée tente de penser la vérité de l'Etre lui-même, au lieu de représenter seulement l'étant en tant qu'étant, la pensée a, d'une certaine manière, abandonné la métaphysique. Cette pensée retourne — si l'on considère encore la chose du point de vue de la métaphysique — au fondement de la métaphysique. Seulement, ce qui de la sorte apparaît encore comme fondement est, probablement, lorsqu'on l'éprouve à partir de lui-même, quelque chose d'autre et de non dit encore, de la même manière que l'essence de la métaphysique est autre chose que la métaphysique».[48]

Il n'y a pas d'approche de la vérité de l'être sans la pensée du néant. Mais le néant qui néantit est tout autre chose que le non-étant de la métaphysique. Il franchit les oppositions et dépasse même, comme nous l'avons déjà partiellement vu, les lisières de l'ontologie qui est par définition la chasse gardée du verbe «être». L'exégèse se dirige maintenant vers une mise en cause, d'abord implicite, plus tard explicite, du vocable «néant» en tant qu'il est forgé dans le voisinage immédiat des catégories métaphysiques. C'est pourquoi il paraît plus approprié de parler d'un problème du néant que du néant dans la pensée heideggérienne. Le titre de

---

48. Insofern ein Denken sich auf den Weg begibt, den Grund der Metaphysik zu erfahren, insofern dieses Denken versucht, an die Wahrheit des Seins selbst zu denken, statt nur das Seiende als das Seiende vorzustellen, hat das Denken die Metaphysik in gewisser Weise verlassen. Dieses Denken geht, und zwar noch von der Metaphysik her gesehen, in den Grund der Metaphysik zurück. Allein das, was so noch als Grund erscheint, ist vermutlich, wenn es aus ihm selbst erfahren wird, ein Anderes und noch Ungesagtes, demgemäß auch das Wesen der Metaphysik etwas anderes ist als die Metaphysik.
Wegm, E-WiM?, p. 362–363, trad. franç. p. 25–26.

92

notre étude y trouverait une seconde justification. La *Préface* et la *Postface* à *Qu'est-ce que la Métaphysique?* rendent, en effet, déjà évident qu'il n'est pas question de fonder une méontologie (μὴ ὄυ) — reprise interrogative d'une thématique historialement oubliée —, mais de cerner les implications de cet oubli même et de s'acheminer vers la chose même de la pensée.

CHAPITRE III

LE NEANT ET LA PENSEE DU FONDEMENT

Le néant tel qu'il paraît dans l'horizon de l'analytique de l'être-là met déjà sous un jour nouveau le problème du fondement. L'être-là est fondateur dans la mesure où il se donne, au moyen de la transcendance, son propre fondement. Il participe comme projet jeté (comme finitude donc) à la liberté de ce qui n'est jamais définitivement établi. La «productivité transcendantale» relie l'être-là à l'être.

«... le fondement est existential, autrement dit un fondement ouvert — notamment un sans-fond».[1]

Le fait que l'analytique de l'être-là expérimente le «sans-fond» comme mondanéité du monde favorise l'impression qu'il y aurait équivalence entre le fondement et le néant. S'il en était ainsi, la transformation de la pensée aurait subi un coup d'arrêt. On serait ramené à une pensée calculatrice,[2] prisonnière des dichotomies. Qu'une telle interprétation demeure pourtant possible prouve l'enracinement des concepts métaphysiques dans notre compréhension. Remplacer le concept de «fundamentum inconcussum» par un concept diamétralement opposé ne ferait, après tout, que confirmer le statut ontologique du fondement. Or telle n'est pas la visée de la démarche heideggérienne. Le néant rend manifeste

---

1. ... der Grund ist ein existentialer, d.h. ein erschlossener Grund — und zwar ein Abgrund.
   Gesamtausgabe tome 20, p. 402, R.
2. „das rechnende Denken": la pensée qui rend compte (en fondant), mais aussi la pensée qui, simplement, calcule. La première acception détermine naturellement la seconde.
   Das Rechnen läßt anderes als das Zählbare nicht aufkommen.
   Rendre compte ne laisse apparaître rien d'autre que ce qui est dénombrable.
   Wegm, N-WiM?, p. 306.

l'«absence» même du fondement — une relation plus difficile à saisir et qui implique, en égale mesure, l'être. Encore faut-il voir comment «a lieu» cette absence: elle n'est plus le contraire de la présence. L'absence du fondement conditionne le processus de fondation, elle est un aspect (moment) du surgissement initial. Entraînée dans cette perspective, l'interprétation du néant subit elle aussi une mutation.

L'Etre et le Temps met en place le projet d'une ontologie fondamentale. Cependant, il n'y a pas de recherche de fondements dans cet ouvrage — d'où peut-être la préférence pour le mot d'origine latine (*Fundamental*ontologie) à la place de celui qui désigne d'habitude en allemand le fondement (Grund). Cette dénomination veut marquer le privilège de l'être-là d'entretenir un rapport à l'être. Toutes les ontologies régionales ont trait à ce rapport. C'est pourquoi la seule ontologie fondamentale possible doit prendre la forme d'une analytique de l'être-là. Le problème de l'être se déclare à partir de l'étant dont la structure essentielle comporte une certaine compréhension de l'être. Elle réside dans le dépassement de l'étant. Tout commerce avec l'étant présuppose déjà la transcendance, l'être-au-monde. *L'Etre et le Temps,* dégageant la possibilité interne de la compréhension de l'être, prépare le terrain pour une interrogation explicite relative à l'être. L'ontologie fondamentale ne se propose pas de remplacer le fondement de la métaphysique, mais de retourner dans ce fondement en vue du passage de la métaphysique à la pensée qui pense l'être. Ceci fait surgir à l'horizon la différence ontologique qui fonde la métaphysique, mais qui n'est pas saisie comme problème par celle-ci. *Qu'est-ce que la Métaphysique?* fait découvrir le tout autre que l'étant. Elle entreprend d'aller au-delà du domaine de la représentation scientifique, vers ce qui rend possible ce domaine. Elle révèle ainsi «ce néant» (dieses Nichts) qui, dans une certaine mesure, est l'être lui-même, considéré du côté de l'étant. [3] Seulement dans une certaine mesure, vu que le néant acquiert déjà un statut propre (le néant néantit) et que, d'autre part, surtout dans la *Postface* à *Qu'est-ce que la Métaphysique?,* l'hypothèse d'une co-appartenance de l'être et du néant commence à prendre forme. Il est question de saisir de façon appropriée la différence ontologique. Pour ce

3. Wegm, zS, p. 412, trad. franç. p. 242.

faire, il importe de savoir jusqu'à quel point la prise en compte d'une négativité paroît concluente et de quelle nature est cette négativité. Dans un bref texte introductif à la troisième édition (1949) de *L'Etre-essentiel d'un fondement ou raison*, Heidegger expose la nécessité de considérer le néant par rapport au problème du fondement. Cet essai sur la différence ontologique et *Qu'est-ce que la Métaphysique?* ont, selon l'auteur, une destination commune. La difficulté de penser la chose elle-même fait que l'on a affaire à deux écrits et non pas à un seul. Autant que le néant, la différence ontologique — le «ne pas» entre l'être et l'étant — n'est point le résultat d'une opération de l'entendement, mais a une «épaisseur ontologique» propre. Le «ne pas» néantissant du néant et le «ne pas» néantissant de la différence ontologique, sans se confondre, se trouvent dans une étroite parenté. Leur co-appartenance exige la témérité d'une pensée recouvrant son propre.

«Le traité *Qu'est-ce que fait l'être-essentiel d'un fondement ou raison* fut conçu en 1928, à la même époque que la conférence *Qu'est-ce que la Métaphysique?*. L'un pense le néant, l'autre dénomme la différence ontologique.

Le néant est le «ne pas» de l'étant et, par conséquent, l'être expérimenté à partir de l'étant. La différence ontologique est le «ne pas» entre l'étant et l'être. Mais l'être comme le «ne pas» par rapport à l'étant est tout aussi peu un néant au sens de «nihil negativum» que la différence en tant que «ne pas» entre l'étant et l'être est seulement une distinction de l'entendement (ens rationis).

Le «ne pas» néantissant du néant et le «ne pas» néantissant de la différence ne sont pas une seule chose, mais sont la même chose comme ce qui se co-appartient dans le déploiement de l'être de l'étant. Cette même chose constitue ce qui est digne d'être pensé et ce que ces écrits, gardés volontairement séparés, tentent de déterminer de plus près — sans y être préparés».[4]

4. Die Abhandlung *Vom Wesen des Grundes* entstand im Jahre 1928 gleichzeitig mit der Vorlesung *Was ist die Metaphysik?*. Diese bedenkt das Nichts, jene nennt die ontologische Differenz.
Das Nichts ist das Nicht des Seienden und so das vom Seienden her erfahrene Sein. Die ontologische Differenz ist das Nicht zwischen Seiendem und Sein. Aber sowenig Sein als das Nicht zum Seienden ein Nichts ist im Sinne

Ce petit texte pose quelques problèmes épineux d'interprétation. Tout d'abord, remarquons l'alternance à bref intervalle, donc difficilement fortuite, entre le «ne pas» de l'étant (das Nicht des Seienden) et le «ne pas» par rapport à l'étant (das Nicht zum Seienden). Peut-on alors l'assimiler à un rapport d'égalité ou à une simple variation stylistique? Nous supposons qu'il s'agit d'un effort graduel de libérer le «ne pas» de l'incidence de l'étant. Ces deux expressions font pendant à ce que pourrait dire un vocable tel que le non-étant où la négativité se trouve déterminée par l'étant. Mais si le «ne pas» de l'étant est, dans ce texte, plus proche du néant et le «ne pas» par rapport à l'étant plus proche de l'être, serait-ce parce que le néant, comme intermédiaire, rend possible une expérience de l'être, celui-ci marquant, à son tour, l'éloignement le plus voilé du «ne pas» vis-à-vis de l'étant? Dans ce cas, le néant ne serait plus simplement l'être vu du côté de l'étant et, implicitement, «ce néant» dévoilé par *Qu'est-ce que la Métaphysique?* serait plus que Heidegger n'en dit. Il est certainement difficile de trancher dans un domaine où la cohérence verbale suit le fait initial lui-même. Il apparaît pourtant que le «ne pas» par rapport à l'étant fait remonter la négativité d'un pas vers la source, le datif (zum Seienden) étant ici moins contraignant que le génitif (des Seienden), plus apte aussi à suggérer le rapport comme tel. D'autre part, on est habitué, depuis *Qu'est-ce que la Métaphysique?*, au néantissement du néant. Or ce texte parle du «ne pas» néantissant, d'abord du néant et, ensuite, de la différence ontologique. Il est à présumer, pour le moment, que ce qui réunit les deux néantissements se concentre dans le «ne pas». On est ainsi ramené au problème de la négatité (Nichtheit) du «ne pas»

des nihil negativum, sowenig ist die Differenz als das Nicht zwischen Seiendem und Sein nur das Gebilde einer Distinktion des Verstandes (ens rationis).

Jenes nichtende Nicht des Nichts und dieses nichtende Nicht der Differenz sind zwar nicht einerlei, aber das Selbe im Sinne dessen, was im Wesenden des Seins des Seienden zusammengehört. Dieses Selbe ist das Denkwürdige, das beide mit Absicht getrennt gehaltenen Schriften einer Bestimmung näher zu bringen versuchen, ohne dieser gewachsen zu sein.

Wegm, VWG, p. 122, R.

Questions I (Gallimard, 1968) reprend la traduction de H. Corbin (1938) et omet, par conséquent, ce texte introductif (1949).

qui suscite de nombreuses questions dans l'analytique de l'être-là. Si *L'Etre et le Temps* représente un commencement, il faut convenir qu'en tant que commencement cet ouvrage accompagne constamment les développements ultérieurs de la pensée heideggérienne. La négatité ouvre l'horizon d'un «ne pas» autre que simplement négatif et se rapportant directement à l'être. En quelque sorte, l'être «secrète» le «ne pas». Si celui-ci n'est pas univoque et négatif, il doit se situer au juste milieu. Ceci veut dire: si le «ne pas» fait surface à partir de l'être, il indique en même temps la limite au delà de laquelle une compréhension de l'être s'avère possible. La différence ontologique n'est pas une distinction de l'entendement, mais bien ce qui fonde toute distinction. En cela même réside la vocation du «ne pas» néantissant de la différence. La négativité, considérée à partir de la portée ontologique du «ne pas», serait-elle d'une étonnante positivité, une positivité à l'étant naissant qui nourrit l'étonnement et qui détermine sa propre possibilité de compréhension? Pouvons-nous déjà considérer l'angoisse, la mort etc. (Heidegger le suggère dans la *Postface* et dans la *Préface* à *Qu'est-ce que la Métaphysique*) comme des étapes propédeutiques, initiatiques mais non pas initiales, dans l'acheminement vers une négativité originelle? Autrement dit, la finitude comporterait-elle, au moins comme herméneutique, un aller et un retour: des phénomènes négatifs qui nous amènent au propre (non-négatif) de la négativité, celle-ci facilitant ensuite une lecture appropriée de ces mêmes phénomènes? Le «ne pas» de la différence ontologique nous révèle la source comme source. Mais cette différence ne représente, à son tour, qu'un chemin vers ce qui se constitue comme la chose elle-même de la pensée. Suivant l'indication contenue dans ce petit texte introductif, il nous reste à porter au jour, dans la mesure du possible, le voisinage de *Qu'est-ce que la Métaphysique?* et de *L'être-essentiel d'un fondement ou «raison»* et, surtout, de chercher plus loin comment ce voisinage s'accomplit dans le déploiement ultérieur de la pensée heideggérienne. Nous avons l'avantage d'avoir un texte décisif à cet effet: *Le Principe de Raison* (1957). Il fournira l'horizon de notre approche.

Le fondement constitue la clé de voûte de toute philosophie. La philosophie est de par sa nature métaphysique. Ceci donne au fondement une dimension supplémentaire. Une représentation, finalement assez simple au début, acquiert une portée universelle et enclenche des retombées nombreuses et, en tout point, déterminantes. *Qu'est-ce que la Métaphysique?* indique déjà le lieu où quelque chose comme le fondement peut prendre naissance. En ramenant le dépassement de l'étant à la structure constitutive de l'être-là, Heidegger entreprend de cerner la fondation même du fondement et de penser le propre du saut accompli par la métaphysique. L'herméneutique doit également prendre en compte les aboutissants d'une tradition imposante. L'histoire essentielle de la métaphysique se laisse découvrir dans les métamorphoses subies par le concept de fondement.

«Philosophie, cela veut dire métaphysique. La métaphysique pense l'étant dans son tout — le monde, l'homme, Dieu — en regardant vers l'être, c'est-à-dire en tenant le regard sur l'articulation de l'étant dans l'être. Elle pense l'étant, comme étant, sur le mode de la représentation dont la tâche est : fonder. Car l'être de l'étant, depuis le début de la philosophie et dans ce début même, s'est manifesté comme Grund (ἀρχή, αἴτιον, principe). Le Grund, le fond ou fondement, est ce d'où l'étant comme tel, dans son devenir, sa disparition et sa permanence, est ce qu'il est et comme il l'est, en tant que susceptible d'être connu, pris en main, élaboré. En tant qu'il est le fondement, l'être amène l'étant à son séjour dans la présence. Le fondement se manifeste comme l'état de présence de l'étant. La présentation qui lui est propre consiste en ceci qu'elle fait ressortir, dans son état de présence, tout ce qui, à chaque fois et à sa manière, est déjà présent». [5]

La préférence pour l'état de présence détermine dès le début le concept de fondement à tel point que si l'on établit plus tard un

---

5. Die Metaphysik denkt das Seiende als das Seiende in der Weise des begründenden Vorstellens. Denn das Sein des Seienden hat sich seit dem Beginn der Philosophie und mit ihm als der Grund (ἀρχή, αἴτιον, Prinzip) gezeigt. Der Grund ist jenes, von woher das Seiende als ein solches in seinem Werden, Vergehen und Bleiben als Erkennbares, Behandeltes, Bearbeitetes ist, was es ist und wie es ist. Das Sein bringt als der Grund das Seiende in sein jeweiliges Anwesen. Der Grund zeigt sich als die Anwesenheit. Ihre Gegenwart besteht darin, daß sie das jeweils nach seiner Art Anwesende in die Anwesenheit hervorbringt.
ZSD, EPH-AD, p. 61-62, trad. franc. p. 113.

fondement caché des choses, il revêtira nécessairement la forme d'une présence particulière. La constance imprime l'aspect essentiel du fondement et elle ne peut se défaire de l'emprise de l'état de présence. Des formes les plus concrètes (causation ontique de l'effectué) aux plus diaphanes (possibilité transcendantale de l'objectivité des objets, volonté de puissance instituant des valeurs), le fondement entérine la validité de la présence et entretient une perception limitative du retrait — comme non-présence. Cette tendance linéaire rencontre pourtant des difficultés à chaque fois que la pensée éprouve ses sources comme pensée. Les apories engendrées par le schématisme transcendental kantien y apporte une ample illustration. Il y a ainsi une mise en cause non-déclarée de la positivité par excellence du fondement. Comme celui-ci dépend de l'état de présence, tout essai d'interpréter autrement le temps y laisse son empreinte.

Aristote, le premier, nous fournit dans sa *Métaphysique* un aperçu des aspects multiples du problème du fondement. Il suit en cela son souci de tirer au clair l'équivocité des termes philosophiques fondamentaux. En fonction d'un terme commun, il établit une tripartition des principes : le premier à partir duquel quelque chose est, se constitue ou s'offre à la connaissance. [6] A cela s'ajoute la théorie aristotélicienne des quatre causes : causa meterialis (ὑποκείμενον), causa formalis (τὸ τί ἦν εἶναι), causa efficiens (ἀρχὴ τῆς μεταβολῆς) et causa finalis (οὗ ἕνεκα). La cause efficiente prendra par la suite un tel essor qu'elle finira par mettre définitivement en ombre, au moins dans la conscience courante, les trois autres causes. Vu que toutes les causes sont des principes et que leur énumération est exhaustive, on peut s'interroger sur cette non-coïncidence. L'écart ne suggère-t-il pas, à lui seul, la difficulté de couvrir le fait initial? Aristote procède avec prudence. Dans le traité des définitions de la *Métaphysique,* il met en place un répertoire des différentes significations du vocable ἀρχή, sans entamer sa riche équivocité. Le souci de clarification repousse de la sorte toute simplification. A parcourir ces significations, on est amené à admettre que l'état de présence prévaut. Mais peut-on considérer à

---

6. πασῶν μὲν οὖν κοινὸν τῶν ἀρχῶν τὸ πρῶτον εἶναι ὅθεν ἢ ἔστιν ἢ γίγνεται ἢ γιγνώσκεται.
Aristote, *Métaphysique,* Δ (V), 1013 a, 17–19.

part le problème du fondement et la question fondamentale de l'ontologie grecque telle qu'Aristote lui-même la formule: τί τὸ ὄν? La réponse à cette question se confond avec l'acheminement incessant de la pensée.[7] Une marge de mobilité (négativité) entame l'état de présence. Avant qu'il ne soit, le fondement se constitue ou, au moins, se révèle autrement. Si Aristote a pesé de tout son poids — en préférant l'état de présence — dans la problématique ultérieure du fondement, il n'est pas sans intérêt d'évoquer le cas particulier d'Anaximandre.[8] Après le clacissisme allemand et Nietzsche, Heidegger inaugure une troisième époque de l'interprétation du phénomène grec. Dans le tâtonnement des premières approches, on a trop vite assimilé l'ἄπειρον à l'infini et on a eu du mal ensuite à le ranger parmi les vocables-clé de la pensée grecque, orientée essentiellement vers les formes finies. Suivant le fragment d'Anaximandre, rapporté par Simplicius, l'ἄπειρον porte sur l'ἀρχή, autrement dit sur l'être. L'étant (le pluriel du même nom en grec: entre en jeu comme dépendant de l'ἀρχή. L'α de l'ἄπειρον n'est ni négatif ni privatif: faisant signe vers l'entrée en présence, il dit quelque chose sur l'essence méconnue du «ne pas».[9] Celle-ci n'a rien à faire avec la représentation purement négative d'un étant sans limites. L'ἄπειρον exclut également l'infini positif, le recouvrement des limites dans l'illimité. Comme «sans-limite», l'ἄπειρον favorise la délimitation, il accorde la limite en tant qu'il la retient. L'α indique le retrait qui conditionne toute entrée en présence. Le fondement se trouve-t-il subsumé ici sous l'état de présence?

La problématique du fondement suit la tradition platonicienne-aristotélicienne, prenant son temps pour se cristalliser définitive-

---

7. καὶ δὴ καὶ τὸ πάλαι τε καὶ νῦν καὶ ἀεὶ ζητούμενον καὶ ἀεὶ ἀπορούμενον, τί τὸ ὄν, ...
   Aristote, *Métaphysique*, Z (VII), 1028 b, 1–3.
8. Ἀ... ἀρχὴν... εἴρηκε τῶν ὄντων τὸ ἄπειρον...
   D-K, Fr. 1.
9. Es könnte sein, daß dieses „nicht" gar nicht den Charakter des „Negativen" hat. Es könnte sein, daß wir das Negative — seit langem schon — zu negativ verstehen.
   Il se pourrait que ce „ne pas" n'ait nullement le caractère de quelque chose de „négatif". Il se pourrait que nous comprenions — depuis longtemps déjà — le négatif de façon trop négative.
   Gesamtausgabe, tome 51, p. 111, R.

ment et pour affirmer sa primauté ainsi que son caractère impérieux. Elle atteint son expression condensée et complète chez Leibniz, sous la forme du «pricipium rationis sufficientis», appelé aussi «pricipium grande et nobilissimum». Sa formulation est simple et d'une évidence assurée: nihil est sine ratione. Le long délai d'attente pour y parvenir suscite l'étonnement.

> «Un principe qui semble à portée de main et qui, sans avoir besoin d'être formulé, régit en toutes circonstances les représentations et le comportement de l'homme, a donc attendu tant de siècles pour être expressément énoncé comme principe sous la forme indiquée. Voilà certes qui est étrange. Mais plus étrange encore est le fait que jamais nous ne nous soyons étonnés de la lenteur avec laquelle le principe de raison a fait son apparition. Cette longue suite de siècles qu'il lui a fallu pour venir au jour pourrait être appelée son temps d'incubation: deux mille trois cents ans pour l'établissement de ce simple principe. Où le principe de raison a-t-il dormi si longtemps? Comment a-t-il rêvé d'avance à ce qui en lui était encore impensé?».[10]

Il y a deux façons traditionnelles de faire la lecture du «principium grande». La première l'aborde comme un énoncé sur l'étant et sur rien d'autre: elle y reconnaît l'avènement de la cause efficiente dans sa forme pure. La seconde le considère comme une affirmation sur l'être de l'étant. Suivant ces deux possibilités, les commentateurs se sont engagés de bonne heure dans une dispute sur la portée métaphysique ou simplement logique de ce principe. Si l'on tient compte du sens originel du mot «principe», cette distinction apparaît comme la marque d'un certain oubli. Parcou-

---

10. Wie seltsam, daß ein so naheliegender Satz, der unausgesprochen alles menschliche Vorstellen und Verhalten überall lenkt, so viele Jahrhunderte gebraucht hat, um eigens als Satz in der genannten Fassung ausgesprochen zu werden. Aber noch seltsamer ist es, daß wir uns immer noch darüber wundern, mit welcher Langsamkeit der Satz vom Grund zum Vorschein kommt. Man möchte die lange Zeit, die er dazu brauchte, seine Incubationszeit nennen: zweitausenddreihundert Jahre für das Setzen dieses einfachen Satzes. Wo und wie hat der Satz vom Grund so lange geschlafen und das in ihm Ungedachte vorausgeträumt?
SvG, p. 15, trad. franç. p. 45.

rant les chemins de la remémoration, Heidegger s'oriente vers une troisième lecture du «principium grande» comme impliquant l'être lui-même. Dans quelle mesure les textes leibniziens s'apprêtent-ils à une pareille lecture? Heidegger discute le principe de raison dans toute son universalité comme moment de la dispensation historiale de l'être. L'intérêt qu'il attache à l'œuvre de Leibniz est, en l'occurrence, double. D'une part, Leibniz formule ce principe en toute clarté et lui accorde un statut privilégié. D'autre part, il va au-delà de sa propre formulation distinguant entre une compréhension banale où il y aurait égalité entre ce principe et la causalité (nihil fit sine causa) et une interprétation plus nuancée où le vocable «raison» (λόγος) n'aurait pas perdu sa richesse sémantique. Renouant avec la pensée aristotélicienne, précurseur de Kant et inspirateur de Schelling et Nietzsche, Leibniz occupe une place de choix dans l'herméneutique heideggérienne. Il y a, pour ainsi dire, d'un côté l'apparition impériale — d'une simplicité écrasante et fondatrice pour les temps modernes — du principe de raison comme dispensation historiale de l'être et de l'autre côté le philosophe Leibniz, maître absolu des nuances (se rappeler ses propos sur la nécessité), qui ne l'entend pas de façon univoque.

Le principe de raison, à la première lecture, est une proposition sur l'étant, postulant que tout étant doit avoir une raison suffisante. Il ne dit rien sur le propre de cette raison. Mais peut-on se contenter d'un acquiescement en pareil cas? Ignorer l'être-essentiel du fondement entame le caractère principal de ce principe. Comment, en pareil cas, pourrait-il toujours jouer le rôle d'un axiome fondamental? Le principe de raison tant dans sa forme négative (nihil est sine ratione) qu'affirmative (omne ens habet rationem) constitue pour Heidegger le point de départ d'une interrogation sur ce qui fait un fondement être un fondement. Comme proposition logique, le principe en question puise dans la «natura veritatis». Si sa validité était contestée, il y aurait de l'étant «sans raison». Or ceci empêcherait une réduction en identités, rendant possible une vérité contraire à la nature de la vérité. Pour le dix-huitième siècle et pour longtemps encore l'essence de la vérité est «adaequatio rei et intellectus». Cette interprétation représente une simplification de la pensée d'Aristote qui hésitait entre une vérité se manifestant dans la chose elle-même (ἐν πράγμασιν) et une vérité siégeant dans la comprehénsion (ἐν διανοίᾳ).[11] Suivant la tradition qui s'est imposée, la vérité signifie principalement pouvoir s'accorder. Elle s'annonce dans la connexion du sujet et du prédicat. Si superficielle que soit l'approche de la vérité au niveau de la proposition, elle a le mérite de trahir un rapport plus profond. Dans le «nexus» comme «inesse» du prédicat dans le sujet, il ne s'agit pas simplement de l'identité vide d'un étant à lui-même, mais d'une union originelle qui forme un seul et même tout. Cet ensemble concordant fait signe vers ce qui peut tenir ensemble.

«Les «vérités» — les propositions vraies — ont de par leur nature rapport avec quelque chose sur le fondement et en raison de quoi, elles peuvent être autant d'accords. Dans toute vérité, la jonction analytique est ce qu'il est, toujours «en raison de...», c'est-à-dire comme se «motivant». La vérité implique essentiellement un rapport avec quelque chose comme un «fondement», une «raison». C'est ainsi que le problème de la vérité nous conduit nécessairement dans les «parages» du problème du fondement. Plus nous nous emparerons à son origine de l'essence de la vérité, plus le problème du fondement devra s'imposer à nous».[12]

La concordance seule ne rend pas l'étant accessible, car celui-ci doit déjà être manifeste pour s'offrir à une détermination prédicative. La vérité de la proposition s'appuie sur une vérité antéprédicative. Cette vérité ontique, quoique plus haute en origine, s'avère tout aussi fragile. Si la vérité du jugement repose sur une vérité ontique, cette dernière n'en est pas moins dépendante de la première. L'acte de faire apparaître n'a jamais, en premier lieu, le caractère d'une représentation. C'est parce que nous pensons la vérité comme exactitude d'une proposition logique, que la vérité

---

11. Aristote, *Métaphysique*, E (VI), 1027 b, 26–27; θ (IX), 1051 b, 1–9; K (XI), 1065 a, 22–25.
12. Die „Wahrheiten" — wahre Aussagen — nehmen ihrer Natur nach Bezug zu etwas, auf Grund wovon sie Einstimmigkeiten sein können. Das auseinanderlegende Verknüpfen in jeder Wahrheit ist, was es ist, je immer auf Grund von..., d.h. als sich „begründendes". Der Wahrheit wohnt demnach ein wesenmäßiger Bezug inne zu dergleichen wie „Grund". Dann bringt aber das Problem der Wahrheit notwendig in die „Nähe" des Problems des Grundes. Je ursprünglicher wir uns daher des Wesens der Wahrheit bemächtigen, um so aufdringlicher muß das Problem des Grundes werden.
Wegm, VWG, p. 129, trad. franç. p. 95.

antéprédicative nous est donnée comme intuition. Ce qui sort de
ce rapport est considéré de moindre valeur. Heidegger fait ressortir le caractère obstructif de la synthèse kantienne. Il y a un fait
sensible pour autant qu'il y a un fait intellectuel : cette duplicité se
referme sur elle-même plus qu'elle ne s'ouvre vers l'horizon. La
vérité ontique présuppose une révélation plus originelle. Si le jugement trahit un comportement intentionnel vers l'étant, il faut que
l'être-là soit déjà au milieu de l'étant. Le jugement limité à lui-
même n'est pas connaissance, au sens profond du mot. Le
«connu» se déplace dans un espace intramondain. Il se constitue
suivant la structure fondamentale de l'être-là : l'être-au-monde. Il
n'y a pas que l'étant qui se découvre dans la connaissance mais, en
égale mesure, l'être-là. Ce qui tient ensemble cet espace révélateur
avant de tenir ensemble le jugement c'est l'être lui-même, comme
«fondement» de la structure véritative. Tous nos comportements
en sont investis.

«Mais la révélation ontique elle-même se produit dans une
situation éprouvée au milieu de l'existant, selon une certaine
tonalité-affective, selon certaines impulsions; elle se produit
dans les comportements envers l'existant, comportements in-
tentionnels, visées et aspirations qui se trouvent simultané-
ment fondées dans cette situation-affective. Pourtant, qu'on
les interprète comme antiprédicatifs ou comme prédicatifs,
ces comportements seraient incapables de nous rendre l'existant accessible en lui-même, si la révélation qu'ils provoquent
n'était d'ores et déjà illuminée et guidée par une compréhension de la structure de son être : essence (quid) et modalité
(quomodo). C'est seulement parce que l'être est dévoilé qu'il
devient possible à l'existant de se manifester. Ce dévoilement
entendu comme vérité sur l'être, tel est ce que nous désignons
de nom de vérité ontologique». [13]

13. Das ontische Offenbaren selbst aber geschieht im stimmungsmäßigen und
triebhaften Sichbefinden inmitten von Seiendem und in den hierin mitge-
gründeten strebensmäßigen und willentlichen Verhaltungen zum Seienden.
Doch selbst diese vermöchten nicht, weder als vorprädikative noch als prä-
dikativ sich auslegende, Seiendes an ihm selbst zugänglich zu machen, wenn
ihr Offenbaren nicht schon immer zuvor erleuchtet und geführt wäre durch ein
Verständnis des Seins (Seinsverfassung: Was- und Wie- sein) des Seienden.

Il n'y a pas de découverte de l'étant sans une compréhension de l'être. D'autre part, la compréhension de l'être n'a lieu que dans la découverte de l'étant. Mais cette découverte n'est autre chose que la découverte de l'être-là, la constitution de l'espace révélateur. Autrement dit, le rapport de l'être-là à l'étant est, en fait, un rapport de l'être-là à l'être. Dans la mesure où il y a laisser être d'un étant dans un comportement humain, «l'étant en sa totalité» se dissimule. La compréhension de l'être dit infiniment plus que l'acquisition d'un concept de l'être. Le retrait qui «fonde» l'apparition apporte le témoignage le plus initial sur la structure véritative. Comme ce fut le cas pour l'ἄπειρον, la «négativité» de l'α de l'ἀληθεύσιν (λανθάνειν) est demeurée impensée.[14] Si l'on suit la structure éthymologique, dans l'α de l'ἄπειρον prévaut l'état d'absence, tandis que dans l'α de l'ἀληθεύειν l'état de présence. Il s'agit cependant du même problème: comment les deux états se déterminent réciproquement et parviennent à leur propre. Ni les Grecs ni les modernes n'ont problématisé la façon dont le retrait soutient l'apparaître. La prédilection de l'ontologie grecque depuis Parménide pour l'état de présence a entériné l'oubli de la différence, en lui substituant une délimitation régionale, convertie par la suite en opposition. Dans l'α de l'ἀληθεύειν la limite n'existe pas, mais prend d'abord et toujours naissance. L'essence même du «ne pas» se déploie à travers lui. La compréhension de l'être n'est pas un acte d'intellection, mais un processus où s'accomplit la différence.

«Les degrés et les modifications possibles de la vérité ontologique, entendue au sens large du mot, trahissent en même temps le grand fond de vérité originelle qui est à la base de toute vérité ontique. L'état-dévoilé (Unverborgenheit) de l'être est toujours vérité de l'être de l'existant, que ce dernier soit réel ou non. Réciproquement, il y a d'ores et déjà dans l'état-dévoilé d'un existant un dévoilement de son être. Vérité ontique et vérité ontologique concernent chacune différemment l'existant dans son être et l'être de l'existant. Elles for-

Enthülltheit des Seins ermöglicht erst Offenbarkeit von Seiendem. Diese Enthülltheit als Wahrheit über das Sein wird ontologische Wahrheit genannt.
Wegm, VWG, p. 130, trad. franç. p. 96.
14. *Gesamtausgabe,* tome 24, p. 307.

ment un tout essentiellement solidaire, en raison de leur rapport avec la différence entre l'être et l'existant (différence ontologique). Avec cette inévitable bifurcation et ontique et ontologique, l'essence de la vérité comme telle n'est possible que dans l'éclosion simultanée de cette différence».[15]

L'être et la vérité, sans se confondre, se rapportent dans l'horizon du retrait et de l'apparaître. La différence y surgit comme le trajet le plus initial. Selon le petit texte introductif évoqué au début de ce chapitre, le «ne pas» néantissant de la différence ontologique et le «ne pas» néantissant du néant constituent la même chose. L'identité comme identité s'oppose à toute égalité, elle est co-appartenance, processus de constitution, tenir ensemble des venants et des aboutissants de la chose. On touche ici à un thème constant de l'œuvre heideggérienne qui parvient à son épanouissement dans le *Jugement d'Identité* (1957). La co-appartenance de ces deux «ne pas» néantissants se révèle plus tard dans des vocables tels que l'«usage» (Brauch) et l'appropriement (Ereignis). Mais, pour peu qu'elle soit néantissante, la différence ontologique trahit d'ores et déjà le voisinage, voire l'intimité, avec le néant. Ceci nous porte vers le déploiement de la transcendance. La différence de l'être et de l'étant transit l'être-là. Cette disposition structurale recoupe le «fondement» de l'être-là. Il est pourtant hasardeux de parler ici d'une blessure ontologique. La disjonction (Auseinander) a lieu pour autant que l'être et l'être de l'être-là s'appartiennent. Le néantissement de la différence ontologique fonde (libère) l'espace pour l'habitation de l'être humain. La «négativité» ou, plus précisément, la «négatité» (Nichtheit) du «ne pas» indique maintenant le fait initial qu'il y a une différence à la base de toute différence. Le «ne pas» n'est ni avant ni après, mais

15. Die möglichen Stufen und Abwandlungen der ontologischen Wahrheit im weiteren Sinne verraten zugleich den Reichtum dessen, was als ursprüngliche Wahrheit aller ontischen zugrunde liegt. Unverborgenheit des Seins aber ist immer Wahrheit des Seins von Seiendem, mag diese wirklich sein oder nicht. Umgekehrt liegt in der Unverborgenheit von Seiendem je schon eine solche seines Seins. Ontische und ontologische Wahrheit betreffen je verschieden Seiendes in seinem Sein und Sein von Seiendem. Sie gehören wesenhaft zusammen auf Grund ihres Bezugs zum Unterschied von Sein und Seiendem. Das dergestalt notwendig ontisch-ontologisch gegabelte Wesen von Wahrheit überhaupt ist nur möglich in eins mit dem Aufbrechen dieses Unterschiedes.
Wegm, VWG, p. 132, trad. franç. p. 100.

surgit d'abord dans ce déploiement. La différence ontologique, appelée plus tard, d'un nom d'origine latine, Différence (Differenz) tout court, implique le néant sans en faire expressément mention. Serait-elle déjà le néant vu du côté de l'être ou fait-elle signe encore plus loin?

«Nous nous situons dans la distinction de l'étant et de l'Etre. Cette distinction supporte le rapport à l'Etre et la relation à l'étant. Elle règne sans que nous prêtions attention. Ainsi il semble qu'il y ait une distinction pour laquelle aucun distinguant «n'est là» ni aucun domaine de distinction n'est décidé, loin qu'il puisse être seulement éprouvé. L'opinion pourrait presque naître qui prétendrait avec quelque raison que, par le moyen de ce que nous nommons «distinction». entre l'étant et l'Etre, nous inventerions et imaginerions quelque chose qui n'«est» pas et qui avant tout n'a pas besoin d'«être»».[16]

Il est dit «avec quelque raison» parce que la différence ontologique prend en compte ce qui n'«est» précisément pas. Nous sommes aux alentours du néant et prêts à accomplir un tournant. Le vocable «néant» trop chargé d'un lourd passé mataphysique fait obstacle à l'acheminement de la pensée comme pensée. La «négativité originelle» n'est plus recouverte par ce que l'on pourrait désigner comme néant. Ce vocable ne peut effacer totalement la fiction d'un néant à l'état pur. La différence comme différence accomplit une saisie plus originelle et la mène à terme.

L'interprétation métaphysique de l'être de l'étant comme essence — celle-ci s'amenuisant jusqu'à devenir concept pur — se tient dans l'oubli de la différence. Nihil est sine ratione, en tant que proposition métaphysique, renvoie au fondement premier. La

---

16. Wir stehen in der Unterscheidung von Seiendem und Sein. Diese Unterscheidung trägt den Bezug zum Sein und trägt das Verhältnis zum Seienden. Sie waltet, ohne daß wir darauf achten. So scheint es eine Unterscheidung zu sein, deren Unterscheidenes von niemandem unterschieden wird, eine Unterscheidung, für die kein Unterscheidener „da is" und kein Unterscheidungsbereich ausgemacht, geschweige denn erfahren ist. Fast könnte die Meinung enstehen und recht behalten, daß wir mit dem, was wir „Unterscheidung" zwischen Seiendem und Sein nennen, etwas erfinden und ausdenken, was nicht „ist" und vor allem nicht zu „sein" braucht.
N II, p. 207–208, trad. franç. p. 166.

structure onto-théo-logique de la métaphysique rend compte de l'être en établissant la totalité fondée de l'étant. L'être de l'étant devient fondement par excellence, «ultima ratio», «causa sui». Ceci ne concerne pas le problème de la piété comme telle mais seulement l'entrée de la divinité dans la philosophie.[17] Le fondement est transcendant bien qu'il demeure une représentation. La critique kantienne entame la validité de cet édifice, tout en lui restant attachée (la liberté représente, par exemple, une forme de causalité). Pour ce qui est du fondement suprême, Kant parle longuement du saut que la raison pure devrait faire pour en rendre compte et qu'elle ne peut nullement se permettre. Dans la *Critique de la Raison pure,* le propre du fondement paraît moins dans le chapitre consacré à l'idéal (en dernière analyse, «non fondé») de la raison pure que dans celui traitant du principe suprême des jugements synthétiques. On y voit à l'œuvre la différence entre transcendant et transcendantal. La prévalence du temps linéaire, centré sur l'état de présence, empêche que la différence tourne vers l'ouverture. La fameuse parole de Nietzsche «Dieu est mort» (autrement dit, nous avons tué «causa sui») s'attarde également sur le terrain de la métaphysique. Renversant dramatiquement les termes, elle annonce que le fondement est désormais le néant, au sens de «nihil negativum». L'absence comme absence ne fait pas problème ou est pensée à partir de la présence, comme son opposé. L'état de présence fait par ailleurs surface comme volonté de puissance instituant des valeurs. Ceci ne diminue en rien l'énorme charge de pensée de la parole nietzschéenne, mais indique seulement son rapport au problème du fondement. Par contre, quand Heidegger affirme dans *Qu'est-ce que la Métaphysique?* que l'être est fini, cela ne signifie nullement que Dieu est mort (ni non plus qu'il est vivant). Les données du problème sont déjà autres.

Que l'étant soit fini, cela se comprend, que l'être-là soit fini, cela ne va pas de soi, mais que l'être soit fini, voilà qui choque et qui déçoit. Une pareille lecture, suivant la division entre «ens creatum» et «ens increatum», perd de vue le sens dernier du retour dans le fondement de la métaphysique. La prise en compte du problème initial de l'être sort déjà de la structure onto-théo-logique de la métaphysique et accomplit un tournant. Le projet hei-

17. ID, DOThLVdM, p. 50, trad. franç. p. 290.

deggérien n'est ni théologie positive ni théologie négative, ni athéisme (non-théologie), mais pensée comme pensée. Le chemin de la pensée n'est ni plus court ni plus long que celui de la foi, il est simplement un tout autre. Il réside dans la folie (Torheit) salutaire d'assumer l'ignorance comme ignorance et de n'en savoir jamais trop.[18] L'être constitue la chose même de la pensée. Or la pensée est mise en route et rien d'autre. C'est pourquoi l'être s'oppose à toute sanctification, voire à une identification avec Dieu — «Deus est suum esse». Le projet heideggérien s'oriente vers une perspective originelle — à l'orée des dichotomies et des représentations — où le divin peut se comprendre comme divin. Que l'étant, l'être-là et l'être soient finis, cela veut dire que chacun l'est à sa manière et c'est peut-être la différence ontologique (néantissante) qui rend possible ce déploiement. «Fini» n'a pas ici le sens univoque de prendre fin, il porte également sur la possibilité essentielle de parvenir à son propre. L'herméneutique reste plutôt prudente vis-à-vis de «fin» et «commencement» qui sont les jalons mis en place par la pensée calculatrice. Cette projection constitue la condition sine qua non de l'acte de compter ou de rendre des comptes. Or, l'unicité de l'être dit autre chose dans cet horizon inaugural. L'être n'est solitaire que parce qu'il est solidaire avec l'être-là. «Limite» change fondamentalement de sens et sort des déterminations spatiales et temporelles consacrées. L'être est fini pour autant qu'il y a transcendance. Le déploiement de la transcendance implique la «négativité». «Fini» indique le surgissement de la différence et la possibilité de séjour des mortels. L'espace révélateur n'est autre que celui de l'accessibilité. «La différence concerne directement l'homme et, d'une autre façon, le divin».[19]

Le caractère fondateur (initiateur) de la différence ontologique porte le principe de raison vers le domaine de l'être lui-même. Cette différence, on l'a vu, ne fait pas l'objet d'une thèse ou d'une

---

18. EM, p. 6, trad. franç. p. 20.
19. Ihr Ausfall und Austrag entscheidet vielmehr über den Menschen un in anderer Weise über den Gott.

   Son issue et son mener à terme décide, en premier lieu, à l'égard de l'homme et d'une autre manière à l'égard de Dieu.

   N I, p. 476, R.

antithèse, ni même celui d'une synthèse. Elle se trouve derrière toute dialectique. Elle est «à l'abri» pour autant qu'elle se rapporte à la réticence foncière de l'être. D'autre part, il n'y a plus dans cette perspective de régionalisation qui sollicite notre faculté de représentation (ceci constitue une mise en cause implicite de nos autres facultés tel le vouloir). La finitude humaine puise dans l'acte même de différenciation. Le problème de l'être-essentiel du fondement s'avère donc être celui de la transcendance, dans le sens heideggérien de ce mot. Par delà l'éclatement traditionnel en sujet et objet, l'être-là est essentiellement être-au-monde. La mondanéité du monde appartient en propre à la réalisation de la possibilité la plus intime et structurale de l'être-là. Ceci ne saurait être une construction de l'esprit. Depuis les Grecs et jusqu'à l'époque moderne, la philosophie a perçu, par intermittence, le phénomène du monde (ό κόσμος) comme relation. Pour Heidegger, cette relation réunit le retrait et l'apparition. La mondanéité du monde (le «néant» de L'Etre et le Temps) nous a déjà introduits dans ce mouvement. L'entrée au monde est conjointement retrait, elle révèle le caractère historial de l'être-là.

«L'entrée au monde, ce n'est point un accident qui s'ajoute à l'existant pendant qu'il y entre, mais sa propre réalité-historiale, ce qu'il advient de l'existant lui-même. Et cet historial est l'exsistence de la réalité humaine qui, en tant qu'ex-sistente, transcende. C'est à la seule condition que dans sa totalité d'existant, l'existent s'«existencifie» (seiender wird) à la manière dont se temporalise une réalité-humaine, que sonnent le jour et l'heure de l'entrée au monde de l'existant. Et c'est à la la seule condition que s'historialise cette «proto-histoire» (Ur-geschichte), la transcendance, c'est-à-dire à la seule condition qu'un existant fasse, par le caractère de l'Etre-au-monde, l'irruption dans l'existant, c'est à cette condition, disions-nous, qu'il est possible que de l'existant se manifeste». [20]

20. Welteingang ist kein Vorgang am eingehenden Seienden, sondern etwas, das „mit" dem Seienden „geschieht". Und dieses Geschehen ist das Existieren von Dasein, das als existierendes transzendiert. Nur wenn in der Allheit von Seiendem das Seiende „seiender" wird in der Weise der Zeitigung von Dasein, ist die Stunde und Tag des Welteingangs von Seiendem. Und nur wenn diese Urgeschichte, die Transzendenz, geschieht, d.h. wenn Seiendes

L'entrée au monde (Welteingang) caractérise l'étant au point de constituer sa nature. Dans une formulation telle que la «totalité de l'étant» plus que l'étant c'est l'être lui-même qui se trouve concerné. L'étant n'est que dans l'événement historial de l'existence. Celle-ci représente le foyer de tout développement historique. L'étant devient proprement étant dans la temporalisation de l'être-là. Le comparatif «plus étant» (seiender) fait apparamment allusion à la doctrine scolastique de l'attribution graduelle de l'être aux étants. Celle-ci adaptait à l'esprit de l'époque la vision platonicienne de l'étant par excellence (ὄντως ὄν). «Plus étant» indique maintenant le seul «en-droit» où l'étant peut apparaître comme étant, à savoir l'être-là. Le caractère «productif» de la temporalité éclaire un aspect essentiel de la transcendance. Heidegger insiste sur le fait qu'il n'a jamais voulu établir une opposition entre l'être-là et les autres étants — ce qui reviendrait à une approche anthropocentriste — mais dégager l'horizon transcendantal du problème de l'être. L'être-là est amené «au centre» de telle façon que sa «négativité» (Nichtigkeit) puisse faire ressortir le problème de l'étant en son ensemble.[21] Le «centre» est plutôt horizon et, plus encore, horizon mouvant. Il convient par ailleurs de constater l'incidence constante de la question du temps et de celle du néant. Si l'horizon transcendantal du problème de l'être s'annonce comme temporalité, le fait même de percevoir, plus précisément de s'installer dans cet horizon ne saurait se faire sans le néant. La différence ontologique serait-elle, de ce point de vue, plus initiale? La transcendance représente la possibilité interne pour que puisse se constituer un problème relatif à l'être-essentiel du fondement. Tous les comportements humains s'enracinent dans la transcendance. Pour que l'être-là s'engage dans le dépassement de l'étant, il faut que l'«orientation vers...» contienne sous une forme ou autre son «dessein» (Umwillen). Ce ne peut être l'effet d'une volonté. Il n'y a plus ici de faculté séparée, mais traînée originelle et jaillissement de tous nos comportements. L'«orientation vers...» est fondée dans sa propre possibilité comme telle. L'être-là «transcende» et

vom Charakter des In-der-Welt-seins in das Seiende einbricht, besteht die Möglichkeit, daß Seiendes sich offenbart.
Wegm, VWG, p. 157, trad. franç. p. 135–136.
21. Wegm, VWG, p. 160, trad. franç. p. 139.

est «transcendé». Ni l'actif ni le passif ne rendent compte assez de la vocation moyenne de ce processus. La mise au monde dévoile le propre de la liberté.

> «Or, ce qui de par son essence projette, en ébauchant, quelque chose de tel qu'un «dessein», et ne le produit pas comme un simple fruit occasionnel, c'est cela que nous appelons liberté. Ce dépassement qui s'effectue vers le monde, c'est la liberté elle-même. Par conséquent, la transcendance ne touche pas au dessein comme à quelque valeur où à quelque but subsistant en soi, mais c'est la liberté — et la liberté comme liberté — qui se pré-sente, s'objecte à soi-même le dessein. C'est dans cette transcendante présentation à soi-même que se réalise la réalité-humaine dans l'homme, si bien que celui-ci, dans l'essence de son existence, devient responsable à soi, peut être un libre soi-même. Mais ici la liberté se révèle comme ce qui rend possible à la fois d'imposer et de subir une obligation. Seule, la liberté peut faire que pour la réalité-humaine un monde règne et se mondifie. Le monde n'est jamais, le monde se mondifie».[22]

L'être-là institue le monde dans la mesure où lui-même se fonde au milieu de l'étant. Fonder veut dire ici projeter ses propres possibilités de sorte qu'à l'essor corresponde le retrait. Ce n'est que la transcendance qui est à même de tenir cette balance. La mondanéisation du monde donne la mesure transcendantale de la finitude humaine qui n'est pas davantage possibilité de finir que possibilité de commencer. La négativité comme marque déchirante se résout dans l'ouverture de l'entre-deux. La finitude puise dans la liberté comme liberté. La spontanéité se contente de renier la cau-

---

22. Was nun aber seinem Wesen nach so etwas wie Umwillen überhaupt entwerfend vorwirft und nicht etwa als gelegentliche Leistung auch hervorbringt, ist das, was wir Freiheit nennen. Der Uberstieg zur Welt ist die Freiheit selbst. Demnach stößt die Transzendenz nicht auf das Umwillen als auf so etwas wie einen an sich vorhandenen Wert und Zweck, sondern Freiheit hält sich — und zwar als Freiheit — das Umwillen entgegen. In diesem transzendierendem Sichentgegenhalten des Umwillen geschieht das Dasein im Menschen, so daß er im Wesen seiner Existenz auf sich verpflichtet, d.h. ein freies Selbst sein kann. Hierin enthüllt sich aber die Freiheit zugleich als die Ermöglichung von Bindung und Verbindlichkeit überhaupt. Freiheit allein kann dem Dasein eine Welt walten und welten lassen. Welt ist nie, sondern weltet.
Wegm, VWG, p. 161–162, trad. franç. p. 142.

salité sans échapper pour autant à son emprise. La liberté en tant que transcendance n'est nullement une forme de fondement, mais se trouve à l'origine de tout fondement. Elle signifie liberté pour fonder. Elle est libre de son être libre. La liberté donne et retire de la même main le fondement. A travers la liberté, la différence vise le rapport du retrait et de l'apparaître : elle ne cesse de différer. La mondanéité du monde, considérée encore de façon provisoire dans *L'Etre et le Temps,* acquiert maintenant sa propre dimension. Elle n'est seulement le signe de l'être dans l'horizon de l'être-là, mais engage tous les tenants de l'apparaître. Elle se déploie là où le retrait et l'apparaître se con-fondent. La mondanéité du monde n'est pas d'un côté ou de l'autre, son entrée en présence apporte le témoignage le plus initial sur le retrait. Le fait fondamental est « apparaissant-disparaissant », c'est-à-dire surabondant et réticent à la fois, (überschwingend-entziehend). Dans son élan, il penche naturellement vers le retrait. La liberté telle qu'elle se comprend dans *L'Etre-essentiel d'un fondement* prélude à l'instauration du propre de la possibilité (*Lettre sur l'Humanisme*). Elle est dispensation de l'être et, en tant que dispensation, retrait. L'acte purement intellectuel de fonder a du mal à retrouver ses fondements derniers. L'herméneutique prend la relève de la pensée calculatrice. Elle ne repose plus sur un acte de vouloir, mais suit patiemment le chemin de la source. Sans être obligatoirement un exploit, elle ne continue pas moins d'être une aventure. Interpréter c'est également se laisser dire. Peut-on le faire sans se laisser surprendre ? La possibilité habite le retrait. Renversant les termes de la parole de Parménide sur l'identité de l'être et de la pensée et la ramenant à un rapport d'égalité, la métaphysique hégélienne construit un univers autrement transparent. A le parcourir, la subjectivité parvient à se constituer comme objectivité. Dans la mesure où cette vaste entreprise se réclame ne serait-ce que partiellement d'une résurrection de l'esprit grec, Hegel se méprend.

« Car, précisément, la supposition mentionnée de la métaphysique hégélienne — l'univers ne peut tenir tête à la témérité du connaître et doit se révéler à la volonté d'une connaissance inconditionnellement certaine, c'est-à-dire à la volonté de certitude absolue — précisément, cette expérience fondamentale de la pensée hégélienne est tout-à-fait contraire à l'esprit grec. L'univers — les Grecs l'appellent ὁ κόσμος — est, dans le déploiement de son être, surtout ce qui se dissimule et, pour cette raison, ce qui est essentiellemnet «obscur». La pensée initiale est déterminée originellement à partir de ce qui est à penser. Si la pensée doit penser ce qui se dissimule — le laisser par conséquent se déployer tel qu'il est — alors le mode de connaître de cette pensée essentielle ne pourra jamais être une «volonté» destinée à contraindre l'univers à sortir de sa réserve».[23]

La transcendance fait découvrir une «motivation» dès l'origine et porte le principe de raison dans le domaine de l'être. «Nihil est sine ratione» est une formulation négative. Or, nous sommes enclins à donner notre préférence aux propositions positives. Pour qu'il y ait équivalence avec la forme négative, nous devons reformuler le principe ainsi : Tout étant a nécessairement une raison. Qu'en est-il de cette nécessité? L'examen exhaustif de tout l'étant demeure impossible. Notre nature doit se satisfaire d'une connaissance fragmentaire de l'étant. Y-a-t-il une liberté dans cette contrainte? Dès que nous pensons la totalité de l'étant, nous ne rendons plus compte, en fait, de l'étant, mais nous abordons le problème de l'être. Cette ambiguité nous est favorable et permet la lecture initiale. La physique moderne est amenée à contester l'universalité de la causalité. Par contre, dans d'autres domaines, on apporte la preuve de sa validité dangereusement a posteriori. On dompte, on schématise et on mécanise la «réalité» pour juger ensuite des causes et des effets. Le seul mode de représentation des sciences a peine à couvrir le fait inaugural. Le principe de raison nous met devant un dilemme. Il demande une raison pour toute

---

23. Denn gerade die genannte Voraussetzung der Hegelschen Mataphysik, daß das Universum dem Mut des Erkennens nicht widerstehen könne und sich dem Willen zur unbedingt sicheren Erkenntnis, d.h. dem Willen zur absoluten Gewißheit, öffnen müsse, gerade diese Grunderfahrung des Hegelschen Denkens ist ganz und gar ungriechisch. Das Universum, griechisch gesagt ὁ κόσμος, ist im Wesen seines Seins vielmehr das Sichverbergende und deshalb das wesenhaft „Dunkle". Der Bezug des anfänglichen Denkens zu dem, was ihm das Zudenkende ist, wird von diesem her anfänglich bestimmt. Wenn das Denken aber das Sichverbergende denken, dieses also wesen lassen muß als das, was es ist, dann kann die Erkenntnisart dieses wesentlichen Denkens niemals ein „Wille" sein, der das Universum zwingt, seine Verschlossenheit preiszugeben.
Gesamtausgabe, tome 55, p. 31–32.

chose. Serait-il la seule chose sans raison ou bien faudrait-il s'interroger sur la raison de sa raison? Ces alternatives ne sont pas si étrangères l'une à l'autre. A les suivre, la pensée s'engouffre dans le «sans-fond» (Abgrund). Considéré de cette façon, le principe de raison intrigue le jugement. Pourtant le jugement est contenu dans le principe de raison. La proposition de la raison est également raison de la proposition (Der Satz vom Grund — Der Grund des Satzes). Les chemins s'entrecroisent et se confondent: le mouvement revient sur lui-même et reprend haleine, à la manière d'un anneau vivant. On est entraîné dans un développement circulaire. Si la pensée calculatrice désavoue la contradiction (esse non potest quod implicat contradictionem), elle se montre toute aussi peu confiante dans la tautologie. De côté et d'autre, elle défend l'accès au «principium magnum». Demeurer dans le cercle n'arrête pas cependant la pensée, pourvu qu'elle se saisisse de la «raison» de cette habitation. Si jeu de mots il y a, encore faut-il se laisser dire ce qu'il en est de la dispensation du jeu comme jeu. La «négativité» a déjà abandonné dans le cercle le terrain des oppositions. Fin et commencement se donnent la main sans se laisser réduire pour autant l'une à l'autre: la différence peut différer. Il convient de prêter l'oreille à ce que le «principium magnum» dissimule en dévoilant et dévoile en dissimulant. La pensée qui pense sait aussi écouter.

«Mais, en dernier lieu, c'est avec une autre accentuation que le principe de raison s'est fait entendre à nous. Au lieu de: «*Rien* n'est *sans* raison» nous disons maintenant: «Rien n'*est* sans *raison*». L'accent est déplacé de «rien» vers «est» et de «sans» vers «raison». Le mot «est» désigne toujours, de quelque manière, l'être. L'accent, ainsi déplacé, nous fait percevoir une harmonie entre l'être et la raison. Dans cette nouvelle accentuation, le principe de raison dit qu'à l'être appartient une chose telle qu'une raison. Le principe parle maintenant de l'être». [24]

---

24. Zuletzt hörten wir aber den Satz vom Grund in einer anderen Tonart. Statt: „*Nichts* ist *ohne* Grund" lautet er jetzt: „Nichts *ist* ohne *Grund*". Der Ton hat sich vom „Nichts" auf das „ist" und vom „ohne" auf den „Grund" verlagert. Das Wort „ist" nennt stets auf irgendeine Weise das Sein. Die Verlagerung des Tones läßt uns einen Zusammenklang von Sein und Grund

116

Ecouter c'est se saisir de ce qui ne s'offre plus dans le mode représentatif, tout en gardant la concentration du regard. Ce qui demeure commun est une certaine orientation vers... Le principe de raison s'y dévoile sous un autre jour. Si dans la première lecture, il affirmait que tout étant a nécessairement une raison, il restait muet quant à la raison elle-même, donnant seulement une définition de l'étant en tant qu'étant. Maintenant, le même principe s'ouvre dans une autre direction. A l'être appartient le fondement pour autant que l'être lui-même est le sans-fond. Y a-t-il une négativité qui justifie la positivité? Il convient plutôt de parler d'une distance qui échappe au simple fait de mesurer. Si l'être se tient loin du fondement, il est «fondé» de par lui-même, autrement dit, l'être «est» de par nature raison. Cette nouvelle formulation fait état d'une contradiction dans la mesure où «est» ne porte pas sur l'être, mais sur l'étant. L'être n'est précisément pas. «Est» indique l'entrée en présence, vue du côté de l'étant. Cette contradiction, sans annuler notre proposition, suggère l'écart, la différence. Il faut saisir d'abord ce qui est lointain dans la proximité et ensuite comment le lointain se dispose comme lointain. Le sans-fond représente-t-il un prédicat négatif de l'être ou fait-il plutôt supposer une co-appartenance de l'être et du néant?

«On voit qu'est et être ne sont pas des termes comme les autres. Pour tenir compte de cette singularité, énonçons comme suit ce que le principe de raison nous dit en tant que principe sur l'être: Etre et raison: le Même. Etre: l'abîme (Abgrund). Nous venons d'observer que l'on ne peut pas dire que l'être «est» raison. Une telle façon de parler, inévitable au début, ne concerne pas l'être, elle ne l'atteint pas dans ce qu'il a en propre.

Nous disons d'un côté: Etre et raison: le Même. Nous disons de l'autre: Etre: l'abîme. Il s'agit de penser l'accord des deux «propositions», l'accord de propositions qui ne sont plus des propositions».[25]

hören. Der Satz vom Grund sagt, in der neuen Tonart gehört, dies: Zum Sein gehört dergleicher wie Grund. Der Satz sagt jetzt vom Sein.
SvG, p. 92, trad. franç. p. 130.
25. Mit dem „ist" und „Sein" hat es somit eine eigentümliche Bewandtnis. Um ihr zu entsprechen, sprechen wir das, was der Satz vom Grund als Satz vom

Vu que la prédication se rapporte à «est» et non pas directement à l'être, elle s'adapte mal à la nouvelle perspective du principe de raison. Ce qui est «négatif» dans le sans — fond appartient d'une autre manière à l'être: ceci fait valoir la différence au sein même de l'identité. Le préfixe «ab» (Ab-Grund) prend tout d'abord ses distances vis-à-vis de la simplicité négative du préfixe «Un» (Ungrund). Il excelle en équivocité et accompagne de préférence le mouvement. Il fait découvrir la fin tout comme le point de départ ou marque le passage d'un état à l'autre. Il suggère aussi la mise à disponibilité. Le vocable «sans-fond» représente de beaucoup plus qu'un simple rejet du fondement. En instituant une séparation, il vise dans ses assises premières ce qui advient. Il s'évertue à regarder du côté de l'absence pour autant que l'absence n'est pas diamétralement opposée à la présence. L'absence «secrète» la présence. L'être est fondé cependant qu'il n'a pas de fondement. Sa présence se manifeste comme absence (réserve). Il n'y a ni privation ni négation de la présence dans l'être. La mesure en est une autre. Le mode représentatif dissimule et empêche le développement de ce problème. Le principe de raison recèle la possibilité d'un saut dans le propre de l'être. Le saut apparaît toujours comme le fait de la transcendance. Le projet kantien s'en est approché le plus. En effet, la méthode transcendantale inaugure le dépassement qui va de l'objet (connaissable par l'expérience) à l'objectivité (l'être de l'étant). La raison suffisante réside pour Kant dans les conditions a priori de la possibilité des objets. Toute objectivité repose ainsi sur la subjectivité qui, en son essence, n'a rien de subjectif. Nous envisageons le saut de la première à la seconde façon d'accentuer le principe de raison. Sans lui offrir un fondement, au sens traditionnel du mot, le sans-fond favorise le chemin de la pensée. L'acheminement fait partie de la chose elle-

Sein sagt, so aus: Sein und Grund: das Selbe. Sein: der Ab-grund. Zu sagen, „Sein" „ist" Grund, so vermerkten wir, sei nicht angängig. Diese zunächst unvermeidliche Art zu sprechen, geht das „Sein" nicht an, erreicht es nicht in seinem Eigenen.

Einmal sagen wir: Sein und Grund: das Selbe. Zum anderen sagen wir: Sein: der Ab-Grund. Es gilt, die Einstimmigkeit beider „Sätze" die keine „Sätze" mehr sind, zu denken.
Ibid., p. 93, trad. franç. p. 132.

118

même. Il s'agit de renoncer à aborder l'être simplement à partir de ce qui est. Le saut est un saut commémorant (andenkend). Il nous plonge dans le recueillement où il y a dispensation de l'être.

«Pour notre pensée, qui est presque entièrement livrée aux représentations objectives, ce que désignent les mots «dispensation de l'être» est tout d'abord difficilement accessible. La difficulté, toutefois, ne réside pas dans la chose, mais en nous-mêmes. Non seulement, en effet, la dispensation de l'être n'est pas un processus qui se déroulerait, mais elle n'est rien non plus qui tienne en face de nous: au contraire, si elle est le destin lui-même c'est plutôt en tant que cette op-position met face à face l'être et l'essence de l'homme. La prudence nous oblige à dire «plutôt», car même alors on pourrait encore entendre que l'être s'affirme et se déploie comme une chose séparée de l'homme». [26]

Le mode d'être de l'être-là rend caduque la représentation de l'homme comme sujet. En vertu de son essence, l'homme se tient dans l'ouverture de l'être. La compréhension de l'être se révèle comme le fait de cette habitation même. En liant maintenant la dispensation de l'être à l'essence de l'homme, Heidegger lui octroie un «droit de cité» non seulement dans la temporalité mais aussi dans le domaine du temps profond. Comment la temporalité et le temps fraternisent constitue un thème majeur de méditation, demeuré à l'état de projet à l'intérieur de l'œuvre heideggérienne. Le principe de raison, dans cette dernière lecture, parle donc de la dispensation de l'être. «Etre et raison: le Même» fait état d'une harmonie. On est bien loin de l'uniformité fade de plusieurs choses ou de l'égalité vide d'une seule chose à elle-même. Se refusant à l'approche dialectique, l'harmonie dit ici plus que la possibilité d'un accord à la suite d'un désaccord. Elle est, avant tout, ce qui

---

26. Für unser fast völlig in das gegenständliche Vorstellen losgelassene Denken bleibt das, was die Wendung „Geschick des Seins" nennt, zunächst schwer zugänglich. Aber die Schwierigkeit liegt nicht in der Sache, sondern bei uns. Das Geschick des Seins ist nämlich nicht nur kein an sich ablaufender Prozeß, es ist auch nichts, was uns gegenüber liegt, vielmehr ist es eher als Gegeneinanderüber von Sein und Menschenwesen das Geschick selber. Wir sagen mit Bedacht „eher", weil auch so der Verdacht nicht beseitigt ist, Sein wese als etwas vom Menschen Abgetrenntes.
Ibid., p. 158, trad. franç. p. 206.

brise l'in-différence et, en cela, ouverture qui ne cesse de se constituer. Elle maintient les inséparables dans leur extrême inégalité,
les empêchant de se défaire. Le caractère fondateur de ce mouvement porte sur la possibilité d'être de l'étant. Le fondement surgit
dans «est» et se confond avec ce surgissement même. La transcendance relie ainsi l'être à «est». La dispensation de l'être se
déploie de telle sorte que les choses puissent apparaître et répondre à cet appel initial en leur qualité d'étant. L'essence de l'homme n'est pas seulement concernée, mais fait partie de ce rapport.
C'est uniquement à l'homme que les choses peuvent apparaître
comme choses. En habitant l'espace de jeu du temps (Zeitspiel-
raum), nous recevons la donation de l'être et sommes engagés à la
préserver. En se donnant, l'être retire du même coup l'éclaircie de
son origine essentielle (die Lichtung seiner Wesensherkunft). [27] Le
«fondement» couvre la constitution de la chose comme chose et
baigne dans la liberté. «Etre et raison: le Même» doit être considéré d'emblée avec «L'être: le sans-fond». Le vocable «sans-
fond» pense autrement le néant, à savoir intimement lié à l'être.
La négativité n'est plus opposition, mais éloignement en vue de la
proximité. Le fond demeure à distance de l'être. Toute fondation,
même celle de soi-même par soi-même, placerait l'être dans le
domaine de l'étant.

«L'être: le sans-fond.

Cette formule a-t-elle simplement sa place à côté de notre
première formule: «Etre et raison: le Même»? Ou bien s'ex-
cluent-elles l'une l'autre? En fait elles semblent bien s'exclure,
si nous suivons les règles de la logique ordinaire. D'après ces
règles dire: «Etre et raison: le Même», c'est dire: «Etre =
raison». Comment alors venir encore dire: «L'être»: le sans-
raison»? Mais c'est justement là qu'il nous faut penser, à
savoir que «l'être «est» sans raison», pour autant qu'«être et
raison: le Même». Pour autant que l'être «est» fond qui fonde, et seulement pour autant, il n'a pas de fond». [28]

27. Ibid., p. 146.
28. Sein: der Ab-Grund.
    Steht nun dies Gesagte neben dem zuerst Gesagten: Sein und Grund: das
    Selbe? Oder schließt gar eines das andere aus? So scheint es in der Tat, wenn
    wir nach der Regel der gewöhlichen Logik denken. Darnach besagt: „Sein

Ces formules extrêmement concises portent la pensée vers ses sources comme pensée. Dans *L'être-essentiel du fondement,* Heidegger affirme que toutes les propositions fondamentales sont transcendantes non seulement comme investies par la transcendance, mais encore comme ayant dans la transcendance leur seule et unique origine. [29] Ceci nous enjoint de reconsidérer l'essence même de la proposition : est-elle habilitée à imposer une structure ne serait-ce qu'interprétative au fait transcendantal ou bien doit-elle se modeler sur celui-ci? Le discours poétique est-il moins imprégné par la vérité que la prémisse d'un syllogisme? On remarque aussitôt l'absence de «est» dans ces formules. Son utilisation nous mettrait sous le coup de la première lecture du principe de raison. Or maintenant on écoute, en premier lieu, ce que le «principium magnum» dit sur l'être et non pas sur l'étant. L'attribution — au moyen de «est» — présuppose un fondement (ὑποκείμενον) de l'attribution. Mais ce qui est fondateur ici se soustrait au fondement. Les formules citées approchent la transcendance par son tenant le plus propre. L'être «dure» en tant qu'il est conjointement retrait et dispensation. La représentation fait défaut. La pensée doit demeurer dans le saut et dans l'ouverture. En faisant cela, elle parvient à se constituer comme pensée. L'étonnement paraît tout aussi confiant que la certitude : il est, finalement, la certitude de ce qui n'est jamais univoque, de l'incalculable. Dans le sans-fond, la pensée avoisine le surgissement lui-même. Elle se trouve à l'écoute de la vérité de l'être et apprend la mesure de son déploiement.

«Considérons donc cet état de choses et fixons sur lui notre attention : nous observons alors que nous avons sauté hors du domaine de la pensée jusqu'ici connue et que nous nous trouvons en plein saut. Mais ce saut ne nous fait-il tomber dans un abîme sans fond? Oui et non. Oui — pour autant qu'il est

und Grund: das Selbe" so viel wie: Sein = Grund. Wie soll dann noch das andere gelten können: Sein: der Ab-Grund? Allein gerade dies zeigt sich als das jetzt zu-Denkende, nämlich: Sein „ist" der Ab-Grund, insofern Sein und Grund: das Selbe. Insofern Sein gründend „ist", und nur insofern, hat es keinen Grund.
Ibid., p. 185, trad. franç. p. 239.
29. Wegm, VWG, p. 171, trad. franç. p. 155.

désormais impossible de ramener l'être à un terrain, au sens où l'étant est un pareil terrain, et de l'expliquer par lui. Non — pour autant qu'à présent et pour la première fois l'être doit être pensé comme être. En tant qu'il est Ce qu'il faut penser, il devient à partir de sa vérité, le Déterminant, Ce qui donne la mesure. Le mode de la pensée doit prendre ses mesures sur cette Mesure et assumer le soin de la donner. Tous deux, Mesure et don de la Mesure, demeurant pour nous ce qu'aucune mensuration ne peut atteindre. Le saut, toutefois, fait si peu tomber la pensée dans un abîme sans fond, au sens de vide total, que lui seul permet à la pensée de se conformer à l'être comme être, c'est-à-dire à la vérité de l'être».[30]

Il convient de se demander pourquoi Heidegger ne parle pas directement du néant dans son interprétation du principe de raison. «Nihil est sine ratione», tant dans sa version originale que dans sa traduction allemande, invite à une pareille discussion. Heidegger se contente de remarquer que la forme négative du principe de raison dit plus que l'affirmative. Elle introduit, comme on l'a vu, une contrainte qui fait signe vers la liberté. On peut cependant considérer «Nihil est sine ratione» comme une proposition sur le néant: quelque chose qui n'est pas — qui n'est pas précisément le négatif pur — est sans raison. Il y a donc quelque chose qui échappe à la toute puissance du principe de raison dans sa première lecture. Que l'approche envisagée se tienne dans des limites herméneutiques acceptables trouve une certaine confirmation dans une autre formule de Heidegger: «Etre: Rien:

30. Denken wir dem nach und bleiben wir in solchem Denken, dann merken wir, daß wir aus dem Bereich des bisherigen Denkens abgesprungen und im Sprung sind. Aber fallen wir mit diesem Sprung nicht ins Bodenlose? Ja und Nein. Ja — insofern jetzt das Sein nicht mehr auf einen Boden im Sinne des Seienden gebracht und aus diesem erklärt werden kann. Nein — insofern Sein jetzt erst als Sein zu denken ist. Als dieses zu-Denkende wird es aus seiner Wahrheit her das Maß-gebende. Die Weise des Denkens muß sich dieser Maß-Gabe anmessen. Aber dieses Maß und seine Gabe können wir durch kein Errechnen und Ausmessen von uns aus an uns reißen. Sie bleiben das für uns Unermeßliche. Der Sprung läßt jedoch das Denken so wenig ins Bodenlose im Sinne des völlig Leeren fallen, daß er erst das Denken in die Entsprechung zum Sein als Sein, d.h. zur Wahrheit des Seins gelangen läßt. SvG, p. 185, trad. franç. p. 239-240.

122

Même».[31] Le néant est la distanciation, l'écart qui fait qu'une chose puisse se manifester. Il se détourne de l'étant sans pour autant prendre appui sur l'étant. Il se détourne en tant que l'étant apparaît comme étant. Il participe à l'unité comme différence. Le néant est en lui-même sans raison. Mais Heidegger donne sa préférence, de plus en plus, dans ses derniers textes, à des vocables nouveaux. Ils ont l'avantage d'un passé moins hypothéqué et favorisent l'affranchissement de la pensée des chemins de la tradition. Dans la perspective heideggérienne, le néant représente un tenant essentiel de la transcendance. L'interprétation seule peut-elle effacer l'image de «non-étant» convoyé par le vocable «néant»? Ce n'est jamais sûr. Le sans-fond pense le néant par rapport au fondement et en étroite liaison avec l'être. La négativité adhère à la chose elle-même. Le sans-fond n'est pas le vide total (die völlige Leehrheit). Cette formulation recoupe ce que Heidegger affirme à maintes reprises sur le néant: le sans-fond ne s'oppose pas au fondement à la façon d'une entité négative, mais ouvre les voies de la différence. Dès lors, il paraît plus exact de parler d'une absence du fondement dans la perspective de ce qui advient.

On retrouve le même éventail de problèmes dans l'interprétation heideggérienne du jeu qui couronne la suite de conférences contenue dans *Le Principe de Raison*. Le jeu, c'est finalement un autre nom pour ce que Heidegger avait déjà désigné dans *L'être-essentiel du fondement* comme «unité en train de se fonder de la dispersion transcendantale de l'acte de fonder» (die gründende Einheit der transzendentalen Streuung des Gründens).[32] Ceci constitue également une approche de la liberté. Faudrait-il supposer une intelligence entre le néant et le temps pour couvrir le déploiement de la transcendance? D'un côté, l'unité n'est qu'en tant qu'elle se constitue, d'autre part l'acte de fonder se complaît dans la dispersion: cette discontinuité mouvementée assure la base du surgissement fondateur. L'interprétation heideggérienne du jeu a comme point de départ le fragment 52 d'Héraclite. Le mot qui fait problème est αἰών: temps, durée cosmique et, à une époque plus tardive, destin. Il ne s'agit donc plus du temps linéai-

31. VS, p. 101, texte franç. p. 298.
32. Wegm, VWG, p. 171.

re ou d'une simple durée, mais — oserait-on dire — d'une «duration», au sens où l'être «dure» lui-même. On pourrait faire prévaloir que le jeu est ce qu'il y a de plus positif. En effet, il l'est. Sa positivité est pourtant à l'état surgissant et implique foncièrement la «négativité». Le simple fait que l'on a laissé le jeu aux seuls enfants prouve par ailleurs que l'on n'a jamais pris au sérieux sa positivité. Dans le jeu le «ne pas» recouvre le surgissement de la limite. Le jeu reconduit la différence et positivise la mondanéité du monde. Celle-ci n'est plus étrange. La liberté se révèle être plus que la spontanéité. Le jeu n'est ni ordre ni désordre. Son harmonie dure en tant qu'elle ne dure pas: elle apparaît et se soustrait. On ne perçoit plus la négativité du jeu. Elle fond maintenant dans la surprise. Le jeu porte au jour le fait initial, la principialité du principe. Il est fondateur sans être fondement. Comme temporalisation, le jeu se disperse, comme retrait il habite le sans-fond. C'est le temps profond qui préside au saut accompli par le jeu.

«Que dit Héraclite de l'αἰών? Le fragment 52 déclare: αἰών παῖς ἐστι παίζων πεσσεύων ..... παιδός ἡ βασιληίη. La dispensation de l'être est un enfant qui joue, qui pousse ses pions sur le damier; c'est à un enfant qu'appartient la royauté — c'est-à-dire l'ἀρχή, ce qui fonde, constitue et gouverne: l'être pour l'étant. La dispensation de l'être: un enfant qui joue.

Il y a donc aussi de grands enfants. Le plus grand, l'Enfant que la douceur de son jeu consacre royal, est ce secret du Jeu auquel l'homme et le temps de sa vie sont conduits, où son être est mis en jeu.

Pourquoi joue-t-il, le grand Enfant qu'Héraclite a vu dans l'αἰών l'Enfant qui joue le jeu du monde? Il joue parce qu'il joue.

Le «parce que» disparaît dans le Jeu. Le Jeu est «sans pourquoi». Il joue cependant qu'il joue. Le Jeu seul demeure: il est Ce qu'il y a de plus haut et de plus profond».[33]

* * *

33. Was sagt Heraklit vom αἰών? Das Fragment 52 lautet: αἰὼν παῖς ἐστι παίζων πεσσεύων· παιδός ἡ βασιληίη.
Seinsgeschick, ein Kind ist es, spielend, spielend das Brettspiel; eines Kindes ist das Königtum — d.h. die ἀρχή, das stiftend verwaltende Gründen, das Sein dem Seienden. Das Seinsgeschick: ein Kind, das spielt.

Après ce tour d'horizon du problème du fondement, il convient d'écouter la question fondamentale concernant l'être tout comme le néant : Pourquoi l'étant est-il et non pas plutôt Rien ? Cette question prend naissance, elle aussi, au cours du dialogue herméneutique avec Leibniz. [34] Les nombreuses variantes du principe de raison que celui-ci conçoit le long de sa vie, mettent en évidence une triple visée de la «raison» : ratio est cur hoc potius existit quam aliud; ratio est cur sic potius existit quam aliter; ratio est cur aliquid potius existit quam nihil. Plus que le signe d'une prudence méthodologique, le «pourquoi» (cur) associé constamment à «plutôt que» (potius quam) suggère ce qu'il y a de problématique dans ce problème : il n'est pas question de donner, selon l'usage de l'époque, une définition de la raison, mais il importe de peser le bien fondé de ces alternatives. Elles portent sur le propre de la possibilité, envisagée cette fois-ci en dehors de son cadre purement logique. «Ratio est cur aliquid potius existit quam nihil» fait remonter la possibilité à sa première source. Cette proposition concerne déjà les conditions de possibilité de la chose comme telle. Le schématisme kantien a abordé, avec d'autres moyens, cette zone initiale. Pour Heidegger, la formulation leibnizienne la plus pertinente est la suivante : Ratio est in Natura cur aliquid potius existit quam nihil. «Natura», écrit avec majuscule, désigne ici non pas l'ensemble de l'étant, mais la nature même des choses, y compris la cause première. Que Leibniz demeure pour l'essentiel dans la structure onto-théologique de la métaphysique, sa pensée l'éclaire de façon particulièrement saisissante.

Heidegger distingue entre une question directrice (Leitfrage) de la métaphysique, telle qu'elle s'est forgée dans l'ontologie grecque (τί τὸ ὄν) et une question fondamentale (Grundfrage) de la métaphysique visant ce qui demeure oublié dans la première question :

Somit gibt es auch große Kinder. Das größte, durch das Sanfte seines Spiels königliche Kind ist jenes Geheimnis des Spiels, in das der Mensch und seine Lebenszeit gebracht, auf das sein Wesen gesetzt wird.

Warum spielt das von Heraklit im αἰών erblickte große Kind des Weltspiels? Es spielet, weil es spielet.

Das „Weil" versinkt im Spiel. Das Spiel ist ohne „Warum". Es spielt, dieweil es spielt. Es bleibt nur Spiel: das Höchste und Tiefste.

SvG, p. 188, trad. franç. p. 243.

34. Wegm, VWG, p. 170, trad. franç. p. 154.

SvG p. 53, trad. franç. p. 87–88.

«Pourquoi l'étant est et non pas plutôt Rien?». S'adonnant à cette interrogation, la pensée abandonne le domaine de l'étant comme étant et s'engage dans la voie de sa propre transformation.

«Pourquoi donc y a-t-il l'étant et non pas plutôt Rien»? Telle est la question. Et il y a lieu de croire que ce n'est pas une question arbitraire. «Pourquoi donc y a-t-il l'étant et non pas plutôt rien?» Telle est manifestement la première de toutes les questions. La première, elle ne l'est pas, bien entendu, dans l'ordre de la suite temporelle des questions. Au cours de leur développement historique à travers le temps les individus, aussi bien que les peuples, posent beaucoup de questions. Ils recherchent, ils remuent, ils examinent quantité de choses, avant de se heurter à la question: «Pourquoi donc y a-t-il l'étant et non pas plutôt Rien?» Il arrive à beaucoup de ne jamais se poser cette question s'il est vrai qu'il s'agit non seulement d'entendre et de lire cette phrase interrogative comme simplement énoncée, mais demander la question, c'est-à-dire de faire surgir son horizon, de la poser, de se forcer à pénétrer dans l'horizon de ce questionner».[35]

La question est toujours «là». Le sentiment de la situation comme mode d'être de l'être-là va à sa rencontre. Imprévisible demeure le moment où nous ressentirons sa puissance. Son déploiement nous met en rapport avec la dispensation historiale de l'être. Cette question se trouve derrière toutes nos autres questions. Pour qu'elles puissent accomplir leur destination, il nous faut les accompagner par cette première question. Toute interrogation doit prendre en compte l'origine (Ur-sprung), si elle veut éviter de se limiter au simple bavardage. La question comme question n'a pas obligatoirement un «objet». Elle n'est pas non plus une communication

---

35. Warum ist überhaupt Seiendes und nicht vielmehr Nichts? Das ist die Frage. Vermutlich ist dies keine beliebige Frage. „Warum ist überhaupt Seiendes und nicht vielmehr Nichts?" — das ist offensichtlich die erste aller Fragen. Die erste, freilich nicht in der Ordnung der zeitlichen Aufeinanderfolge der Fragen. Der einzelne Mensch sowohl wie die Völker fragen auf ihrem geschichtlichen Gang durch die Zeit vieles. Sie erkunden und durchsuchen und prüfen Vielerlei, bevor sie auf die Frage stoßen „Warum ist überhaupt Seiendes und nicht vielmehr Nichts?". Viele stoßen überhaupt nie auf diese Frage, wenn das heißen soll, nicht nur den Fragesatz als ausgesagten hören und lesen, sondern: die Frage fragen, d.h. sie zustandebringen, sie stellen, sich in den Zustand dieses Fragens nötigen.
EM, p. 1, trad. franç. p. 13.

positive à l'égard de... Elle introduit plutôt celui qui la formule dans une perspective interrogative. Ceci veut dire: de toutes les questions, celles connaissant par avance leur réponse s'éloignent le plus du propre de la question. D'une part, les questions font état de notre savoir, d'autre part, elles s'imposent à nous et nous sollicitent. L'apprentissage de l'interrogation — qui est certainement un art plus qu'une science — exige que l'on reprenne la question sous ce double aspect. Il nous faut demander ce que la question demande. L'herméneutique présuppose une question de la question. «Pourquoi donc l'étant est et non pas plutôt Rien?» est, de toutes les questions, la plus vaste, la plus profonde, la plus originelle.

«C'est la question qui s'étend le plus loin. Elle ne s'arrête à aucun étant quel qu'il soit. C'est une question qui embrasse tout l'étant, c'est-à-dire non seulement le donné actuel au sens le plus large, mais aussi ce qui fut auparavant et ce qui est à venir. Le domaine auquel s'applique cette question ne trouve sa limite que dans ce qui n'est jamais ni d'aucune façon, dans le néant. Tout ce qui n'est pas néant tombe sous le coup de cette question, et finalement le néant lui-même, non qu'il soit quelque chose, un étant, du fait que nous en parlons tout de même, mais parce qu'il «est» néant. L'étendue de notre question est si vaste que nous ne pouvons jamais aller au-delà».[36]

La question vise le lointain même. Elle englobe la totalité de l'étant, tout en ignorant sa délimitation temporelle, sa régionalisation à partir du temps linéaire: passé, présent, avenir. Elle se défend d'être éternelle et implique, en dernière analyse, le temps comme prélude à l'entrée en présence. Vu du côté de l'étant, la question est plutôt a-temporelle. D'autre part, la limite appartient

36. Die Frage greift am weitesten aus. Sie macht bei keinem Seienden irgendwelcher Art halt. Die Frage umgreift alles Seiende und d.h. nicht nur das jetzt Vorhandene im weitesten Sinne, sondern auch das vormals Gewesene und künftig Seiende. Der Bereich dieser Frage hat seine Grenze nur am schlechthin nicht und nie Seienden, am Nichts. Alles was nicht Nichts ist, fällt in die Frage, am Ende sogar das Nichts selbst; nicht etwa deshalb, weil es Etwas, ein Seiendes, ist, da wir doch von ihm reden, sondern weil es das Nichts „ist". Der Ausgriff unserer Frage ist so weit, daß wir ihn nie zu überholen vermögen.
Ibid., p. 2, trad. franç. p. 14.

ici à l'indépassable. Elle n'introduit pas une distinction au milieu de l'étant entre «ce qui est» (Sein) et «ce qui n'est pas» (Nichtsein), mais, au moyen de l'indépassable, elle porte sur l'être (das Sein) et sur le néant (das Nichts). Loin d'être simplement un objet de discussion, le néant fait partie de la question en tant qu'il «est» — à sa façon. Comme voile de l'être, le néant soutient le rapport de l'être et du «est». Sans se confondre avec le fondement, le néant participe au fait initial. En débutant par le «pourquoi», la question fait signe vers le fondement, elle ne le demande pas spécifiquement. Elle est indifférente à la racine étante de l'étant, à ce qui, au milieu de l'étant, peut légitimer une construction ultérieure. L'interrogation s'oriente vers la possibilité d'être de l'étant comme étant. Chercher le fondement prend ici le sens d'approfondir, d'aller vers le fond et non pas vers la cause comme partie éminente de l'étant. Car il n'y a rien qui surgit dans l'horizon de cette question si non la possibilité du surgissement comme telle. Elle se soustrait aussitôt l'étant est. En tant que nous posons cette question, nous faisons déjà partie de son déploiement. Il n'y a pas lieu de se représenter l'horizon de la question d'un côté et l'essence de l'homme de l'autre. Finalement, il n'y a pas de lieu pour la représentation du tout. Nous écoutons ce que la question nous dit comme question: elle fait état de l'advenir.

«Le questionner de cette question n'est pas, relativement à l'étant comme tel en son ensemble, une quelconque occurence (Vorkommnis) arbitraire à l'intérieur de l'étant, comme par exemple la chute de la pluie. La question sur le pourquoi se place pour ainsi dire en face de l'étant dans son ensemble, et par là s'en dégage, quoique jamais complètement. Mais c'est précisément à cela que ce questionner doit sa situation privilégiée. Du fait qu'il se situe en face de l'étant en son ensemble, mais cependant sans échapper à son étreinte, ce qui est demandé dans cette question rejaillit sur le questionner luimême... Il en résulte que ce questionner n'est pas une quelconque démarche arbitraire, mais une occurence remarquable que nous appelons événement (Geschehnis)».[37]

---

37. Das Fragen dieser Frage ist in Bezug auf das Seiende als solches im Ganzen nicht irgendein beliebiges Vorkommnis innerhalb des Seinden, wie z.B. das Fallen von Regentropfen. Die Warum — Frage tritt dem Seienden im Gan-

128

La question elle-même se compose de deux parties. La première s'enquiert sur l'étant quant à sa raison d'être, la seconde reprend le même thème sur un autre plan. Si l'on regarde seulement la structure grammaticale de la phrase, la seconde partie pourrait passer pour un effet rhétorique : d'un côté l'étant qui se tient bien, de l'autre le rien qui n'est rien. Cependant, la tonalité interrogative produit une sorte de balancement. Nous constatons aussitôt l'étroite interdépendance des termes et une injonction réciproque. Si l'on considère la première partie isolée : «Pourquoi l'étant est?..., l'interrogation concerne l'étant. Elle demande le fondement à partir du donné et, forcément, elle le trouve dans les limites de ce donné, comme partie éminente. Ce qui fait le donné être donné, la dispensation comme telle ne fait pas problème. L'interrogation convient à un étant (ceci ou cela) et non pas à l'étant comme tel. Dès que nous formulons la question complète : «Pourquoi donc l'étant est et non pas plutôt Rien?», l'articulation sur l'étant relâche son étreinte. L'étant devient «totalité de l'étant» et se trouve entraîné dans le mouvement et le repos (comme forme de mobilité) que cette question embrasse dans son balancement. La totalité de l'étant implique l'essence de l'homme; la somme de tous les étants ne saurait l'exclure. Et ceci, d'autant moins, si nous envisageons maintenant la totalité comme processus même de constitution. Ce vaste déploiement contient déjà la réponse comme manifestation originelle.[38] La question n'entreprend plus une «mise à question». Elle se laisse dire ce qui peut se dire : elle dévoile ainsi son essence inter-rogative. Toute volonté de savoir repose sur le fait de laisser être. Pour avoir accès au déploiement même des choses, le vouloir doit subir une métamorphose : se décider c'est se décider pour l'ouverture.

«Questionner, c'est vouloir-savoir. Celui qui veut, qui place tout son être-là en une seule volonté, est résolu. La résolu-

zen gleichsam gegenüber, tritt aus ihm heraus, wenngleich nie völlig. Aber gerade dadurch gewinnt das Fragen eine Auszeichnung. Indem es dem Seienden im Ganzen gegenübertritt, sich ihm aber doch nicht entwindet, schlägt das, was in dieser Frage gefragt wird, auf das Fragen selbst zurück. ... Dieses Fragen ist deshalb in sich kein beliebiger Vorgang, sondern ein ausgezeichnetes Vorkommnis, das wir ein Geschehnis nennen.
Ibid., p. 3–4, trad. franç. p. 16–17.
38. Wegm, VWG, p. 167, trad. franç. p. 150.

tion (ou déclosion déterminante) ne remet rien, ne se dérobe pas, mais agit déjà sans relâche. La déclosion déterminée (Ent-schlossenheit) n'est pas simplement un ferme propos (Beschluss) d'agir, mais une amorce de l'agir décisive, précédant tout agir et le pénétrant jusqu'au bout. Vouloir, c'est être-résolu. L'essence du vouloir est ici ramenée et reprise dans la déclosion déterminée. Mais l'essence de la déclosion déterminée réside dans la dé-latence (Ent-borgenheit) de l'être-Là humain en vue de la lumination (Lichtung = éclaircie) de l'être; et nullement dans l'accumulation d'énergie en vue du fait même d'agir. Cf. Sein und Zeit, 44, § 60. Or la relation à l'être est le «laisser». Que tout vouloir doive se fonder sur un «laisser», c'est ce qui déconcerte l'entendement (cf. la conférence De l'Essence de la Vérité, 1930)». [39]

«Pourquoi donc l'étant est et non pas plutôt Rien?» fait état d'un mouvement en profondeur qui laisse être. L'étant se tient dans son extrême possibilité, non pas comme alternative logique, mais comme surgissement. La logique ne se retrouve plus dans cette perspective. Pour affirmer sa puissance, elle a besoin d'une égalité: l'étant = l'étant. Or l'étant, dans cette question, n'est plus considéré à partir de la présence, mais entraîné dans le jeu de la présence et de l'absence. A l'autre extrémité de la question, le néant n'«est» pas. Il n'est surtout pas le non-étant, la négation de l'étant. Il «est» la distanciation qui fait que l'étant puisse être. A travers cet écart, le temps instaure la présence comme présence. Il n'y a pas de laisser être sans transcendance. L'interrogation nous maintient dans le saut et nous porte vers l'origine même des cho-

---

39. Fragen ist Wissen-wollen. Wer will, wer sein ganzes Dasein in einen Willen legt, der ist entschlossen. Die Entschlossenheit verschiebt nichts, drückt sich nicht, sondern handelt aus dem Augenblick und unausgesetzt. Ent-schlossheit ist keiner bloßer Beschluß zu handeln, sondern der entscheidende, durch alles Handeln vor — und hindurchgreifende Anfang des Handels. Wollen ist Entschlossensein. (Das Wesen des Wollens wird hier in die Ent-schlossenheit zurückgenommen. Aber das Wesen der Ent-schlossenheit liegt in der Entborgenheit des menschlichen Daseins für die Lichtung des Seins und keineswegs in einer Kraftspeicherung des „Agierens". Vgl. Sein und Zeit, 44 und § 60. Der Bezug zum Sein aber ist das Lassen. Daß alles Wollen im Lassen gründen soll, befremdet den Verstand. Vgl. den Vortrag Vom Wesen der Wahreheit, 1930). EM, p. 16, trad. franç. p. 33.

ses. Bien que formulée de bonne heure (dans *Qu'est-ce que la Métaphysique?*), cette question n'est pas dépassée: elle garde toute son actualité. La question initiale n'apporte pas de réponse, elle étonne et incite à la pensée. Elle concerne les débuts tout comme l'époque tardive de la pensée heideggérienne. A travers l'appropriement, elle résonne apparemment toujours. Dans *L'Introduction à la Métaphysique,* Heidegger considère la question sur l'être — «qu'en est-il de l'être?» — comme le préliminaire à la question fondamentale de la métaphysique.[40] La question des questions, visant l'essence non-métaphysique de la métaphysique, jouit de plus d'autonomie. Elle se trouve en avant de toute question. Surgissant à l'intérieur d'une tradition imposante, elle s'en libère manifestement. Sans apporter la réponse, elle ne favorise pas pour autant la pure indétermination. Elle imprime à notre pensée une certaine tendance. Elle a, par excellence, un caractère historial. Elle nous amène à reconnaître le fait majeur que l'interprétation de l'être comme fondement, du fondement comme raison, de la raison comme calcul, n'épuise pas l'essence de l'homme. Le commencement serait-il la chose au monde la moins définitive?

---

40. Ibid., p. 56, trad. franç. p. 83.

CHAPITRE IV

DU PROJET D'IDENTITE (SELBIGKEIT) DE L'ETRE ET DU NEANT A L'APPROPRIEMENT

«Eh bien! je dis ceci: toi, prends en ta garde la parole que tu
 entends (sur ceci):
Quelles voies sont à envisager comme seules pour un questionner
L'une: comment c'est (ce que cela, l'être, est) et comment aussi
 (est) impossible le non-être.
Cela c'est le chemin de la confiance fondée, il suit en effet la non-
latence.
Et l'autre: comment cela n'est pas, et aussi comment est nécessaire le non-être.
Celui-ci donc, je le déclare, est un sentier qu'on ne peut pas du
 tout conseiller;
en effet, ni tu ne saurais lier connaissance avec le non-être, car il
 ne peut être présenter,
ni tu ne pourrais l'indiquer avec des mots.

(fragment 4/2)

. . . .

Mais, dans tout cela, tu dois tout de même aussi apprendre comment l'apparent reste tenu
de traverser tout apparemment (à sa manière), contribuant l'achèvement du tout.»

(fragment 1).[1]

---

1. Wohlan denn so sage ich: nimm aber du in Hut das Wort, das du hörst (da-
rüber),
Welche Wege als die einzigen eines Erfragens in den Blick zu fassen sind
Der eine: wie es ist, (was es, das Sein, ist) und wie auch unmöglich (ist) das
Nichtsein.
Des gegründeten Vertrauens Pfad ist dies, er folgt nämlich der Unverborgen-
heit
Der anderen aber: wie es nicht ist und auch wie notwendig Nichtsein.

132

Heidegger offre une traduction et une interprétation surprenan-
tes du vieux poème de Parménide. L'opposition entre la pensée de
Parménide et celle de Héraclite apparaît comme l'aboutissement
d'une tradition qui manque de moyens pour aborder le fait initial.
Nietzsche en est la dernière et la plus brillante victime, en dépit de
son approche autrement pertinente du phénomène grec. [2] Héritant
de l'interprétation traditionnelle la tension de l'être et du devenir,
il en éprouve les apories déchirantes, sans parvenir au propre du
commencement. Heidegger ajoute une dimension héracliséenne à
la lecture de Parménide. Il fait valoir l'apparence comme apparaître et la séparation de l'être et du «néant» comme co-appartenance. S'agit-il d'une lecture tout-à-fait rigoureuse? Il convient de
rappeler le témoignage d'Aristote qui atteste que Parménide ne
s'en tient pas, dans l'élaboration de sa doctrine, à la seule pureté
de l'être. Contraint par les faits, il accepte à titre de principe un
certain non-être (le froid), mais ceci concerne, de toute apparence,
une étape ultérieure à la rédaction proprement dite du poème. [3]
Pour Heidegger Parménide est héraclitéen (penseur initial) dans la
mesure où les racines profondes de son poème conduisent à l'interprétation grecque de l'être comme φύσις, avec son double mouvement d'apparition et de retrait. Si effort de «clarification» il y a,
il faut le voir dans ce qui fait l'unité de l'être et de la pensée. Ces
termes, diamétralement opposés dans la conscience moderne,
s'appartiennent mutuellement dans la vision de Parménide. Ils
s'accordent pour autant qu'il y a une différence entre eux. Le

Dieser also, so gebe ich kund, ist ein Fußsteig, zu dem garnicht zugeredet
  werden kann,
Weder nämlich vermagst du Bekanntschaft zu pflegen mit dem Nichtsein,
  denn es ist garnicht beizubringen,
noch kannst du es mit Worten angeben.
. . . .
Aber bei alldem sollst du gleichwohl auch das kennen lernen, wie das Schei-
  nende daran gehalten bleibt,
scheinmäßig durch alles (auf seine Art) hindurchzuziehen, alles mitvollen-
  dend.
EM, p. 84, 86, trad. franç. p. 119, 121.
2. Ibid., p. 96, trad. franç. p. 134.
3. Aristote, *Métaphysique*, A (I), 986 b 30–35.

vocable νοεῖν (appréhender) veut dire d'abord laisser venir à soi, se disposer en vue de l'apparaître. Ceci introduit un moyen terme qui nous retient de la tentation de découvrir dans l'exhortation de la déesse des règles de la pensée discursive (διάνοια), voire de l'entendement. Le même de l'être et de la pensée indique l'espace d'éclosion. Le non-retrait prévaut sur le retrait sans l'exclure toutefois. Les couples «être et non-être», «non-être et apparence» entretiennent une relation permanente à l'intérieur du poème. Devant le tourbillon des apparitions fuyantes de la φύσις, Parménide fait état de trois chemins: le chemin de l'être qui conduit dans le non-retrait, celui du non-être et, enfin, celui de l'apparence.

«C'est parce qu'il en est ainsi de l'être, de la non-latence, de l'apparence et du non-être, que trois chemins sont nécessaires pour l'homme, lequel se tient au milieu de l'être qui s'ouvre à lui et, à partir toujours d'une telle tenue, se comporte de telle et de telle façon envers l'étant. Il faut que l'homme, s'il veut assumer son être-Là dans la clarté de l'être, porte celui-ci à stance, le soutienne dans l'apparence et contre l'apparence, arrache à la fois l'apparence et l'être à l'abîme du non-être.

Il faut que l'homme dis-cerne ces trois voies, et d'après cela se décide pour ou contre chacune d'elles. L'ouverture et le frayage de ces trois voies, c'est cela, la pensée, au commencement de la philosophie... (en conséquence «dé-cision» ne signifie pas ici jugement et choix humain, mais une scission dans l'ensemble constitué par l'être, la non-latence, l'apparence et le non-être».[4]

---

4. Weil es mit Sein, Unverborgenheit, Schein und Nichtsein so steht, sind für den Menschen, der sich inmitten des sich eröffnenden Seins hält und immer aus solcher Haltung heraus sich so und so zum Seienden verhält, drei Wege notwendig. Der Mensch muß, soll er sein Dasein in der Helle des Seins übernehmen, dieses zum Stand bringen, muß es im Schein und gegen den Schein aushalten, muß Schein und Sein zugleich dem Abgrund des Nichtseins entreißen.
Der Mensch muß diese drei Wege unterscheiden und sich entsprechend zu ihnen und gegen sie entscheiden. Das Eröffnen und Bahnen der drei Wege ist das Denken im Anfang der Philosophie... (Demgemäß bedeutet Ent-scheidung hier nicht Urteil und Wahl des Menschen, sondern eine Scheidung im genannten Zusammen von Sein, Unverborgenheit, Schein und Nichtsein.) EM, p. 84, trad. franç. p. 119–120.

134

La pensée appartient à la chose elle-même. La décision inaugurale (Ent-scheidung) recoupe la différence (Scheidung) à l'intérieur
de cet ensemble et accomplit sa vocation révélatrice. Le chemin
du non-être apparaît comme inaccessible, impraticable. Cependant, Parménide ne l'ignore pas, mais le prend en considération
comme il convient à un chemin «fondamental». Car, en tant
qu'impraticable, et pour cela même, il doit être intégré par la pensée. Le fait qu'il conduit vers le non-être n'est pas simplement
indifférent. En disant «non», la pensée entreprend déjà une démarche importante. Elle se conforme à la nature de ce chemin, ce
qui lui permet de tenir «en vue» les autres. Un chemin impraticable reste toujours un chemin. Il nous porte, à sa façon, vers un
autre chemin. Son refus est offrant. Le non-être fait signe vers
l'être.

«Ce fragment nous donne aussi le plus ancien document de
la philosophie sur ceci, à savoir que la voie du néant doit être
pensée expressément en même temps que la voie de l'être, et
que par suite c'est méconnaître la question de l'être que de
tourner le dos au néant avec l'assurance que le néant n'est
manifestement pas (le fait que le néant ne soit pas quelque
chose d'étant n'exclut nullement qu'il appartienne à l'être à sa
façon)». [5]

Si la pensée se tient au croisement même du chemin de l'être et
de celui du non-être, le troisième chemin lui devient accessible:
envisager l'apparence comme apparaître. Il y a une ambiguïté foncière dans cet accès. Le dernier chemin donne l'apparence de
conduire vers l'être. En faisant cela, il crée également l'impression
de conduire vers le non-être, assimilé trop vite au «nihil negativum». Or, il importe de penser l'apparence à partir du néant

5. Das Bruchstück gibt uns zugleich die älteste Urkunde der Philosophie darüber, daß in eins mit dem Weg des Seins der Weg des Nichts eigens bedacht
werden muß, daß es mithin eine Verkennung der Frage nach dem Sein ist,
wenn man dem Nichts mit der Versicherung den Rücken kehrt, das Nichts sei
offenkundig nicht. (Daß jedoch das Nichts nicht etwas Seiendes ist, schließt
keineswegs aus, daß es auf seine Weise zum Sein gehört).
Ibid., p. 85, trad. franç. p. 120.

comme néant. L'apparence est le terrain des avis contradictoires et confus, mais aussi celui de l'épreuve et de la décision. Elle n'est pas moins constitutive que l'être et que le non-être. En même temps, elle ne saurait se manifester sans cette première distinction. D'autre part, l'apparence comme apparaître appartient à l'être, d'autre part, elle s'en détache sans discontinuer. Les humains doivent jouer l'apparence contre l'apparence pour retrouver ce qui relie celle-ci à l'être. Le chemin du non-être soutient à sa façon cette entreprise. L'errance participe secrètement à la vérité. L'apparence se montre: elle représente une entrée provisoire, fuyante dans la lumière. Le «schématisme» de Parménide a un caractère plus mouvant que l'interprétation traditionnelle ne le veut. Le savoir implique profondément tous les trois chemins: il suppose plus qu'une expérience unilatérale et simplement positive. Seul le chemin de l'être mène à la vérité ($\dot{\alpha}\lambda\dot{\eta}\theta\epsilon\iota\alpha$). Pour ce faire, il doit différer des deux autres chemins et, implicitement, s'y rapporter. Le savoir naît dans ce mouvement. Outre l'assimilation de $\nu o\epsilon\tilde{\iota}\nu$ à un acte d'intellection, l'interprétation univoque de l'$\dot{\alpha}\lambda\dot{\eta}\theta\epsilon\iota\alpha$ comme vérité a contribué de façon décisive à la valorisation exclusive du chemin de l'être. A partir de quelque chose de simple, tout devient simple. La «négativité» de l'α de l'$\dot{\alpha}\lambda\dot{\eta}\theta\epsilon\iota\alpha$ peut pourtant replacer à elle seule le poème sous un autre jour. Heidegger utilise le vocable «non-être» (Nichtsein) dans les fragments qu'il traduit de Parménide et le vocable «néant» dans les commentaires de ces mêmes fragments. C'est peut-être le souci de marquer la différence de sa propre interprétation du néant. Si l'on faisait appel à une topologie certainement problématique, il conviendrait de situer le néant heideggérien au niveau de l'α de l'$\dot{\alpha}\lambda\dot{\eta}\theta\epsilon\iota\alpha$, comme soutien de l'entrée en présence. Parménide, le penseur initial, porte au jour des distinctions qui imprimeront le déploiement de la pensée pour longtemps. S'appliquant à la chose elle-même, il a le pouvoir de tenir ensemble ces distinctions. Associer le néant à la pensée de l'être témoigne de la profondeur et de la témérité de chaque penseur.

«Le néant de l'étant succède à l'Etre de l'étant comme les nuits succèdent aux jours. Pourrions-nous seulement voir, éprouver le jour en tant que jour, s'il n'y avait point de nuit. C'est pourquoi l'expérience immédiate et foncière de la proximité du Néant, qu'un philosophe ferait dans l'être de l'étant, constitue, quant à l'authenticité et la force de sa pensée, la pierre de touche la plus dure, mais la plus certaine».[6]

La métaphysique accomplit son destin dans la philosophie hégélienne. Elle est désormais une logique et ceci non pas par hasard, mais en continuant la tradition de la ratio (λόγος) comme fondement. La logique approfondit et fonde en raison l'être. La raison s'identifie à la subjectivité absolue. A la pensée initiale de Parménide répond comme un écho bien lointain la phrase célèbre de la *Science de la Logique*: «L'être pur et le néant pur, c'est ainsi le même».[7] Pour Hegel l'être est l'immédiateté indéterminée et, pour cela même, l'équivalent du néant. Ceci se situe dans la perspective de la médiation déterminante, du concept absolu au sens d'un savoir qui se sait lui-même. Hegel le compare à la pensée de Dieu avant la création. L'absolutisation du cogito cartésien se produit déjà dans la philosophie de Fichte. Le savoir absolu convoie la certitude absolue du savoir qui se sait lui-même: il est savoir du savoir et, en cela, philosophie. Il n'y a de conscience d'objet que dans la mesure où, plus radicalement, la conscience est consciente d'elle-même. L'objectivité réside, par conséquent, dans la subjectivité. Celle-ci se libère dans *La Science de la Logique* des rigueurs kantiennes et devient, à son tour, subjectivité absolue. Par rapport à la conscience comme médiation et détermination, l'être est immédiat et indéterminé. Il représente l'aliénation absolue de l'Absolu et, en tant que tel, est identique au néant.

L'expérience heideggérienne du néant puise ailleurs. Elle n'a pas lieu dans et par la conscience, car ce n'est pas l'être qui est un événement de la pensée, mais la pensée un événement de l'être. Il ne faut pas se laisser aller, dans ce contexte, à la tentation de se représenter l'être comme une sorte de subjectivité profonde et dissimulée ou bien comme une objectivité absolue, engendrant à un

---

6. Das Nichts des Seienden folgt dem Sein des Seienden wie die Nacht dem Tag. Wann würden wir jemals den Tag als Tag sehen und erfahren können, wenn die Nacht nicht wäre. Daher ist es der härteste, aber auch untrüglichste Probierstein auf die denkerische Echtheit und Kraft eines Philosophen, ob er sogleich und von Grund aus im Sein des Seienden die Nähe des Nichts erfährt.
N I, p. 460, trad. franç. p. 357.
7. Das reine Sein und das reine Nichts ist also dasselbe.
Hegel, WDL, p. 67.

moment donné spontanément la subjectivité. Le fait inaugural se
soustrait à l'éclatement sujet-objet. L'affirmation de Hegel «L'être
pur et le néant pur, c'est le même» est une proposition ontologique. Les concepts purs appartiennent à la logique, mais c'est la
logique qui est ici ontologie. Vue à partir de la différence ontologique, cet énoncé se situe sur l'un des versants de la différence: il
fait état de l'être (néant) de l'étant. On peut affirmer que la proposition hégélienne est portée par la différence ontologique sans
participer à la source de la différence. Comme concept pur, le
néant est la négation d'un autre concept pur et, en cela, égal à ce
dernier. Qu'il y a négation et rien d'autre, ceci peut se comprendre
sans difficulté, puisque l'on se trouve chez Hegel dès le commencement à l'intérieur d'une logique. L'interprétation heideggérienne
de l'être et du néant prend naissance au cadre d'une interrogation
sur l'essence non-métaphysique de la métaphysique. C'est bien la
différence ontologique qui constitue — en termes kantiens — la
condition de possibilité de toute métaphysique. L'identité (Selbigkeit) de l'être et du néant, telle que Heidegger l'entend, se situe là
où s'amorce l'horizon de la différence ontologique. Elle ignore les
limites de l'ontologie traditionnelle et concerne la différence comme différence. Il n'y a pas de place, dans cette perspective, pour la
négation comme opération logique. Le néant néantit. «Le néantir
du néant «est» l'être».[8] Si Heidegger affirme ailleurs que l'être
néantit en tant qu'être,[9] ceci n'impiète pas sur cela. Le rapport de
l'être et du néant se révèle dans le déploiement de la transcendance qui ne comporte pas d'éclats. Il s'agit dès lors de savoir de quel
côté notre discours l'aborde. Les deux affirmations se rapprochent
au point de se confondre. Chacune, cependant, témoigne d'une
richesse inépuisable. Dans la première proposition «est», mis
entre guillemets, veut dire, en dernière analyse, que le néantir tient
de l'être et, ce faisant, il lui appartient. La seconde proposition est
encore plus explicite: si l'être néantit en sa qualité d'être, alors
toute interprétation négative du néant perd son support ontologique. Le propre de néant ne se reconnaît plus dans les sentiers de la

8. Das Nichten des Nichts „ist" das Sein.
   VS, p. 99.
9. Das Sein nichtet — als das Sein.
   Wegm, Hum, p. 356.

138

tradition. Heidegger fait remonter le fait négatif (selon la convention du langage) à ses sources premières où il peut déclarer son essence non-négative. L'identité de l'être et du néant présuppose un certain mouvement. Dépassant les cadres d'une simple symétrie, elle déploie elle-même la dimension. L'identité repose sur une différence qui se soustrait aux distinctions de l'entendement. Alors, pour marquer l'écart radical par rapport à la thèse hégélienne, Heidegger propose la formulation suivante:

« Etre: Néant: Même ». [10]

L'absence de « est », remplacé par deux points, nous fait sortir du domaine de la prédication. Il n'y a pas, par conséquent ici, d'espèces ou de genres communs. Les trois termes débordent ces contraintes.

« Est » demeure pour le moment en retrait. Nous sommes habitués à rapprocher ce qui est déjà proche. Il nous faut maintenant rapprocher ce qui est d'abord éloigné et penser ensuite la différence à l'intérieur de l'identité. Pour accéder au propre de cette relation, il est nécessaire de sortir de l'horizon de quelque chose de non-étant structuré sur le modèle de l'étant. Le point de vue de la métaphysique y reste attaché pour l'essentiel. L'être est le néant dans la mesure où l'étant est envisagé en tant qu'étant. Ce qui n'est plus ou n'est pas assez étant est néant. La dialectique n'échappe pas à cette emprise. Dans le règne de la pensée pure, l'être pur est néant pour autant qu'il est dépouillé de ses attributs. De là, Hegel se trouve dans l'impossibilité de développer la thèse du néant comme l'autre de l'être. En tant qu'abstractions à l'antipode de l'effectivité (Wirklichkeit), l'être et le néant s'égalent. Mettre l'identité sous le signe de la différence ne saurait se faire dans les limites de l'être de l'étant. L'ouverture d'une perspective inaugurale par la mise en relation du néant et de l'effectivité reste hors de question.

« Hegel pense ainsi le rapport de l'être et du néant et ne se départ pas de l'évidence que, rigoureusement, le néant ne peut même pas être nommé l'autre par rapport à l'être, vu que les deux termes, ici encore, sont pris comme les abstractions extrêmes de l'« effectivité », étrangères à tout développement

10. Sein: Nichts: Selbes.
   VS, p. 101.

vers quelque chose (quale). Hegel n'aurait jamais pu risquer ici la proposition : l'effectivité (dans son acception) et le néant sont la même chose».[11]

Ceci aurait entraîné, en fait, un bouleversement du système, mettant sur le premier plan le problème de ce qui fait que l'effectivité soit effective. L'effectivité demeure dans le cadre d'une logique comme métaphysique. Elle assume la négation et la négation de la négation sans pourtant parvenir au propre non-négatif de la négativité. La rencontre de l'essence et de l'existence, envisagée dans la section consacrée à l'effectivité, se maintient sur le terrain d'une tradition qui a d'abord décidé de cette séparation.

«Etre : Néant : Même».

Le néant n'est plus pensé ici à partir de l'étant. Le néant n'est pas : il y a néant ou le néant «se déploie» (west). Ces expressions entreprennent justement de libérer de l'étant la pensée du néant. Le néant représente beaucoup plus que la simple absence de l'étant : il ne suffit pas que l'étant fasse défaut pour qu'il y ait néant. D'autant moins peut-on y voir le résultat d'une opération logique. Le néant «est» ce qu'il y a de plus éloigné de l'in-différence. L'affectivité originelle nous en apporte un témoignage décisif. Le néant «se déploie» non pas sur la base de l'étant, mais indépendemment, à savoir selon la liberté. Mettre de côté l'étant — si l'on accepte au moins comme assertion purement logique cette phrase curieuse — ne détermine pas le néant. Le fait d'éluder a du mal à rejoindre le propre de la négativité. «Il y a néant indépendemment de l'étant» n'exprime pas une relation causale ou la simple négation d'une pareille relation, mais la liberté comme liberté. Cette perspective nous évite également l'erreur de la pensée calculatrice qui veut qu'il y ait moins de néant là où il y a plus d'étant. La présomption d'un tel équilibre ramène, en dernière analyse, le néant au seul domaine de l'étant.

---

11. Dergestalt denkt Hegel das Verhältnis von „Sein" und „Nichts", wobei Hegel sich klar darüber bleibt, daß es strenggenommen das Nichts noch gar nicht als das Andere zum Sein ansprechen kann, weil beide hier noch als die äußersten Abstraktionen zur „Wirklichkeit" genommen werden und sich noch nicht einmal zum Erwas (quale) entfaltet haben. Hegel könnte hier niemals den Satz wagen: „Wirklichkeit" (in seinem Sinne) und Nichts sind dasselbe.
Gesamtausgabe, tome 51, p. 72, R.

140

«Pour qu'il «se déploie» (west), le néant n'a pas besoin
d'abord de l'étant, ni d'un étant, comme s'il se déployait en
raison du fait qu'auparavant l'étant a été purement et simplement mis de côté. Le néant n'est pas d'abord le résultat d'un
tel acte de mettre de côté. Il y a néant indépendamment du
fait que l'étant est. Et c'est peut-être l'une des plus grandes
erreurs humaines de croire que le néant nous est épargné tant
que nous pouvons, d'une façon ou d'autre, rencontrer, sou-
mettre à notre action, garder auprès de nous l'étant». [12]

Cette erreur a plutôt l'air d'une superstition. Celle-ci ne trahit
pourtant pas le sursaut d'une conscience primitive. C'est le positivisme comme platonisme extrême qui y conduit nécessairement.
Husserl présente cet état de choses dans *La Philosophie comme
Science rigoureuse* et parle de la superstition des «faits réels». [13]
En termes heideggériens, il s'agit de l'emprise totale de l'étant —
et de rien d'autre — sur la pensée.

Le néant «est» ce qu'il y a de plus vide dans le vide (die Leerste
des Leeren) et, implicitement, l'unicité comme telle. Il soutient le
déploiement de la transcendance. Il est vide dans le sens de sans
fond, de distanciation et non pas comme le négatif pur. L'acte de
concevoir n'y trouve point d'accroc pour sa projection. «Le néant
est vide et unique» fait état de l'épaisseur non-radicale du néant.
L'unicité du néant a une signification bien différente de celle de
l'étant. La proposition scolaire «Omne ens est unum» veut dire
qu'à chaque fois l'étant un est différent par rapport à un autre et
que ce dernier l'est par rapport au premier ou par rapport à un tel
autre. Ceci n'épuise nullement l'essence de la différence. Il y a
seulement indication que l'unicité de l'étant est à rechercher dans
sa multiplicité. «Omne ens est unum» équivaut à «l'étant est
multiple». Il n'en va pas de même pour l'unicité du néant. Elle ne

12. Damit das Nichts west, braucht es nun aber nicht erst das Seiende und ein
Seiendes, als weste das Nichts erst aufgrund dessen, daß das Seiende zuvor
schlechthin beseitigt wird. Das Nichts ist nicht erst das Ergebnis einer solchen
Beseitigung. Das Nichts gibt es unbeschadet dessen, daß das Seiende ist. Und
vielleicht gehört dies zu den größten Irrtümern des Menschen, zu meinen, vor
dem Nichts immer dann noch sicher zu sein, solange irgendwo und irgendwie
Seiendes sich antreffen und betreiben und beibehalten läßt.
Gesamtausgabe, tome 51, p. 53, R.
13. „der Aberglaube der Tatsachen".
Husserl, PhasW, p. 66.

trouve pas d'égal si non dans l'unicité de l'être. L'une n'est pas faite pour exclure l'autre: l'identité réside ici dans la différence comme différence (Differenz). Si le néant est libre par rapport à l'étant, il implique nécessairement l'être.

«Le néant n'a pas besoin de l'étant. Par contre, il a besoin de l'être. L'entendement commun se trouve surpris et choqué par le fait que le néant a besoin précisément de l'être et que, sans celui-ci, il reste nécessairement «sans essence» (wesenlos). Oui, il se peut bien que le néant soit la même chose que l'être. Mais alors l'unicité de l'être ne saurait aucunement être compromise par le néant, car le néant n'«est» pas un autre par rapport à l'être, mais celui-ci même. Ce que nous avons affirmé de l'être — qu'il est unique et sans égal — ne s'applique-t-il pas pareillement au néant? L'incomparabilité incontestable du néant atteste effectivement la co-appartenance essentielle du néant et de l'être et certifie l'unicité de ce dernier». [14]

«Etre: Néant: Même». Il ne s'agit plus de la simple confusion de ces termes, considérés du côté de l'étant, mais d'un rapport essentiel, originel. Vu de l'étant, l'être est néant. Cette première distinction est, en fait, une indistinction: la pensée n'est pas prête pour effectuer le saut vers le propre de la différence. L'égalité implique la multiplicité: plusieurs étants qui peuvent se comparer entre eux. L'être se soustrait à la diversité du multiple. Il est ce qui a le caractère de la différence (Unterschieden) et non pas ce qui est déjà différencié (Verschieden). [15] Son unicité (sans égal) répond à l'unicité (sans égal) du néant. L'essence de l'identité suppose la prise en compte du «sans égal», non pas dans le sens d'éminent,

---

14. Das Nichts bedarf nicht des Seienden. Wohl dagegen bedarf das Nichts des Seins. Das bleibt in der Tat für den gewöhnlichen Verstand befremdlich und anstößig, daß das Nichts gerade des Seins bedarf und ohne das Sein wesenlos bleiben muß. Ja, vielleicht ist sogar das Nichts das Selbe wie das Sein. Dann kann aber die Einzigkeit des Seins durch das Nichts niemals gefährdet werden, weil das Nichts nicht ein anderes zum Sein „ist", sondern dieses selbst. Gilt nicht gerade auch vom Nichts, was wir vom Sein sagten, daß es einzig und unvergleichlich sei? Die unbestreitbare Unvergleichlichkeit des Nichts bezeugt in der Tat seine Wesengehörigkeit zum Sein und bestätigt dessen Einzigkeit.
Gesamtausgabe, tome 51, p. 54, R.
15. *Gesamtausgabe*, tome 51, p. 52.

142

mais dans celui de différent. L'union n'est pas privation de rapport, uniformité, mais le fait de se soutenir en différant. Introduire ici des termes comme «principal» et «secondaire», ce serait penser le «sans égal» à partir de l'éminence et rentrer, implicitement, dans le jeu de la pensée qui calcule avant qu'elle ne pense. La seule mesure s'appliquant à la chose elle-même est, dans ce contexte, la mesure de la différence. «Etre: Néant: Même». Après avoir longtemps médité sur la différence ontologique (entre l'être et l'étant), Heidegger porte son attention vers les assises premières de la différence, autrement dit, vers la différence dans l'horizon de l'être. Celle-ci ne ressemble en rien à la diversité à l'intérieur de l'étant et, en même temps, s'écarte de la différence de l'être et de l'étant. Ceci pose plusieurs problèmes. La différence ontologique caractérise la transcendance, elle implique le dépassement et, comme on l'a déjà vu, elle comporte un «ne pas» néantissant. Dans quelle mesure la «négativité» remonte vers le rapport de l'être et du néant, considéré indépendemment de l'étant? Vu qu'il n'y a plus de dépassement, la négativité a forcément une autre source. Comme l'essence de l'homme ne saurait être séparée de l'être, faudrait-il penser qu'elle se trouve de côté et d'autre de la *transcendance*? Dans ce cas, celle-ci apparaîtraît elle-même sous un autre jour. Serait-elle toujours à même de couvrir la co-appartenance de l'être et de l'essence de l'homme. Si l'être-là dévoile le «là» de l'être, il nous conduit également vers le problème de l'être du «là».

Dans la formulation «Etre: Néant: Même» la négativité se manifeste comme sans-fond. La caractère de sans-fond (abgründig) porte tant sur le néant que sur l'être. Nous pouvons maintenant supposer qu'il concerne surtout leur co-appartenance. La préférence va pourtant vers l'être. Son unicité est seule à comporter pleinement le Même, le néant n'est jamais lui-même (es selbst). Selon la différence la plus haute, l'être se déploie dans le Même pour autant qu'il y a néant. Le problème du fondement nous a déjà familiarisés avec cette étroite «imbrication».

«L'Etre est ce qu'il y a de plus sûr, qui jamais ne nous inquiète d'un doute. Si tel étant est ou n'est pas, nous doutons parfois, nous y réfléchissons souvent. L'Etre sans lequel nous ne saurions seulement révoquer en doute aucun étant à quelconque point de vue, offre une fidélité dont la certitude ne se laisse pas surpasser nulle part. Et cependant — l'Etre ne nous offre ni fond ni comble tel que l'étant vers lequel nous nous tournons, sur lequel nous construisons et auquel nous nous appuyons. L'Etre est le dé-dire du rôle de semblable fonder, refus de tout ce qui offrirait un fond, est absence de fond, abîme».[16]

Il est nécessaire d'éviter autant que possible toute imagerie : d'un côté la terre ferme, de l'autre l'abîme où l'homme pourrait se précipiter (orientée essentiellement vers l'étant, même la dialectique pure se libère difficilement du mode représentatif). D'autre part, penser l'identité de l'être et du néant vise un but illusoire tant que l'on n'a pas saisi en quoi l'essence de l'homme est, elle-même, être. Cet aspect demeure relativement dans l'ombre à l'époque de *L'Etre et le Temps,* mais fait l'objet d'importantes considérations ultérieures. Il s'agit de passer de l'être-là comme rapport à l'être-là comme être. Ceci revient à ne plus penser le rapport comme une simple liaison entre deux termes, mais à penser les termes à partir du rapport, de leur profonde et mouvante identité. La perspective de la finitude se trouve modifiée. Si le problème de la finitude figure déjà en bonne et dûe forme dans *L'Etre et le Temps,* il recouvre sa propre dimension à partir du moment où la co-appartenance de l'être et de l'être-là est convenablement pensée. *L'Etre et le Temps* fait sortir la finitude du domaine des imperfections et des défauts et lui reconnaît un caractère constitutif. Tout dépend ensuite de la portée de ce fait constitutif. Si la finitude de l'être-là est plus originelle que l'homme, on peut également avancer qu'elle est, en quelque sorte, plus originelle que l'être-là même. Elle fait partie, finalement, de l'origine tout court. La finitude devient ainsi un problème de l'être

16. Das Sein ist das Verläßlichste, das uns nie zu einem Zweifel beunruhigt. Ob dieses oder jenes Seiende ist oder nicht ist, bezweifeln wir bisweilen; ob dieses und jenes Seiende so ist oder anders, bedenken wir oft. Das Sein, ohne welches wir Seiendes nicht einmal nach irgendeiner Hinsicht bezweifeln können, bietet einen Verlaß, dessen Verläßlichkeit nirgendshin sich überbieten läßt. Und dennoch — das Sein bietet uns keinen Grund und Boden wie das Seiende, an das wir uns kehren, worauf wir bauen und woran wir uns halten. Das Sein ist die Ab-sage an die Rolle eines solchen Gründens, versagt alles Gründige, ist ab-gründig.
N II, p. 251–152, trad. franç. p. 199.

144

lui-même. Nous sommes enjoints de penser en termes de co-appartenance et non pas en termes d'analyse et de synthèse.

«Nous disons de l'«Etre» lui-même» toujours trop peu lorsque, en disant l'«Etre» nous laissons de côté l'être présent à l'être-de-l'homme et méconnaissons ainsi que cet être de l'homme constitue lui aussi lui-même l'«Etre». De l'homme également nous disons toujours trop peu lorsque, en disant l'«Etre» (non l'être-homme) nous posons l'homme à part pour lui-même, et ne le mettons en relation avec l'«Etre» qu'après l'avoir ainsi posé. Mais nous disons aussi trop, lorsque nous prenons l'Etre comme l'omnitudo realitatis et par conséquent l'homme comme un étant particulier parmi d'autres (plantes, animaux), puis que nous les mettons tous deux en relation; car il y a déjà dans l'être de l'homme la relation à ce qui est déterminé comme «Etre» par le recours à... la réquisition de... au sens de l'Usage, et qui par conséquent est arraché à son prétendu «en soi et pour soi». [17]

Nous remontons maintenant à une des sources les plus profondes de l'éclatement sujet-objet. Celui-ci recoupe superficiellement la relation insuffisamment pensée de l'essence de l'homme et de l'être. Il y a dissimulation de ce qui en profondeur justifie toute «subjectivité» et toute «objectivité». L'absolutisation de la distinction sujet-objet entraîne le développement d'une doctrine moderne de l'être et situe le penser dans un isolement indépassable. Les allées et venues de la médiation dialectique ont peine à mettre en place un pont adéquat. La co-appartenance de l'être et de l'essence de l'homme précède et submerge la scission de l'«en soi» et du «pour soi». Il est manifeste qu'à chaque fois l'être présent

---

17. Wir sagen vom „Sein selbst" immer zuwenig, wenn wir, das „Sein" sagend, das An-wesen zum Menschenwesen auslassen und dadurch verkennen, daß dieses Wesen selbst „das Sein" mitausmacht. Wir sagen auch vom Menschen immer zuwenig, wenn wir, das „Sein" (nicht das Menschsein) sagend, den Menschen für sich setzen und das so Gesetzte dann erst noch in eine Beziehung zum „Sein" bringen. Wir sagen aber auch zuviel, wenn wir das Sein als das Allumfassende meinen und dabei den Menschen nur als ein besonderes Seiende unter anderen (Pflanze, Tier) vorstellen und beides in die Beziehung setzen; denn schon im Menschenwesen liegt die Beziehung zu dem, was durch den Bezug, das Beziehen im Sinne des Brauchens, als „Sein" bestimmt und so seinem vermeintlichen „an und für sich" entnommen ist.
Wegm, zS, p. 401, trad. franç. p. 227.

(l'être, selon l'acception traditionnelle) est être-présent pour l'essence (Wesen) de l'homme. Dès lors, il n'est plus nécessaire de chercher, selon une ancienne topologie, l'endroit d'un «en face». Cette brève excursion dans la théorie de l'être de l'idéalisme allemand — sur les traces de Descartes — sert, en même temps, à dégager l'horizon de l'être, au sens heideggérien. Vu que la distinction sujet-objet dépend entièrement d'une certaine interprétation de l'être (le contraire en est également vrai), elle ne s'adapte plus dans d'autres contextes. Avant que l'on ne les distingue, l'essence de l'homme et l'être se tiennent ensemble. L'homme est la mémoire historialement oublieuse de l'être, l'écho et la réponse de l'appel qui l'appelle. Cette co-appartenance exige déjà une orthographe particulière: L'être et l'être humain s'abandonnent à ce seul vocable. La simple liaison prédicative ne suffit plus pour couvrir leur rapport essentiel.

> «Cette biffure en croix ne fait d'abord que défendre en repoussant, à savoir: elle repousse cette habitude presque inextirpable, de représenter l'«Etre» comme un En-face qui se tient en soi, et ensuite seulement qui advient parfois à l'homme. Selon cette représentation, il semble alors que l'homme soit excepté de l'«Etre». Or, non seulement il n'en est pas excepté, c'est-à-dire non seulement il est inclus dans l'«Etre», mais l'«Etre» est tenu, étant l'usage de l'homme (qu'il confie ainsi à son essence), de rejeter l'apparence du Pour-soi, raison pour laquelle il est aussi d'une autre essence que celle que voudrait accréditer la représentation d'une Omnitude embrassant la relation Sujet-Objet. Le signe de la biffure en croix, cependant, ne peut après ce qui a été dit se résumer en un signe, en une rature simplement négative. Il indique les quatre Régions du Cadran et leur Assemblement dans le Lieu où se croise cette croix». [18]

18. Die kreuzweise Durchstreichung wehrt zunächst nur ab, nämlich die fast unausrottbare Gewöhnung, „das Sein" wie ein für sich stehendes und dann auf den Menschen erst bisweilen zukommendes Gegenüber vorzustellen. Dieser Vorstellung gemäß hat es dann den Anschein, als sei der Mensch vom „Sein" ausgenommen. Indes ist er nicht nur nicht ausgenommen, d.h. nicht nur ins „Sein" einbegriffen, sondern „Sein" ist, das Menschenwesen brauchend, darauf angewiesen, den Anschein des Für-sich preiszugeben, weshalb es auch anderen Wesens ist, als die Vorstellung eines Inbegriffes wahrhaben möchte, der die Subjekt-Objekt-Beziehung umgreift.

146

Heidegger affirme plus loin qu'il faut écrire le néant de la même façon. Pourtant, il ne donne pas suite à ce propos: il ne le fait ni dans la *Contribution à la Question de l'Etre,* ni dans ses écrits ultérieurs. Cette omission ou hésitation nous laisse sur le terrain de la supposition. On peut affirmer tout de même que, si le vocable «être» se trouve marqué de la biffure en croix, le néant y est déjà impliqué d'une façon ou d'une autre. Le Quadriparti, signe de la finitude, ne séjourne pas seulement dans l'être, mais dans la co-appartenance de l'être et du néant. La négativité se résout dans la choséité de la chose. Les mortels, les divins, la terre et le ciel se ressemblent, tout en différant. La différence favorise l'appropriement. En portant, au moyen de cette orthographe (qui relativise, finalement, l'écriture), le Quadriparti au sein même de l'être, Heidegger nous fait voir combien la négativité adhère à la chose elle-même et combien il est difficile de l'en détacher. D'autre part, la référence constante de ces citations à l'être tel qu'il est interprété traditionnellement, fait ressortir comme carence majeure son caractère d'entité séparée. C'est surtout cet aspect qu'il faut éviter dans l'approche de l'être proprement dit. La persistence, malgré tout, de cette représentation, imprimée par une longue tradition, constitue un des arguments pour une certaine mise entre parenthèses de ce vocable dans les derniers écrits heideggériens.

Dans le domaine de l'être, tout est co-appartenance et l'être lui-même se trouve à l'intérieur d'une autre co-appartenance. L'homme est «lieu-tenant du néant» (Platzhalter des Nichts) dans la mesure où il est «berger de l'être» (Hirt des Seins). Il convient de ne pas s'arrêter, en l'occurence, à une lecture poétisante ou étymologisante. Ces expressions remplissent avec fidélité la fonction propre à la métaphore: elles nous transportent au plus profond de la pensée, elles accomplissent le saut. Sans pouvoir se vanter de précision, elles ont l'avantage de la rigueur, dans le sens qu'elles tiennent ferme dans leur dire le rapport à la chose elle-même. Dans leur simplicité, nous découvrons l'endurance de la pensée

Das Zeichen der Durchkreuzung kann nach dem Gesagten allerdings kein bloß negatives Zeichen der Durchstreichung sein. Es zeigt vielmehr in die vier Gegenden des Gevierts und deren Versammlung im Ort der Durchkreuzung.
Wegm, zS, p. 405, trad. franç. p. 232.

dans son chemin de fond. Heidegger esquisse brièvement la voie conduisant de «ce néant», tel qu'il paraît, dans *Qu'est-ce que la Métaphysique?,* à la co-appartenance essentielle (Wesenszugehörigkeit) de l'être et du néant.

«Cependant quiconque réfléchit doit au moins savoir qu'une question qui porte sur l'essence de la métaphysique ne peut avoir en vue qu'une seule chose, celle-là même qui caractérise la métaphysique — et c'est la Transcendance; l'Etre de l'étant. Au contraire dans l'horizon de la représentation scientifique, qui ne connaît que l'étant, ce qui n'est d'aucune façon un étant (à savoir l'Etre) ne peut s'offrir que comme néant. C'est pourquoi la leçon pose la question de «ce néant». Elle ne pose pas arbitrairement ni dans le vague la question «du» Néant, mais celle-ci: qu'en est-il de ce «Tout-Autre que tout étant», de ce qui n'est pas étant? Et alors il se montre que le Da-sein de l'homme est «compris» dans «ce» Néant, dans le Tout-Autre que l'étant. En d'autres termes cela signifie, et ne pouvait signifier que: «L'homme est Lieutenant du «Néant». La phrase veut dire: l'homme tient, pour le tout autre que l'étant, le lieu libre, de sorte qu'il puisse y avoir, dans l'Apérité de ce tout-autre, quelque chose comme Pré-sence (l'Etre)».[19]

«Ce néant» apparaît donc comme une première approximation de l'être. La négativité, au sens traditionnel, ne lui appartient pas,

---

19. Indessen muß jeder Nachdenkende auch schon wissen, daß ein Fragen nach dem Wesen der Metaphysik einzig nur das im Blick haben kann, was die Meta-Physik auszeichnet: das ist der Uberstieg: das Sein des Seienden. Im Gesichtskreis des wissenschaftlichen Vorstellens, das nur das Seiende kennt, kann sich dagegen dasjenige, was ganz und gar kein Seiendes ist (nämlich das Sein), nur als Nichts darbieten. Darum frägt die Vorlesung nach „diesem Nichts". Sie frägt nicht beliebig ins Unbestimmte nach „dem Nichts". Sie fragt: wie steht es mit diesem ganz Anderen zu jeglichem Seienden, mit dem, was nicht ein Seiendes ist? Dabei zeigt sich: das Dasein des Menschen ist in „dieses" Nichts, in das ganz Andere zum Seienden, „hineingehalten". Anders gewendet, heißt dies und konnte nur heißen: „Der Mensch ist Platzhalter des Nichts". Der Satz sagt: der Mensch hält dem ganz Anderen zum Seienden den Ort frei, so daß es in dessen Offenheit dergleichen wie Anwesen (Sein) geben kann.
Wegm, zS, p. 412–413, trad. franç. p. 242–243.

mais a son origine dans la nature positivement limitée de la représentation scientifique. Autrement dit, nous appelons néant ce qui,
à proprement parler, est l'être. Cependant l'être ne saurait se
réduire à une positivité méconnue, mais déploie une négativité sui
generis. Dès lors nous sommes au piège d'un discours dichotomique, usé par son très long voyage à travers l'histoire. La caractère
provisoire du vocable «néant» s'annonce donc au moment même
où l'on aborde le problème du néant. Le projet d'identité de l'être
et du néant constitue une première étape pour suppléer à cette
carence. Le fait d'associer étroitement deux vocables signifie aussi
leur donner une destination différente, restreindre l'aire de la
dichotomie. Le néantir se déploie dans l'être lui-même. Cette seule affirmation donne la mesure d'une toute autre négativité. Il n'y
a plus de rapport possible avec la négativité de l'idéalisme absolu,
où il s'agit de combler d'abord la séparation du sujet et de l'objet.
Vouée à ce travail patient, la dialectique se dissimule l'essence
non-négative de la négativité. Si, par définition, la négativité
prend ici la forme initiale d'un rejet accompli par le sujet, elle
manifeste dans l'horizon de l'analytique de l'être-là sa vocation
moyenne et constitutive. Elle est, en premier lieu, projet jeté. Elle
sépare, dès l'origine, en unissant. Ceci prêterait volontiers à confusion si l'on perdait de vue l'aspect fondamental: l'être-là néantit
en tant qu'ek-sistant, en tant qu'il appartient originellement à
l'être. L'orthographe suggère à son tour cette appartenance: *Dasein* nichtet. [20] Si l'être-là néantit, il n'est nullement question d'une
«personalisation» du néantir, mais de l'étroit rapport entre le
néant, l'être-là et l'être. L'être-là néantit en tant qu'ek-sistant.
L'ek-sistence fait état d'une disjonction (Auseinander) de l'être lui-
même. Ceci implique une différence initiale qui ne saurait être
pensée sans le néant. «En tant que» n'indique ici ni limitation ni
relation causale, mais l'en-droit de la liberté comme liberté. Le
néantir apparaît maintenant comme un certain mouvement de
l'être et à l'intérieur de l'être qui laisse l'étant être. «Ek-sistant»
est le signe de la source, l'habitation de l'essence de l'homme.
C'est pourquoi l'ouverture constitue également le lieu de la garde
et de la sauvegarde de l'être et de la pensée. Si l'homme est le

20. Wegm, Hum, p. 356.

lieu-tenant du néant, il est aussi le berger de l'être. Il fait l'expérience de la vérité comme vérité.

«Nous pensons ici garde au sens du rassemblement éclaircissant et hébergeant, sous la figure duquel s'annonce un trait fondamental, et jusqu'ici voilé de la présence, c'est-à-dire de l'être. Un jour nous apprendrons à penser notre mot usé de Wahrheit (vérité) à partir de la Wahr (garde), et nous apprendrons que Wahrheit, vérité, est Wahrnis, la sauvegarde de l'être, et que l'être, en tant que présence en fait partie. A la sauvegarde, qui est garde de l'être, correspond le berger, lequel a si peu à voir avec une pastorale idyllique ou une mystique de la nature, qu'il ne peut devenir berger de l'être que dans la mesure où il reste lieu-tenant du néant. Les deux sont le même. L'homme n'est capable des deux qu'à l'intérieur de l'être résolument ouvert (Ent-schlossenheit) du Da-sein». [21]

Ces expressions nous lancent un certain défi. Nous ne devons pas les conceptualiser et, en même temps, il ne nous est pas permis de nous accrocher à leur caractère de représentation. Il nous faut demeurer dans le saut, dans l'entre-deux de la pensée et, ainsi accéder à leur co-appartenance, au rapport comme tel. Dans toute parole déjà prononcée, nous écoutons la parole.

L'identité de l'être et du néant apporte elle aussi la preuve que le néantissement n'est pas d'essence négative. Il fait partie de l'être lui-même. Il s'agit de la différence ramenée à ses sources premiè-

21. Wir denken hier die Wahr im Sinne der lichtend-bergenden Versammlung, als welche sich ein bislang verhüllter Grundzug des Anwesens, d.h. des Seins, andeutet. Eines Tages werden wir lernen, unser vernutztes Wort Wahrheit aus der Wahr zu denken, und erfahren, daß Wahrheit die Wahrnis des Seins ist und daß das Sein als Anwesen in sie gehört. Der Wahrnis als der Hut des Seins entspricht der Hirt, der mit der idyllischen Schäferei und Naturmystik so wenig zu tun hat, daß er nur Hirt des Seins werden kann, insofern er der Platzhalter des Nichts bleibt. Beides ist das Selbe. Beides vermag der Mensch nur innerhalb der Ent-schlossenheit des Da-seins.
HW, DSdA, p. 321, trad. franç. p. 420.

res. Ceci nous permet d'envisager autrement les étapes parcourues. La mondanéité du monde — le néant de *L'Etre et le Temps* — annonce le double mouvement d'apparition et de retrait de l'être. La négativité (Nichtigkeit) de l'être-là fait déjà signe vers la co-appartenance de l'être de l'être-là. Elle donne une première dimension de la transcendance, plutôt comme «limitation» de l'être-là. La négativité dévoile un «ne pas» initial. Celui-ci fait surface à partir de l'être. Il représente une certaine ponctualité (dispersion) de la différence. Pour que l'être-là participe à la transcendance, il lui faut se tenir dans le néant. Mais ce néant est, en même temps, être. Le néantissement ne se borne pas au néant, il concerne également la différence. On passe ensuite de la différence de l'être et de l'étant à une différence qui se déploie à l'intérieur de l'être lui-même. Le problème majeur devient maintenant la co-appartenance de l'être humain et de l'être. Peut-on la considérer comme une différence au sein de l'être? La préférence est donnée au rapport plutôt qu'aux termes de ce rapport. Ceci modifie le contenu de la transcendance et remet en question ses tenants essentiels. Le «ne pas» néantissant de la différence ontologique signifie déjà un certain abandon du vocable «néant». Le sans-fond révèle autrement la co-appartenance de l'être et du néant. Le vocable «néant», rendu univoque par la tradition et surtout figé dans un rapport à l'étant — qui ne lui convient nullement — peut-il toujours s'adapter à cette perspective inédite? Heidegger opte pour une mise entre parenthèses. Il désigne la réticence foncière de l'être comme le dernier support de la «négativité». La réticence n'est nullement secondaire: elle constitue plutôt le trop plein de l'être. La source de la possibilité se soustrait — en se donnant.

«Or, quoi, si ce suspens lui-même (Verweigerung = réticence), il lui revenait d'être la manifestation la plus haute et la plus puissante de l'être? Compris à partir de la Métaphysique (c'est-à-dire de la question de l'être sous la forme: qu'est-ce que l'étant?), l'essence secrète de l'être, le suspens, se dévoile tout d'abord comme le Non-étant par excellence, comme le Rien. Or, le Rien, en tant que rien d'étant, est la contrepartie la plus aiguë du tout simplement «nul». Le Rien n'est jamais rien du tout, pas plus qu'il n'est un «quelque chose» au sens d'un objet; il est l'être lui-même, à la vérité duquel l'homme sera remis (übereignet) lorsqu'il se sera surmonté en tant que sujet, ce qui veut dire : quand il ne représentera plus l'étant comme objet». [22]

Si l'on parvient à cette perspective, il faut définitivement abandonner ce qui, dans les étapes antérieures, faisait obstruction à la chose elle-même. Il va sans dire qu'il n'y a ni privation, ni opposition entre la réticence et la révélation de l'être et que l'une favorise l'autre. Les vocables nouveaux impriment, en même temps, une direction différente à la pensée. Il n'est plus possible de ramener la réticence au néant. On peut, par contre, affirmer provisoirement que la réticence et la tendance révélatrice de l'être conditionnent l'entrée en présence. Cette formule nous est familière pour avoir rendu compte par le passé de la transcendance. Le néant y est-il ou n'y est-il plus ? Non, il n'y est pas dans la mesure où l'on a abandonné le vocable lui-même. Oui, il y est dans la mesure où le problème du néant trouve son épanouissement dans ce rapport à l'intérieur de l'être. Le néant n'est pas le négatif pur, mais le support de la transcendance. Le problème du néant devient un problème de l'être. Le propre du néant réside dans la réticence de l'être. Le néant est distanciation. La réticence est distanciation et trop plein à la fois. C'est pourquoi, à proprement parler, la réticence et la révélation sont une même chose. La réticence de l'être fait état de la permanence d'un problème. On ne peut convenablement renoncer au néant sans renoncer à l'être. Pour le moment, on a déjà franchi une étape importante si, au moyen de la mise entre parenthèses du néant, on a manifestement dépassé le cadre d'une vision dichotomique.

«L'opinion courante ne voit dans l'ombre que le défaut de la lumière, si non la négation de celle-ci. Mais, en vérité,

22. Wie aber, wenn die Verweigerung selbst die höchste und härteste Offenbarung des Seins werden mußte? Von der Metaphysik her begriffen (d.h. von der Seinsfrage aus in der Gestalt: Was ist das Seiende?) enthüllt sich zunächst das verborgene Wesen des Seins, die Verweigerung, als das schlechthin Nicht-Seiende, als das Nichts. Aber das Nichts ist als das Nichthafte des Seienden der Schärfste Widerpart des bloß Nichtigen. Das Nichts ist niemals nichts, es ist ebensowenig ein Etwas im Sinne eines Gegenstandes; es ist das Sein selbst, dessen Wahrheit der Mensch dann übereignet wird, wenn er sich als Subjekt überwunden hat und d.h., wenn er das Seiende nicht mehr als Objekt vorstellt.
HZ, ZW, p. 104, trad. franç. p. 146.

l'ombre est le témoignage aussi patent qu'impénétrable du radieux en son retrait. Selon cette notion de l'ombre, nous appréhendons l'incalculable comme ce qui, se dérobant à la représentation, n'en est pas moins manifeste au cœur de l'étant, et indique ainsi le retrait de l'être».[23]

Le retrait (Verborgenheit) et le non-retrait (Unverborgenheit) ne s'opposent pas à la façon de la lumière et de l'ombre. Ils se rapportent dans l'éclaircie où l'obscur et le clair se donnent la main. En raison de leur structure, ces termes rappellent, malgré tout, l'approche dichotomique. C'est pourquoi Heidegger utilise parfois un vocable tel que «déretrait» (Entbergung). Le préfixe «ent-» (dé-) donne à la négativité ce que le préfixe «un-» (in-) lui refuse: un caractère moyen, de relation et de pas-tout-à-fait-accompli. Il associe l'entrée à la sortie. Le «déretrait» fraternise avec le retrait qui a ici le sens positif de réserve, de possibilité de la possibilité.

La négativité adhère à tel point à la chose elle-même que le simple fait de la désigner par un vocable séparé empiète sur sa nature. On peut toujours objecter que, dans une pareille perspective, la négativité n'existe plus. Et, pourtant, serait-il si facile de ne pas reconnaître dans le silence comme parole, dans le désappropriement comme tenant essentiel de l'appropriement et dans l'«usage» (Brauch) une certaine négativité? De tels vocables n'abordent plus explicitement le déploiement de la transcendance puisqu'ils éprouvent ensemble l'être humain et l'être. Seraient-ils pour autant étrangers à tout néantir, à tout écart? La co-appartenance elle-même exclut-elle toute forme de négativité? Si la différence a tendance à se produire à l'intérieur de l'être lui-même, elle n'en indique pas moins un écart. La négativité, on le sait déjà, n'est ni privation, ni négation. Elle a une vocation surtout inaugurale. Tout ceci fait ressortir un problème de premier ordre: le discours doit s'ouvrir à une pensée plurivoque. Il lui faut redécou-

---

23. Das alltägliche Meinen sieht im Schatten lediglich das Fehlen des Lichtes, wenn nicht gar seine Verneinung. In Wahrheit aber ist der Schatten die offenbare, jedoch undurchdringliche Bezeugung des verborgenen Leuchtens. Nach diesem Begriff des Schattens erfahren wir das Unberechenbare als jenes, was, der Vorstellung entzogen, doch im Seienden offenkundig ist und das verborgene Sein anzeigt.
Ibid., p. 104, trad. franç. p. 146.

vrir, en fait, ses propres sources comme parole. Nous avons deux moyens pour subvenir à cette nécessité : réapprendre à écouter les vieux mots dans leur richesse originelle ou en trouver d'autres. Il importe, en premier lieu, de sortir de la dichotomie à laquelle la pensée calculatrice nous a habitués. La différence radicale n'est pas encore la différence. L'univocité retrouve son site originel : la plurivocité. Cependant, il faut ajouter immédiatement que cette plurivocité ne saurait se confondre avec un terme comme «plusieurs sens». Echappant à tout calcul, elle rejoint le surgissement même de la parole. Pour illustrer le revirement du discours, auquel la pensée heideggérienne nous enjoint, il convient de prêter une attention particulière à l'«appropriement» (Ereignis). Nous ne pouvons pas nous proposer une présentation exhaustive de ce vocable. Nous l'abordons sous le seul aspect d'une «négativité originelle». Si elle n'est pas explicite, elle se manifeste à l'intérieur d'une co-appartenance. D'autre part, on est mieux préparé à suivre la trace mouvante des vocables nouveaux, lorsqu'on a bien écouté les anciens. Les propos heideggériens sur la φύσις dépassent largement les cadres du commentaire habituel. Ils nous conduisent dans l'impensé de ce qui a déjà été pensé. Nous nous acheminons ainsi vers l'appropriement.

* * *

Φύσις est un vocable fondamental de la pensée occidentale. Il a subi comme tel des glissements de sens importants. Déjà la traduction latine «natura» déplaçait le centre de gravité d'une des racines du verbe «être» (skr. bhû, bheu) vers le verbe «naître» (nasci). [24] En dépit de toute évolution sémantique, la «nature» a dominé et domine encore l'approche philosophique. Il suffit de se rappeler les grands thèmes de l'époque moderne : nature et grâce, nature et histoire, nature et art, nature et esprit. A chaque fois, la nature donne la possibilité d'une différenciation. Elle déborde, en même temps, la fonction d'un point de repère. En pensant la non-nature, on ne s'en trouve pas moins sous son emprise. Dans une autre acception, on parle de la nature des choses, de la nature de

24. EM, p. 54, trad. franç. p. 81.

l'homme et même de la nature de l'esprit (autrement dit, de la nature de la non-nature). D'une part, la «nature» constitue l'interprétation de l'étant en sa totalité, d'autre part elle désigne le comment des choses, la possibilité intérieure d'être ce qu'elles sont.[25] Si l'on traduisait φύσις par l'«être des choses», on faciliterait trop notre tâche de faire voir en quoi la «négativité» y est impliquée. En fait, cette traduction n'a de légitimation qu'à partir du moment où on peut parler d'une doctrine de l'être: historiquement, ceci signifie après Platon et Aristote. La séparation des «choses» et de la «nature» représente un fait encore plus récent. Le titre le plus courant des traités des penseurs présocratiques, περὶ φύσεως, trouve notamment en latin une traduction analytique: de rerum natura. Avant qu'elle n'engage un long périple à travers l'histoire de la philosophie, la φύσις fait état d'un mouvement originel, d'un déploiement qui prend en compte le retrait. Heidegger s'attache particulièrement à commenter le fragment 123 d'Héraclite.

φύσις κρύπτεσθαι φιλεῖ.[26]

Sans dépendre étymologiquement du verbe «naître», la φύσις incorpore le retrait plus que ne le fait son équivalent «natura». La naissance radicalise et personnifie (ou animalise) l'apparition. Elle lui imprime également un sens unique et l'oppose à la disparition. Nous sommes déjà dans la voie de la «création».[27] Celle-ci enté-

---

25. Wegm, VWuBdphys, p. 273, trad. franç. p. 179.
26. Nous citons parmi les nombreuses traductions (interprétations) heideggériennes de ce fragment:
    Das Aufgehen (aus dem Sichverbergen) dem Sichverbergen schenkt's die Gunst.
    Eclore (à partir de se voiler) offre sa faveur au (mouvement de) se voiler.
    VA, A, p. 263.
    Sein (aufgehendes Erscheinen) neigt in sich zum Sichverbergen.
    Etre (apparaître en éclosion) est porté en lui à se voiler.
    EM, p. 87.
    Das Sichverbergen gehört zur Vor-liebe des Seins...
    Se voiler tient de la faveur initiale de l'être...
    Wegm, VWuBdPhys, p. 298.
27. Le glissement de sens de ce vocable mérite également notre attention. „Creo" appartient d'abord à la langue rustique des Romains. Outre la parenté étymologique avec „cresco", remarquons le sens assez proche de „anwesen lassen".
    Cat. Agr. „Aliud stercus creat herbas"
    ColuM 3, 18, 4 „oculi uitis non materias sed radices creant"
    Cf. DEL, p. 149.

rine le divorce entre le temps profond et la temporalité. La φύσις maintient le rapport entre l'entrée en présence et ce qui se soustrait à cette entrée. Elle représente elle-même, à la fois l'éclosion et le retrait, l'effervescence et l'évanescence. Nous sommes enclins à ignorer ce qui se dérobe, à le réduire au «nihil negativum». La théorie de la connaissance — interprétation unilatérale du projet kantien — constitue le support de l'approche scientifique en la matière. En séparant formellement manifestation et retrait, la démarche analytique y établit des limites infranchissables. De point de vue de la pensée, ceci représente une contamination scientifique. Pour que les rapports de ces deux activités humaines s'épanouissent et portent des fruits, il faut qu'elles demeurent dans la différence. On ne passe pas de la science à la pensée par un simple pont, mais par un saut. Plus que l'autre rive, on découvre ainsi un autre site (Ortschaft). [28] La pensée se laisse porter par ses distinctions et les distinctions qu'elle rencontre. Elle entame le voyage de la différence par la différence. Avant qu'elle ne proclame des règles, elle sait accueillir ce qui s'offre dans son acheminement. Pour la pensée, le retrait appartient à la chose elle-même. Le domaine scientifique garde, dans ces conditions, toute son autonomie et toute sa validité. Seulement, il ne saurait s'imposer comme un fait total. En dehors de toute spécialisation, l'homme habite déjà et depuis toujours dans la vérité comme proximité de l'être. Il doit se laisser dire ce qu'il en est de ce qu'il en est. L'errance s'associe à la vérité. La φύσις a l'avantage de ne pas séparer l'homme de la chose elle-même et de ne pas ignorer le retrait. L'éloignement convoie la proximité.

«Ce qui se soustrait peut concerner l'homme d'une façon plus essentielle et le réclamer d'une manière plus intime que ne le fait aucune chose présente, qui l'atteint et l'affecte. Que le réel nous affecte est volontiers considéré comme ce qui constitue la réalité. Mais le fait d'être affecté par le réel peut justement isoler l'homme de ce qui le concerne — de ce qui s'approche de lui, d'une façon sans doute énigmatique, cette approche lui échappant parce qu'elle se dérobe de lui. L'acte par lequel ce qu'il faut penser se retire et se dérobe pourrait

28. VA, WhD, p. 128.

ainsi, comme avènement, nous être plus présent (gegenwärtiger) qu'aucune chose actuelle».[29]

Le retrait n'est donc pas le négatif pur. Sa façon de se manifester diffère fondamentalement de celle de l'étant. Le retrait participe même à l'événement le plus haut: l'appropriement. La théorie de la connaissance entérine la thèse d'une blessure ontologique bien que ses développements positivistes n'en tiennent pas compte. C'est sur une faute initiale de la pensée (son incapacité de saisir le retrait) que s'érige son plein pouvoir sur le réel. Le dernier ressort de l'optimiste positiviste a quelque chose de cruel! Le voilement n'est ni passager ni secondaire. Il n'y a dans ce mouvement ni perte ni disparition. Si énigme il y a, elle concerne tant le voilement que le dévoilement. L'ouverture même — aspect essentiel de l'analytique de l'être-là — se présente comme voilement. Accédant à l'ouverture, nous accédons en fait à ce qui se constitue dans l'ouverture. Celle-ci se tient dans le retrait. Elle nous accorde seulement la faveur de l'accès. Pour ce faire, elle se voile. La parole d'Héraclite — φύσις κρύπτεσθαι φιλεῖ — pense la co-appartenance du voilement et du dévoilement. L'entrée en présence appartient à l'absence. Elle se refuse à la mensuration du temps linéaire. C'est le voilement dévoilant qui donne d'abord la mesure.

«L'émergence comme telle, en toute circonstance, incline déjà à se fermer. C'est dans cette fermeture d'elle-même qu'elle demeure à l'abri. Κρύπτεσθαι, en tant que se retirer vers l'abri (Sichverbergen), n'est pas simplement se fermer, mais c'est une mise à l'abri (ein Bergen), en laquelle demeure préservée la possibilité essentielle de l'émergence et où l'émergence comme telle a sa place. C'est le se-cacher qui garantit son être au se-dévoiler. Dans le se-cacher domine, en sens inverse, la retenue de l'inclination à se dévoiler. Que

29. Was sich entzieht, kann den Menschen wesentlicher angehen und inniger in den Anspruchnehmen als jegliches Anwesende, das ihn trifft und betrifft. Man hält die Betroffenheit durch das Wirkliche gern für das, was die Wirklichkeit des Wirklichen ausmacht. Aber die Betroffenheit durch das Wirkliche kann den Menschen gerade gegen das absperren, was ihn angeht, — angeht in der gewiß rätselhaften Weise, daß das Angehen ihm entgeht, indem es sich entzieht. Der Entzug, das Sichentziehen des zu-Denkenden, könnte darum jetzt als Ereignis gegenwärtiger sein denn alles Aktuelle. VA, WhD, p. 129, trad. franç. p. 158.

serait un se-cacher qui, dans son inclination à émerger, ne se contiendrait pas?

Ainsi φύσις et κρύπτεσθαι ne sont pas séparés l'un de l'autre mais tournés et inclinés l'un vers l'autre. Ils sont la même chose. C'est seulement dans une telle inclination que chacun accorde à l'autre son propre. Cette faveur en elle-même réciproque est l'être du φιλεῖν et de la φιλία. Dans ce penchant, qui incline l'un dans l'autre émergence et voilement, repose la plénitude d'être de la φύσις». [30]

Φύσις est le vocable où rien ne sombre, la mouvance même du mouvement. La négativité retrouve son propre dans le retrait qui est, en même temps, apparition. Toute scission puise dans l'oubli historial de l'être. La réserve a le sens de soustraire et, conjointement, de tenir à disponibilité. Φιλεῖν veut dire justement conjoindre. La possibilité demeure ainsi dans la possibilité. Elle domine l'horizon de l'entrée en présence.

L'interprétation heideggérienne de ce fragment place dans une autre perspective le devenir, associé depuis longtemps au nom d'Héraclite. La φύσις tient ensemble l'entrée et la sortie de la présence. Le devenir n'est pas l'apparence (Schein) de l'être, mais l'apparaître (Erscheinen), autrement dit l'être lui-même. Le devenir dure en tant qu'être. Héraclite se trouve plus près de Parménide qu'on ne le pense. Ils désignent de façon différente une seule et même chose. [31] Ceci peut constituer le point de départ d'une

---

30. Das Aufgehen ist als solches je schon dem Sichverschließen zugeneigt. In diesem bleibt jenes geborgen. Das κρύπτεσθαι ist als Sichver-bergen nicht ein bloßes Sichverschließen, sondern ein Bergen, worin die Wesensmöglichkeit des Aufgehens verwahrt bleibt, wohin das Aufgehen als solches gehört. Das Sichverbergen verbürgt dem Sichentbergen sein Wesen. Im Sichverbergen waltet umgekehrt die Verhaltenheit der Zuneigung zum Sichentbergen. Was wäre ein Sichverbergen, wenn es nicht an sich hielte in seiner Zuwendung zum Aufgehen?

So sind denn φύσις und κρύπτεσθαι nicht voneinander getrennt, sondern gegenwendig einander zugeneigt. Sie sind das Selbe. In solcher Zuneigung gönnt erst eines dem anderen das eigene Wesen. Diese in sich gegenwendige Gunst ist das Wesen des φιλεῖν und der φιλία. In dieser das Aufgehen und Sichverbergen ineinander verneigenden Zuneigung beruht die Wesenfülle der φύσις.
VA, A, p. 263, trad. franç. p. 106.
31. EM, p. 74, trad. franç. p. 106.

étude parallèle entre la négativité heideggérienne et la négativité hégélienne. Si le devenir joue un rôle déterminant dans la pensée de Hegel, il faut constater la rareté de ce vocable chez Heidegger. Le devenir hégélien se maintient, malgré tout, dans la tradition platonicienne. Sa réhabilitation se fait à l'intérieur des limites déjà établies. Le devenir assume la négation et constitue le catalyseur de l'être. L'horizon initial ou le devenir rencontre l'advenir demeure dissimulé. La négativité heideggérienne, par contre, se déploie toujours dans un domaine inaugural. Comme le vocable «devenir» fait presque défaut chez Heidegger, il convient de prêter attention à l'utilisation verbale de «Wesen» («essence»). Le participe substantivé «das Wesende» fait état de la mouvance de l'être. Il réunit et sépare l'être-présent (Anwesenheit) et l'être absent (Abwesenheit). Il soutient la permanence de ce qui se meut. Le devenir serait-il la preuve de l'interprétation appauvrissante de l'être? Leur séparation historiale ne fait pas problème chez Hegel.

*
* *

La différence demeure la préoccupation constante de la pensée heideggérienne. L'appropriement (Ereignis) mène à terme la différence. Celle-ci s'approprie à son tour. Loin de la négativité des oppositions logiques, la différence porte en elle toujours un écart. Elle ne retombe nullement dans le domaine de la simple identité, autrement dit, dans l'in-différence. Elle apparaît comme mouvement, comme processus. Ces termes, cependant, prêtent à confusion dans la mesure où ils placent le déploiement de la différence dans le temps linéaire. Or la différence inaugure. Elle ne saurait être ni contenue ni mesurée. C'est elle qui nous conduit. La différence présuppose la co-appartenance de l'homme et de l'être. Celle-ci exige maintenant une autre approche. Si l'on entend ce vocable comme *co*-appartenance, le sens de l'appartenance se trouve déterminé à partir de l'unité. Il s'agit, par conséquent, de l'intégration d'une diversité ou de l'agencement d'un ensemble par la médiation d'un centre unifiant. On court de la sorte le risque de revenir dans le domaine de l'étant. Mais on peut également entendre ce vocable comme co-*appartenance:* la façon dont l'être et l'homme s'appartiennent.[32] Le «co» n'est plus que l'écho de ce qui tient l'un et l'autre dans le même. L'identité retourne à ses sources comme identité. Elle n'est seulement coordination et rattachement, mais aussi liberté dans la conjonction. L'homme est un étant. Comme d'autres étants, il a sa place dans le tout de l'être. Cependant comme être pensant, il s'ouvre à l'être, il lui correspond. D'autre part, l'être se «présente» à l'homme non pas de façon exceptionnelle, mais constitutivement. Il se tourne toujours vers l'homme. Leur correspondance constitue une autre manière d'interpréter la transcendance. Ce n'est plus le dépassement qui prédomine; mais l'appropriement. L'être humain et l'être forment une constellation.

«Chemin faisant, alors que nous allions ainsi du principe, du Satz, comme affirmation concernant l'identité, au Satz comme saut dans l'origine essentielle de l'identité, la pensée aussi s'est transformée. C'est pourquoi, regardant en face, le temps présent, mais voyant au-delà de la situation de l'homme, elle aperçoit la constellation de l'être et de l'homme à partir de ce qui les ap-proprie l'un à l'autre: à partir de la Co-propriation (Er-eignis)».[33]

Le saut se révèle ici comme l'habitation même. Il n'est pas le passage du négatif au positif. Il n'y a pas de rechute non plus. Le soupçon d'immobilité planant sur la métaphore de la constellation se dissipe aussitôt que celle-ci se trouve entraînée dans l'appropriement. La constellation apparaît dans un horizon mouvant: elle se constitue à partir de l'appropriement. La co-appartenance de l'homme et de l'être se trouve à l'intérieur d'une autre co-appartenance. La constellation place au plus haut ce qui relie l'être humain à l'être. L'appropriement réunit toutes les différences dans la différence. Il remonte aux sources de la donation. Il y a monde, il y a être, il y a néant, il y a temps. Comment penser le rapport de

---

32. ID, DSdI, p. 16–17, trad. franç. p. 262–263.
33. Unterwegs vom Satz als einer Aussage über die Identität zum Satz als Sprung in die Wesensherkunft der Identität hat sich das Denken gewandelt. Darum erblickt es, der Gegenwart entgegenblickend, über die Situation des Menschen hinweg die Konstellation von Sein und Mensch aus dem, was beide einander eignet, aus dem Er-eignis.
ID, DSdI, p. 28, trad. franç. p. 274.

ces termes auxquels Heidegger octroie le privilège d'être précédés par un «il y a»? Si l'on établit des rapports a posteriori, on glisse toujours du côté de l'étant. Il reste la possibilité de s'orienter vers le geste rassemblant de l'«il y a». Si la donation sépare, elle tient également ensemble (par rapport à elle-même) ce qu'elle donne. La co-appartenance se révèle déjà dans la donation. L'état radicalement séparé apparaît comme une pure fiction, il en va de même pour l'identité pure. Il est donné être. Il est donné néant. Il est donné les deux à la fois. Débordant toute capture ontique, l'«il y a» pense le donner de la donation.

«Il n'est pas donné lieu séparément à l'Etre et au Néant. L'un tourne à l'autre; ainsi ont-ils le même tour, parenté que nous soupçonnons à peine dans la plénitude de son essence. Et nous ne la soupçonnerons toujours pas, tant que nous omettrons de demander: Par quoi est-il «donné»? Dans quel don est-il ainsi donné lieu? En quel sens appartient-il à ce «il est donné lieu à l'Etre et au Néant» quelque chose qui s'en remet à un tel Don, en cela même qu'il le sauvegarde? Nous disons aisément: «il est donné lieu» (il y a). L'Etre «est» aussi peu que le Néant. Mais «il est donné lieu» aux deux».[34]

Dans le cadre de la donation, seul le temps paraît jouir d'une certaine indépendance. «Il y a temps» se comprend à partir de la quatrième dimension du temps: la proximité de la proximité (Nahheit). Celle-ci défie le mode calculateur. L'aire du temps (Zeitraum) se dispose autrement. Elle n'est pas la distance entre deux points dans le temps, mais la distanciation, l'écart. Ces dernières expressions rappellent le néant. Nous sommes pourtant dans un autre horizon. Le temps n'est pas durée, mais duration. Il accorde la durée et se maintient comme duration. Son indépendance s'avère bien relative, car le temps adhère à l'être. L'être n'est rien

34. Sein und Nichts gibt es nicht nebeneinander. Eines verwendet sich für das Andere in einer Verwandtschaft, deren Wesensfülle wir noch kaum bedacht haben. Wir bedenken sie auch nicht, solange wir zu fragen unterlassen haben: welches „Es" ist gemeint, das hier „gibt"? In welchem Geben gibt es? Inwiefern gehört zu diesem „Es gibt Sein und Nichts" solches, was sich dieser Gabe anheimgibt, indem es sie verwahrt? Leichthin sagen wir: es gibt. Das Sein „ist" so wenig wie das Nichts. Aber Es gibt beides.
Wegm, zS, p. 413, trad. franç., p. 243.

d'étant, le temps n'est rien de temporel. La co-disposition (Zusammenstellung) de l'être et du temps fait partie du registre de la co-appartenance. L'être-présent et l'être-absent se donnent la main dans l'aire du temps : sans s'opposer, ils s'entretiennent. La différence entre l'être et le temps apparaît comme la plus infime, la moins soumise aux extrêmes. Elle garde pourtant sa propre épaisseur. La différence est maintenant tension-distension. Elle porte la trace d'une négativité originelle. La donation du temps à partir du temps lui-même embrasse l'être. Elle concerne le retrait et l'apparition.

«Le temps n'est pas, Il y a temps. Le donner, dont la donation obtient le temps, se détermine depuis la proximité qui empêche et réserve. C'est elle qui procure l'Ouvert de l'espace libre du temps et sauvegarde ce qui demeure empêché dans l'avoir-été, et ce qui dans le survenir demeure réservé. Nous nommons le donner qui donne le temps véritable : la porrection éclaircissante-hébergente. Dans la mesure où régir de cette porrection est lui-même un donner, il s'héberge dans le temps véritable le donner d'un donner».[35]

S'agit-il d'une réitération sans fin? Où remonte le donner et comment prend-il essor? Quelle négativité parle à travers cet «il» introuvable? Nous sommes habitués à faire la lecture de l'«il y a» selon l'interprétation grammaticale et logique de la langue. Nous portons alors toute notre attention sur le «il», comme sur l'auteur de la donation. Cependant, ce «il» n'est pas ou, plus radicalement encore, il n'y a pas de «il». La grammaire définit la proposition comme une relation entre sujet et prédicat. Le sujet doit-il être toujours un pronom ou une personne? La perspective change si nous considérons les verbes impersonnels latins et grecs (ex. pluit, χρῆ). Le sujet ne se distingue pas de l'action verbale. Le donner s'épuise dans le seul fait de donner. Autrement dit, l'événement ne présuppose pas le sujet. Celui-ci émerge et disparaît dans et avec

---

35. Die Zeit ist nicht. Es gibt die Zeit. Das Geben, das Zeit gibt, bestimmt sich aus der verweigernd-vorenthaltenden Nähe. Sie gewährt das Offene des Zeit-Raumes und verwahrt, was im Gewesen verweigert, was in der Ankunft vorenthalten bleibt. Wir nennen das Geben, das die eigentliche Zeit gibt, das lichtend-verbergende Reichen. Insofern das Reichen selber ein Geben ist, verbirgt sich in der eigentlichen Zeit das Geben eines Gebens.
ZSD, ZS, p. 16, trad. franç. p. 35.

162

l'événement. C'est peut-être par souci de clarté que les langues modernes ont fait faire surface à ce qui devait être ὑποκείμενον. Se tenir au fond veut dire avoisiner le sans-fond, l'origine de toute origine. La teneur de l'impersonnel «il» suit dans le «il y a» le propre de la donation. «Il» n'est pas donné lui-même une fois pour toutes. A travers lui, l'entrée en présence rejoint l'avancée d'absence. «Il» émerge à chaque fois. La donation appartient au donner qui se donne en se retirant. La possibilité (la réserve, le retrait) déborde le sujet. C'est pourquoi le «il y a» ne peut être pensé convenablement qu'à partir de l'appropriement. Celui-ci, seul, peut tenir ensemble ce qui est différent, tout en continuant de différer. Le principe d'identité se révèle, dans ce contexte, autrement.

> «Ce principe (Satz) se présente tout d'abord sous la forme d'une proposition de fond (Grundsatz), laquelle présuppose que l'identité est un trait de l'être, c'est-à-dire du fond de l'étant. Chemin faisant, ce principe, ce Satz au sens d'une énonciation, est devenu pour nous un Satz au sens d'un saut: d'un saut qui part de l'être comme fond (Grund) de l'étant pour sauter dans l'abîme, dans le sans-fond (Abgrund). Cet abîme, toutefois, n'est pas le néant vide et pas davantage une obscure confusion, mais bien la Co-propriation elle-même. En elle se fait sentir, dans sa pulsation, l'essence de ce qui nous parle comme langage, comme ce langage que nous avons appelé un jour «la demeure de l'être».[36]

Remarquons d'abord la permanence du vocable «sans-fond». Heidegger l'utilise maintenant pour approcher l'appropriement. Il en fait autant lorsqu'il aborde la parole. L'interprétation historialement restrictive de l'être comme fondement se résout dans l'appropriement à travers la parole. L'horizon inaugural se confond avec le sans-fond. Heidegger n'invente pas le terme «sans-fond»

---

36. Der Satz gibt sich zunächst in der Form eines Grundsatzes, der die Identität als einen Zug im Sein, d.h. im Grund des Seienden voraussetzt. Aus diesem Satz im Sinne einer Aussage ist unterwegs ein Satz geworden von der Art eines Sprunges, der sich vom Sein als dem Grund des Seienden absetzt und so in den Abgrund springt. Doch dieser Abgrund ist weder das leere Nichts noch eine finstere Wirrnis, sondern: das Er-eignis. Im Er-eignis schwingt das Wesen dessen, was als Sprache spricht, die einmal das Haus des Seins genannt wurde.
ID, DSdI, p. 28, trad. franç. p. 273.

car il avait déjà acquis un statut majeur chez maître Eckart, en désignant tantôt la divinité tantôt l'âme humaine. Ceci témoigne d'une tradition plus réticente qui fait pendant à l'emprise de la «ratio». Cette tendance diffère fondamentalement de ce que Heidegger appelle — avec des paroles nietzschéennes — «la révolte des esclaves contre la rationalité».[37] Maintenir en vue le fait initial exige la prévalence de l'esprit de finesse sur l'esprit de géométrie.

L'appropriement ne doit pas être pensé à partir d'un événement ou des événements. Ce «singulare tantum» concerne ce qui fait advenir une chose à son être propre. Monde et choses s'approprient ensemble. Mais si l'on disait que l'appropriement se déroule ou a lieu, l'on manquerait la perspective inaugurale. Tout processus est (pour autant qu'il s'étale dans la temporalité), tandis que l'appropriement n'est pas. On aurait tort également de dire qu'il y a appropriement. En effet, tout donner surgit d'abord dans l'appropriement: celui qui donne autant que la donation. Il faut s'en tenir alors à la tournure «l'appropriement approprie».

«Que reste-t-il à dire? Rien que ceci: l'Ereignis — l'appropriement approprie. Ainsi, à partir du Même et en direction du Même nous disons le Même. D'après l'apparence, cela ne dit rien. Et cela ne dit effectivement rien, tant que nous entendons ce qui est dit comme une simple proposition, et que nous le livrons à l'interrogatoire de la logique. Mais qu'arrive-t-il quand nous reprenons ce qui est dit, sans relâche, comme ancrage et appui pour la médiation et considérons alors que ce Même n'est pas même quelque chose de neuf, mais le plus ancien de ce qui est ancien dans la pensée occidentale: l'archi-ancien qui s'héberge dans le nom d'ἀλήθεια».[38]

---

37. „Der Sklavenaufstand gegen die Rationalität".
  Gesamtausgabe, tome 26, p. 5.
38. Was bleibt zu sagen? Nur dies: Das Ereignis ereignet. Damit sagen wir vom Selben her auf das Selbe zu das Selbe. Dem Anschein nach sagt dies nichts. Es sagt auch nichts, solange wir das Gesagte als einen bloßen Satz hören und ihn dem Verhör durch die Logik ausliefern. Wie aber, wenn wir das Gesagte unablässig als den Anhalt für das Nachdenken übernehmen und dabei bedenken, daß dieses Selbe nicht einmal etwas Neues ist, sondern das Älteste des Alten im abendländischen Denken: das Uralte, das sich in dem Namen ἀλήθεια verbirgt?
  ZSD, ZS, p. 24–25, trad. franç. p. 47.

164

Retournant dans ce qui est archi-ancien, la pensée s'est déjà libérée de ce qui est ancien. L'appropriement conduit à terme l'appropriation (Verwindung) de la métaphysique. En rappelant le vocable ἀλήθεια, Heidegger indique le point de départ de l'interprétation de l'être comme présence. L'oubli fait partie de la dispensation historiale de l'être. Ce même vocable atteste que l'horizon inaugural comporte une certaine négativité: laisser être implique le retrait. En pensant l'absence à partir de la présence et comme son contraire, la métaphysique ignore le propre de l'absence: elle ne s'y rapporte qu'en termes de présence. «Nihil negativum» et «nihil privativum» seront perçus comme négation et, respectivement, privation de présence. L'appropriement inclut le registre vaste de la réticence et fait état d'une négativité originelle. Pour la délimiter, on peut certainement affirmer que l'appropriement est tout autre que l'étant. Ceci ramènerait pourtant l'appropriement à l'être. C'est pourquoi il est temps de dire que l'appropriement ne représente pas une nouvelle interprétation de l'être qui s'ajouterait à tant d'autres. Par contre, l'être peut se comprendre comme un «mode» de l'appropriement. Celui-ci se trouve en avant de toute distinction. Il est la chose elle-même. «Chose» ne veut pas dire ici un objet ou un étant, mais ce qui advient et se dispute (das Strittige):[39] la pensée et l'être s'appartiennent dans l'appropriement. La négativité ne concerne plus la séparation, elle tient de la mouvance comme telle. L'appropriement met au monde et mène à terme chaque chose, il se désapproprie ainsi. Mais le donner de la donation ne se donne pas: la possibilité se soustrait et nous surprend. Le désappropriement favorise l'appropriement. Le donner surgit dans chaque donation. L'appropriement représente la co-appartenance la plus large et n'est pas cependant enveloppant. Délaissant les extrêmes, il garde la tension du milieu. En tant que «neutrale tantum», il est le «et» de L'Etre et le Temps.[40] «Neutre» signifie ici la différence (à l'état réticent) de toutes les différences et non pas l'in-différence. Seule la parole se déploie de plein droit dans cet horizon fulgurant. L'appropriement n'est appropriant qu'à travers la parole.

39. SZD, ZS, p. 44.
40. Ibid., p. 47, trad. franç. p. 78.

CHAPITRE V

LE NEANT ET LA PAROLE

«La parole parle» représente la dernière proposition heideggé-rienne dont le sujet coïncide avec l'action verbale. Cette coïnci-dence submerge, en fin de compte, tant le sujet que l'action. «La parole parle» veut dire: la parole parvient à son propre comme parole. Il n'y a pas de fin dans ce déploiement. Au point de vue de l'analyse grammaticale, le verbe se trouve au présent. Dans ce genre de propositions, Heidegger n'utilise jamais le passé («le monde a mondanéisé») ou le futur («le monde mondanéisera»). De quel présent s'agit-il? Il n'est apparemment pas celui des pro-positions éternelles, au sens leibnizien. En effet, «la parole parle» fait état d'une différence qui s'accomode mal de l'identité des pro-positions mathématiques $(2+2 = 4)$. La présence de la parole n'est pas statique, mais mouvante: en menant à terme, la parole ne cesse de mener à terme. Plus que du temps présent, il est ques-tion de l'entrée en présence, plus que de l'entrée en présence, il est question de dispensation. Le temps profond rejoint la temporalité. Il y a un retrait dans la parole. Nous ne suivons plus spécifique-ment le néant, mais la problématique à laquelle le néant nous a habitués. Nous considérons la parole comme la dernière interpré-tation heideggérienne de la transcendance et nous y cherchons la trace d'une «négativité originelle». La parole prédomine l'être humain. Il tient tout entier de la parole.

«L'être humain parle. Nous parlons éveillés; nous parlons en rêve. Nous parlons sans cesse, même quand nous ne pro-férons aucune parole, et que nous ne faisions qu'écouter et lire; nous parlons même si, n'écoutant plus vraiment, ni ne lisant, nous nous adonnons à un travail, ou bien nous nous abandonnons à ne rien faire. Constamment nous parlons, d'une manière ou d'une autre. Nous parlons parce que parler nous est naturel. Cela ne provient pas d'une volonté de parler

166

qui serait antérieure à la parole. On dit que l'homme possède
la parole par nature. L'enseignement traditionnel veut que
l'homme soit, à la différence de la plante et de la bête, le
vivant capable de parole. Cette affirmation ne signifie pas
seulement qu'à côté d'autres facultés, l'homme possède aussi
celle de parler. Elle veut dire que c'est bien la parole qui rend
l'homme capable d'être le vivant qu'il est en tant qu'homme». [1]

L'être humain ne peut plus être compris à partir de son «animalité» — qui reste, par ailleurs, un aspect particulièrement difficile à cerner. La prédominance de la parole est telle qu'elle institue
à elle seule le propre de l'homme. C'est la parole qui parle à travers nous. Dans les textes heideggériens tardifs, la parole prend le
dessus sur l'être. L'homme est la trouée de la parole. Sa finitude
repose sur la «précarité» qui relie la parole et les paroles des
humains. Nous utilisons ce terme non seulement pour désigner
une certaine fragilité mais encore, suivant son origine étymologique, pour indiquer une action de faveur (ce serait, dans notre
intention, une référence au heideggérien «Danken»).

La méditation sur la parole remonte, selon Heidegger lui-même,
à son travail d'habilitation, *La Doctrine des Catégories et de la
Signification de Duns Scot* (1915), où la «grammatica speculativa»
se trouve envisagée comme métaphysique du langage, et au para-
graphe 34 de *L'Etre et le Temps* où le discours remplit un rôle
constitutionnel et non pas fonctionnel. [2] La parole habite constamment l'ouverture de l'être-là. Le discours n'est pas simplement
expression, il se déploie dans le rapport de l'être et de l'être-là.
L'affectivité originelle a elle aussi une dimension auditive, car tou-

1. Der Mensch spricht. Wir sprechen im Wachen und im Traum. Wir sprechen
stets; auch dann, wenn wir kein Wort verlauten lassen, sondern zuhören oder
lesen, sogar dann, wenn wir weder eigens zuhören noch lesen, stattdessen
einer Arbeit nachgehen oder in der Muße aufgehen. Wir sprechen ständig,
weil Sprechen uns natürlich ist. Es entspringt nicht erst aus einem besonde-
rem Wollen. Man sagt, der Mensch habe die Sprache von Natur. Die Lehre
gilt, der Mensch sei im Unterschied zu Pflanze und Tier das sprachfähige
Lebewesen. Der Satz will sagen, erst die Sprache befähige den Menschen dasjenige Lebewesen zu sein, das er als Mensch ist.
   UzS, DS, p. 11, trad. franç., p. 13.
2. UzS, GvS, p. 91, trad. franç. p. 92.

te disposition (Stimmung) et toute détermination (Bestimmung) impliquent déjà la «voix» (Stimme). Se disposer signifie s'ouvrir à l'écoute de l'être. L'éclaircie, comme nous l'avons déjà mentionné, est l'endroit propice pour l'obscur et pour la lumière tout comme pour ce qui se tait et ce qui résonne. La chose émerge dans l'éclaircie comme chose, et nous sommes dès le commencement dans ce mouvement. La conception sensorielle de l'ouïe et de la vue obnubile la perspective inaugurale. Ouïr veut dire, en premier lieu, rencontrer. «C'est nous qui écoutons et non pas l'oreille».[3] L'interprétation mécaniste fausse le sens de l'expression «au moyen de l'oreille». Nos sens ne sont pas des instruments, des engins. En écoutant une voix énigmatique, nous ne passons pas du sensible au suprasensible. Notre ouïe est physique et métaphysique à la fois. Plus précisément, elle devance cette séparation historiale. Nous écoutons également le silence: le retrait selon la parole. La co-appartenance (Zusammengehörigkeit) de l'être humain et de l'être inclut le fait d'écouter (hören). Enfin, on ne voit convenablement que si l'on écoute. L'ouïe se prête mieux à une approche de l'absence. A proprement parler, on n'écoute pourtant pas la parole. L'écouter fait partie du déploiement même de la parole. En se donnant, la parole se retire. L'écouter correspond à l'entrée en présence de la parole. Dans la *Lettre sur l'Humanisme,* Heidegger appelle la parole la «maison de l'être» et, de façon plus explicite, la «venue à la fois éclaircissante et celante de l'être lui-même» (die lichtend-verbergende Ankunft des Seins Selbst).[4] En se dispensant la parole ne peut se dispenser de l'être humain. Au sein de la co-appartenance la différence diffère et tient ensemble. «Maison de l'être» figure parmi les expressions caractéristiques de la dernière étape du projet heideggérien. La pensée cherche maintenant ses mots dans la proximité. Le long voyage historique des concepts leur a valu une usure spécifique. Pour cerner le lointain, il faut réapprendre à cerner l'immédiat, la pensée doit rentrer chez elle. Quelques vocables du proche environnement peuvent lui rendre la simplicité initiale. La simplicité est le seul horizon où ce qui est difficile se révèle. La «maison de l'être» n'est donc pas une

3. Wir hören, nicht das Ohr.
   SvG, p. 87.
4. Wegm, Hum, p. 324, trad. franç. p. 95.

simple trouvaille stylistique. Elle fait état de la possibilité essentielle d'habiter. Le «fondement» de la maison est l'habiter. La
dispensation de l'être — éclosion et retrait — occupe et, en même
temps, rend l'«espace» libre. Si l'on veut illustrer la particularité
de la négativité heideggérienne, on peut affirmer que la maison
désapproprie l'habiter, en le conduisant ainsi à son propre (à sa
«limite»). Ceci se fait toujours à partir de l'habiter et non pas à
partir de la maison: habiter est un haut terme de la pensée et
remplace toute une série de concepts. L'habitation est en son
essense co-habitation. Elle a un double ancrage dans l'être et dans
l'être humain. Habiter équivaut à demeurer. Ce n'est pas pourtant
la présence qui prévaut, mais le jeu de la présence et de l'absence.
Il ne s'agit pas d'un état ou d'une activité parmi tant d'autres: je
travaille, je voyage et puis j'habite... Habiter précède et accompagne tous les états et toutes les activités. Quand je voyage, j'habite
toujours. Il faut pouvoir entendre j'«habite» comme je «suis».

«Mais habiter est le trait fondamental de l'être en confirmité
duquel les mortels sont». [5]

C'est la parole qui est la maison de l'être. La transformation
(Wandlung) de la pensée paraît telle que la parole prend le pas par
la suite sur le vocable «être». Une maison faite de tout ce qu'il y a
de plus insaisissable n'est plus, à proprement parler, une maison.
Elle se confond avec l'habiter. La parole constitue ce foyer mouvant pour autant qu'elle est la «venue à la fois éclaircissante et
celante de l'être». Nous reconnaissons à travers ces expressions
une nouvelle présentation de la transcendance. En parlant, l'être
humain engage déjà le dépassement. En fait, il est transi: c'est la
parole qui parle à travers lui. Mais en se révélant, elle se soustrait.
La pensée se donne pour tâche de saisir la parole comme parole.
Elle doit s'installer dans la source qui sépare la parole et les paroles des humains (des mortels). Le sans-fond perce dans la parole.
Commentant une lettre adressée par Hamann à Herder (1784) où
il est question de la faille profonde entre λόγος comme raison et
λόγος comme parole, Heidegger écrit:

---

5. Das Wohnen aber ist der Grundzug des Seins, demgemäß die Sterblichen
sind.
VA, BDW, p. 155, trad. franç. p. 192.

«Pour Hamann, l'abîme consiste en ceci que la raison est parole. Hamann est renvoyé à la parole lorsqu'il tente de dire ce qu'est la raison. Le regard qui se porte vers la raison tombe dans la profondeur d'un abîme. Cet abîme consiste-t-il seulement en ceci que la raison repose en la parole, ou bien la parole elle-même n'est-elle autre que l'abîme? Nous parlons d'abîme là où le fond se perd, là où un fondement nous fait défaut alors que nous cherchions le fondement et avions pour but de parvenir à un fondement solide. Mais nous ne nous demandons pas maintenant ce qu'est la raison; nous nous occupons d'emblée de la parole et prenons pour guide l'étrange locution: C'est la parole qui est parole... La phrase «C'est la parole qui est parole» nous laisse en suspens au-dessus d'un abîme, autant que nous serons endurants à ne pas nous éloigner de ce qu'elle dit».[6]

Tant que nous parlons du sans-fond l'identité de l'être et du néant se trouve à notre proximité, mais pas forcément devant nous. Le sans-fond est l'origine qui n'a pas d'origine. Dans la perspective de la parole, on assiste à une refonte des termes traditionnels. La «parole» n'est pas simplement un mot nouveau pour l'«être», mais une saisie plus originelle de la chose elle-même. Plus que de trouver le mot convenable, il importe de le maintenir dans la «retenue d'une pensée véritable».[7] La parole est la plus individuelle des représentations universelles. Nous traduisons de la sorte en termes traditionnels la portée de la parole. Mais il faut tout de suite ajouter que la parole n'est jamais une représentation

---

6. Für Hamann besteht dieser Abgrund darin, daß die Vernunft Sprache ist. Hamann kommt auf die Sprache zurück bei dem Versuch, zu sagen, was die Vernunft sei. Der Blick auf diese fällt in die Tiefe eines Abgrundes. Besteht dieser nur darin, daß die Vernunft in der Sprache beruht, oder ist gar die Sprache selbst der Abgrund? Vom Abgrund sprechen wir dort, wo es vom Grund weggeht und uns ein Grund fehlt, insofern wir nach dem Grunde und darauf ausgehen, auf einen Grund zu kommen. Indes fragen wir nicht, was die Vernunft sei, sondern denken sogleich der Sprache nach und nehmen dabei als leitenden Wink den seltsamen Satz: die Sprache ist Sprache... Der Satz: Sprache ist Sprache, läßt uns über einen Abgrund Schweben, solange wir bei dem aushalten, was er sagt.
UzS, DS, p. 13, trad. franç. p. 15–16.
7. HW, DSdA, p. 338, trad. franç. p. 442.

et qu'elle déborde l'opposition individuel-universel. A la parole ne répond que la parole. C'est elle qui fait surgir toute représentation. Elle se garde pour cela en deçà de toute limite. Le sans-fond constitue le domaine de la liberté comme liberté. La vocation fondatrice de la parole repose sur son caractère de sans-fond. «C'est la parole qui est parole» se veut une tautologie. Pour autant que la phénoménologie préfère le chemin à la méthode, elle implique la pensée tautologique.[8] Elle considère l'identité du point de vue de la différence et l'apparaître du point de vue du surgissement. La parole comme origine précède la pensée. Celle-ci doit se frayer d'abord un chemin vers la parole ou, plus exactement, se situer dans le chemin de la parole vers la parole. Le souci de bien parler et de bien écrire n'est pas encore souci de la parole.

> «L'homme se comporte comme s'il était le créateur et le maître du langage, alors que c'est celui-ci qui le régente. Peut-être est-ce avant toute autre chose le renversement opéré par l'homme de ce rapport de souveraineté qui pousse son être vers ce qui lui est étranger. Il est bon que nous veillons à la tenue de notre langage, mais nous n'en tirons rien, aussi longtemps qu'alors même le langage n'est encore pour nous qu'un moyen d'expression. Parmi toutes les paroles qui nous parlent et que nous autres hommes pouvons de nous-mêmes contribuer à faire parler, le langage est la plus haute et celle qui partout est la première».[9]

La parole nous appelle. Elle nous enveloppe et garde l'ouverture vers le sans-fond. En parlant, nous participons à la mise au monde du monde. L'interprétation courante de la parole obnubile la vocation créatrice des humains. Pour la représentation grammaticale, logique, linguistique, la parole se limite au rôle d'expression :

8. VS, p. 137, texte franç. p. 338.
9. Der Mensch, gebärdet sich, als sei er Bildner und Meister der Sprache, während sie doch die Herrin des Menschen bleibt. Vielleicht ist es vor allem anderen die vom Menschen betriebene Verkehrung dieses Herrschaftsverhältnisses, was sein Wesen in das Unheimlische treibt. Daß wir auf die Sorgfalt des Sprechens halten, ist gut, aber es hilft nicht, solange uns auch dabei noch die Sprache nur als ein Mittel des Ausdrucks dient. Unter allen Zusprüchen, die wir Menschen von uns her mit zum Sprechen bringen können, ist die Sprache der höchste und der überall erste.
VA, BWD, p. 140, trad. franç. p. 172.

d'une part le «vécu» plus ou moins conscient — état d'âme et pensée — d'autre part, le moyen de son extériorisation. La scission intérieur-extérieur apporte la preuve d'une explication a posteriori, à partir des concepts. Enfin, l'influence de la vision mécanicienne confine la parole à une fonction. L'interprétation imagée ou symbolique de la parole modifie peu les données du problème. Même si elle fait état d'une volonté surhumaine, la parole n'en est pas moins un simple moyen. Ceci donne une image bien approximative de la transcendance. Mettant sur le premier plan la translation d'un domaine à l'autre, cette interprétation manque la perspective proprement inaugurale. La parole devance tant les paroles des dieux que les paroles des humains (des mortels). La prolifération contemporaine des investigations sociologiques, psychopathologiques, poétologiques, théologiques sur la parole est-elle à même de contrecarrer l'immobilisme profond de la recherche en cette matière? Tout se passe comme si les aiguilles de la montre s'étaient arrêtées à l'heure aristotélicienne. *De l'Interprétation* (I, 16a 1–10) fixe, en effet, les cadres de la parole comme moyen d'expression. Le projet heideggérien aborde la transparence initiale de la parole. Ceci veut dire que la parole est parole parce qu'elle parle et parce qu'elle se tait. Cette négativité originelle maintient et préserve l'inépuisable. La prévalence de l'«oratio» sur la «ratio» reconduit la prévalence de ce qui est en train de se constituer sur ce qui est déjà constitué, de la dimension sur la mensuration. Heidegger n'a pas l'intention d'instituer une super-parole. Le vocable moderne «métalangage» est d'essence métaphysique. La ressemblance phonétique ne fait qu'attester cette assertion. Le platonisme tardif se métamorphose et emprunte la voix du positivisme. Dans la transcendance, au sens traditionnel, il y a déjà une tendance à la rescendance. Le métalangage, savamment élaboré, se veut l'expression absolue d'un univers soumis à la technique. Si le langage gagne terriblement en efficacité, il n'échappe pas au rôle de simple instrument.

Pour approcher la parole comme parole, il faut savoir écouter. L'interrogation prévaut sur l'interrogatoire. Avant qu'elle ne se disperse en paroles, la parole habite l'imparlé. Elle n'a rien d'autre derrière elle, elle est son propre retrait. C'est le donner qui émerge en donnant. La pensée comme chemin initial se situe dans la contrée de la parole.

«Pour la pensée qui médite, au contraire, le chemin a sa place en ce que nous nommons la contrée. Pour le dire en un prélude allusif, la contrée (en tant qu'elle fait rencontrer) est l'éclaircie libre-donnante dans laquelle ce qui est éclairci parvient au libre espace en même temps que ce qui se dissimule en retrait dans l'abri. Le libre-donnant qui du même coup abrite dans le retrait — ce mouvement de la contrée est cette mise en chemin (Be-wëgung) en laquelle se donnent les chemins qui appartiennent à la contrée.

Le chemin, s'il est pensé jusqu'à lui-même, est quelque chose qui nous fait atteindre, et plus précisément nous fait atteindre ce qui tend vers nous en nous intentant». [10]

On assiste en fait à une mutation. Le chemin acquiert par la parole une portée «universelle»: non seulement le propre de la pensée se révèle comme chemin, mais encore il ressort que, dans la parole, «tout est chemin». [11] Le chemin prédomine et constitue la chose elle-même. La transcendance «a lieu» dans la parole: le chemin appelle et fait rencontrer, il se soustrait, en même temps. La contrée de la parole représente l'endroit du chemin où il y a rencontre. Le déploiement de la transcendance est ce qu'il y a de plus familier et de plus étrange. L'être humain apparaît maintenant comme «être en chemin». Pour parvenir à son propre, il n'a pas besoin de franchir une limite, mais il lui faut se tenir dans le surgissement de la limite. De toutes les limites, seul le chemin peut partager et départager. Il est la limite qui s'ouvre à mesure qu'elle se referme: l'horizon réapparaît à chaque pas. Seule l'endurance de celui qui s'achemine convient à la richesse du chemin. Ce qui était autrefois fondement est désormais chemin. La révélation n'est pas donnée une fois pour toutes: elle se révèle toujours. La transcendance se déploie comme chemin de la parole vers et

10. Für das sinnende Denken dagegen gehört der Weg in das, was wir die Gegend nennen. Andeutend gesagt, ist die Gegend als das Gegnende die freigebende Lichtung, in der das Gelichtete zugleich mit dem Sichverbergenden in das Freie gelangt. Das Freigebend-Bergende der Gegend ist jene Be-wëgung, in der sich die Wege ergeben, die der Gegend gehören.

Der Weg ist, hinreichend gedacht, solches, was uns gelangen läßt, und zwar in das, was nach uns langt, indem es uns be-langt.
UzS, DWdS, p. 197, trad. franç. p. 144.

11. UzS, DWdS, p. 198, trad. franç. p. 183.

dans la parole. Les cours consacrés aux *Hymnes de Hölderlin* préludent à l'affirmation plénière de l'«oratio»: nous avons une expérience de l'être et du néant pour autant que nous parlons.

«C'est en vertu de la parole que l'homme est le témoin de l'être. Il prend parti pour celui-ci, lui fait face et lui échoit. Où il n'y a pas de parole, comme chez l'animal et chez la plante, là il n'y a pas, en dépit de toute vie, de révélation de l'être; par conséquent, pas de non-être et pas le «vide» du néant non plus. Animal et plante se tiennent en deça de tout ceci, chez eux règne le désir aveugle. Le monde mondanéise seulement où il y a parole». [12]

Néant et être peuvent donc se comprendre uniquement à partir de la parole. La perspective habituelle se trouve renversée. Ces hauts termes de la tradition métaphysique témoignent, en fait, d'une approche insuffisante de la parole. Le monde comme monde émerge d'abord à travers la parole. Pour demeurer dans ce domaine inaugural, il faut tenter une saisie de la parole à partir de la parole elle-même. L'être humain est dans son essence discours (Gespräch). Ceci veut dire: nous sommes seulement ce que la parole révèle et dissimule. L'animal, la plante, la «nature» ne parlent pas. L'opinion courante estime que, pour l'animal, il s'agit d'une simple entrave que l'on pourrait même ôter: le langage existerait chez celui-ci en possibilité mais pas encore comme réalisation sonore. On se trouve devant une transposition éludant la difficulté majeure de penser l'animalité de l'animal. L'animal et la plante ne parlent pas parce qu'ils n'habitent pas la parole. Il n'y a ni chose ni monde pour eux. Seul l'homme constitue l'«irruption créatrice d'ouverture» où les choses peuvent se correspondre les unes aux autres et où le monde peut se déployer. La proximité de l'homme de son environnement se double d'un éloignement sans pareil: c'est en parlant que nous sommes ce que nous sommes.

---

12. Kraft der Sprache ist der Mensch der Zeuge des Seyns. Er steht für dieses ein, hält ihm stand und fällt ihm anheim. Wo keine Sprache, wie bei Tier und Pflanze, da ist trotz allen Lebens keine Offenbarkeit des Seyns und daher auch kein Nichtsein und keine Leere des Nichts. Pflanze und Tier stehen diesseits von all dem, hier herrscht nur blinde Sucht. Nur wo Sprache, da waltet Welt.
Gesamtausgabe, tome 39, p. 62, R.

Nous pouvons approcher le mieux la parole là où elle se laisse parler : dans la poésie (Dichtung). Heidegger entend ce mot dans un sens large qui englobe la prose artistique. *L'Introduction à la Métaphysique* rappelle le fait majeur que — outre les philosophes — seuls les poètes peuvent parler du néant comme néant. [13] Leur fort réside dans la capacité d'une saisie initiale. Il leur est donné de parler comme si les choses étaient alors interpellées pour la première fois au monde. Suivant les multiples aspects du néant, Heidegger prête une oreille attentive à ce qu'en disent les poètes (Stefan George, Hölderlin, Sophocle, Trakl). L'herméneutique heideggérienne y trouve un domaine de choix. La poésie intéresse non seulement en tant qu'elle nomme directement le néant, mais aussi en tant qu'elle l'implique en vertu de sa dimension inaugurale : le néant originellement saisi n'est plus néant. La poésie constitue l'endroit d'un appropriement. Le parlé y parle selon sa convenance et rejoint le fait initial : «Le parlé à l'état pur est le Poème». [14] La «précarité» reliant la parole aux paroles des humains s'y dévoile comme faveur (precor). Elle garde en même temps une fragilité toute aussi foncière. En commentant le poème *Un Soir d'Hiver* de Trakl, Heidegger prépare à l'écoute de la parole comme parole : on est bien loin de la démarche d'une analyse littéraire, on est porté vers l'horizon de tous les horizons. Dans la parole, il y a un appel. C'est cet appel qui inaugure et mène à terme (Austragen) pour autant que nous l'écoutons. Monde et choses éclosent dans et par la parole. L'éclosion se produit cependant que la parole se retire.

> «Ainsi venues en appel, toutes ces choses rassemblent auprès d'elles le ciel et la terre, les mortels et les dieux. Les Quatre sont, dans une originale unité, mutuellement les uns aux autres. Les choses laissent auprès d'elles séjourner le Cadre des Quatre. Laisser ainsi séjourner en rassemblant, tel est l'être-chose des choses (das Dingen der Dinge). Ce cadre uni de Ciel et Terre, Mortels et Divins, ce cadre qui est mis en demeure dans le déploiement jusqu'à elles-mêmes des choses, nous l'appelons le «monde». Lors de leur nomination, les

13. EM, p. 20, trad. franç. p. 38.
14. UzS, DS, p. 16, trad. franç. p. 18.

choses nommées sont appelées et convoquées dans leur être des choses. En tant qu'elles sont ces choses, elles ouvrent à son déploiement un monde au sein duquel chacune trouve séjour et où toutes sont ainsi les choses de chaque jour».[15]

Il n'y a de monde et de chose que pour les humains. La finitude désigne l'endroit de l'apparition et du retrait. Nommer les choses, c'est les faire surgir. Il n'y a pas d'abord des choses et ensuite les noms qu'on leur donne. L'acte de nommer se confond avec l'apparition de la chose. Le monde n'est plus la création (mundus), ni une création séculaire (processus de génération), ni l'ordre de tout ce qui est présent (ὁ κόσμος). Le monde se situe à la rencontre du temps profond et de la temporalité. Pour se donner d'un côté, il doit toujours tenir de l'autre. C'est la parole qui enveloppe le monde. Dans la parole, nous sommes déjà en dehors de la métaphysique. Choses et monde ne sont pas l'un à côté de l'autre, mais l'un pour l'autre. Le parler remet le monde aux choses et abrite les choses dans le monde. Dans leur intimité, choses et monde diffèrent. Il n'y a d'intimité que pour ce qui demeure distinct.

«L'intimité, monde et chose, se déploie dans la Dis- de l'entre-deux, dans la Dif-férence. Le mot Dif-férence est ici libéré de tout usage courant. Ce que nomme à présent le mot «Dif-férence» n'est pas un concept générique pour toutes les différences possibles. La Dif-férence à présent nommée est Une en tant que telle. Elle est unique. A partir d'elle-même, la Dif-férence tient ouvert le milieu vers lequel et à travers lequel monde et choses sont réciproquement à l'unisson. L'intimité de la Dif-férence est l'unissant de la διαφορά — ce qui porte à terme en ayant porté d'un bout à l'autre (der durchtragende Austrag). La Dif-férence porte à terme dans son

---

15. Die genannten Dinge versammeln, also gerufen, bei sich Himmel und Erde, die Sterblichen und die Göttlichen. Die Vier sind ein ursprünglich-einiges Zueinander. Die Dinge lassen das Geviert der Vier bei sich verweilen. Dieses versammelnde Verweilenlassen ist das Dingen der Dinge. Wir nennen das im Dingen der Dinge verweilte einige Geviert von Himmel und Erde, Sterblichen und Göttlichen: die Welt. Im Nennen sind die genannten Dingen in ihr Dingen gerufen. Dingend ent-falten sie Welt, in der die Dinge weilen und so je die weiligen sind.
Ibid., p. 22, trad. franç. p. 24.

déploiement en monde; elle porte à terme les choses dans leur déploiement en choses».[16]

La différence déployée par la parole a le caractère le plus initial. Si la différence ontologique fait état d'un «ne pas» néantissant, si la différence à l'intérieur de l'être ne se soustrait totalement à un horizon dichotomique, cette différence-ci a quelque chose d'ineffable. Elle comporte toujours une certaine négativité ne serait-ce que par le fait qu'elle est différence pour les humains (les mortels). Les humains ne sont jamais expulsés de la parole: ils y habitent de plein droit. La parole parle par les paroles des humains. La finitude appartient-elle alors à la parole? La différence engage en égale mesure la parole et les humains. Pour saisir la portée de ce mouvement, il convient de considérer de plus près ce qu'il en est de la parole et de la chose. Nous sommes sur les traces mouvantes de l'entrée en présence. *Qu'est-ce que la Métaphysique?* plaçait le néant à la source du fait transcendantal: ex nihilo ens qua ens fit. Heidegger entendait réinterpréter ainsi la propositoin «ex nihilo ens creatum fit». La création se trouvait alors coincée dans le rapport cause-effet et, par conséquent, trop dépendante du «faire»: la liberté n'y apparaissait pas. La «création» a comme point de départ le glissement de l'ἐνέργεια vers l'«actualitas». Celle-ci laisse de côté le retrait: l'apparaître reste seulement dans les limites de l'apparaître. Laisser être ne peut plus être pensé à partir de «agere». D'autre part, la chose n'équivaut pas à un étant, ne se comprend pas à partir de quelque chose de plus englobant (l'étant), elle a, à chaque fois, un caractère «individuel». Le rapport de la parole et de la chose se constitue comme problème dans le commentaire consacré au poème *Le Mot* de Stefane Gèorge. La strophe finale donne toute la perspective de cette interrogation.

16. Die Innigkeit von Welt und Ding west im Schied des Zwischen, west im Unter-schied. Das Wort Unter-Schied wird jetzt dem gewöhnlichen und gewohnten Gebrauch entzogen. Was das Wort „der Unter-Schied" jetzt nennt, ist nicht ein Gattungsbegriff für vielerlei Arten von Unterschiedenen. Der jetzt genannte Unter-Schied ist nur als dieser Eine. Er ist einzig. Der Unter-Schied hält von sich her die Mitte auseinander, auf die zu und durch die hindurch Welt und Dinge zueinander einig sind. Die Innigkeit des Unter-Schiedes ist das Einigende der διαφορά, des durchtragenden Austrags. Der Unter-Schied trägt Welt in ihr Welten, trägt die Dinge in ihr Dingen aus. UzS, DS, p. 25, trad. franç. p. 27.

«Ainsi appris-je, triste, le résignement :
Aucune chose ne soit, là où le mot faillit».[17]

Ceci veut dire, dans un premier temps, qu'il n'y a pas de chose
là où le mot fait défaut. «Chose» (Ding) a ici, comme chez Kant,
un sens très large, impliquant tout ce qui est d'une manière ou
d'une autre : Dieu même est une «chose». On perçoit générale-
ment tout nom comme le nom que l'on donne à la chose : si le
nom manque, la chose n'a pas de nom. On vit dans un monde
d'objets qui continue de produire des objets. Pour les identifier, il
suffit de leur attribuer une étiquette. L'expérience poétique nous
révèle par contre que la chose n'est pas un objet. Elle constitue un
tenant de l'appropriement. Pour qu'il y ait des objets, il faut que la
chose soit. L'objet n'a pas d'horizon, la chose fraternise avec l'horizon. Alors le nom qui la nomme est plutôt l'invocation, le faire-
signe (Winken) pour ce qui est loin, tout en étant proche, l'invita-
tion adressée à la chose. On entend encore cette résonnance inaugurale dans des tournures telles que «au nom du roi», «au nom de
Dieu».[18] Le mot représente finalement la condition de possibilité
de la chose. Il n'y a pas de rapport à proprement parler entre la
chose et le mot : celui-ci est le rapport lui-même, dans le sens qu'il
rapporte la chose en présence et la prend en garde comme telle. Il
installe la chose dans son «est» et l'abrite. Seulement là où le mot
fait surface, la chose peut être chose. Autrement dit, la chose
n'«est» que dans le mot. La résignation du poète représente le dire
«oui» — la renonciation au nom de l'ouverture, la disponibilité
téméraire en vue du déploiement du mot. La tristesse n'est que
celle de l'apprentissage : laisser être ce n'est pas laisser aller. «Aucune chose soit, là où le mot faillit» constitue une injonction :
l'impératif l'emporte sur le subjonctif. Il ne faut pas laisser pour
étante aucune chose là où le mot propre manque, telle est la haute
consigne du poète. La poésie porte les paroles des humains à
proximité de la parole comme parole. Dans cet horizon, monde et
choses nous sont donnés. Si nous sommes au courant de la chose
dès que le mot se trouve à notre disposition, la chose ne nous

17. So lernt ich traurig den verzicht:
Kein ding sei wo das Wort gebricht.
UzS, DWdS, p. 163, trad. franç. p. 147.
18. Ibid., p. 164, trad. franç. p. 148.

fournit pas pour autant de renseignements sur le mot. Nous sommes abandonnés au mot seul. Nous n'avons pas d'autre mot qui puisse convenir au mot. Celui-ci se soustrait à la prédication. En effet, le mot n'est rien d'étant.

> «Et pourtant ni le «est», ni le mot et son dire ne peuvent être relégués dans la vacuité du nul et non-avenu (der blossen Nichtigkeit). Que montre l'expérience poétique avec le mot quand la pensée pense à sa suite? Elle montre en direction de ce mémorable qui met au défi la pensée depuis toute antiquité, bien que de manière voilée. Elle montre quelque chose de tel qu'il y a, et qui pourtant n'«est» pas (Sie zeigt solches, was es gibt und was gleichwohl nicht «ist»). A cela qu'il y a appartient aussi le mot; peut-être même non seulement aussi, mais bien avant tout, et cela d'une façon telle que, dans le mot, dans sa manière de se déployer, soit à l'abri, invisible, cela qui a (jenes, was gibt). Alors, du mot, la pensée l'équilibrant en toute rigueur, il ne serait plus jamais permis de dire: il est — mais au contraire: il donne (es gibt); et cela non pas au sens où «il y a» des mots, mais où le mot même donne (das Wort selber gibt). Le mot: ce qui donne. Donne quoi? Suivant l'expérience poétique et suivant la plus ancienne tradition de la pensée, le mot donne: l'être».[19]

La parole constitue le fait initial dans sa nudité. Elle ne se laisse pourtant pas subsumer sous une simple négativité. Une épaisseur infinitésimale et, par conséquent, infinie détermine le donner de la donation. L'impondérable donne tout le poids de l'acte de donner. L'ὑποκείμενον est maintenant ce qui se tient au fond auprès du

---

19. Dennoch lassen sich weder das „ist" noch das Wort und dessen Sagen in die Leere der bloßen Nichtigkeit verbannen. Was zeigt die dichterische Erfahrung mit dem Wort, wenn ihr das Denken nachdenkt? Sie zeigt in jenes Denkwürdige, das dem Denken von altersher, wenngleich in verhüllter Weise, zugemutet ist. Sie zeigt solches, was es gibt und was gleichwohl nicht „ist". Zu dem, was es gibt, gehört auch das Wort, vielleicht nicht nur auch, sondern vor allem anderen und dies sogar so, daß im Wort, in dessen Wesen, jenes sich verbirgt, was gibt. Vom Wort dürften wir, sachgerecht denkend, dann nie sagen; Es ist, sondern: Es gibt — dies nicht in dem Sinne, daß „es" Worte gibt, sondern daß Wort selber gibt. Das Wort: das Gebende. Was denn? Nach der dichterischen Erfahrung und nach der ältester Überlieferung des Denkens gibt das Wort: das Sein.
Ibid., p. 193, trad. franç. p. 177–178.

sans-fond. Le «sujet» ou les «sujets» n'existent plus dans la pure dissémination de la parole. L'être nous est donné dans et par la parole. Le donner cependant émerge à chaque fois au moment même de la donation. La parole qui parle à l'origine de tout parler humain ménage la dispensation de l'être. Elle demeure pour cela en réserve. En latin, la parole se dit «fatum» et implique alors le fait de destiner: tout ce qui arrive, arrive à partir de la parole.[20] «Fatum» — l'imprévu — n'est pourtant qu'en dernier lieu fatalité. Il préserve la possibilité. La parole est essentiellement liberté qui se défend comme liberté.

«Plus d'une raison parle en faveur du fait que c'est précisément le déploiement de la parole qui lui interdit de venir à la parole — à cette parole en laquelle nous formulons des énoncés sur la parole. Si la parole interdit en ce sens partout son déploiement, alors cet interdit fait partie du déploiement de la parole. Ainsi, la parole ne se contient-elle pas seulement là où nous la parlons à la façon coutumière; cette retenue est déterminée par ceci que la parole se retient et se contient (an sich hält) avec son origine (retenant et réservant son origine), et ainsi refuse de dire son déploiement à notre manière de penser qui est la représentation».[21]

La parole se retient et nous retient en son mode propre: elle appelle à soi. La représentation a peine à se saisir de ce mouvement, elle ne peut rendre compte que de l'état de présence. Or la parole, même quand elle parle par les paroles des humains, est essentiellement absence. La retenue fait partie de la parole: elle nous approche comme éloignement. La parole est maintenant le sans-fond qui «motive» dès l'origine. Elle n'aime pas se répandre en mots. Comme liberté, elle défie toute tentative de possession:

20. SvG, p. 158, trad. franç. p. 206.
21. Manches spricht dafür, daß das Wesen der Sprache es gerade verweigert, zur Sprache zu kommen, nämlich zu der Sprache, in der wir über die Sprache Aussagen machen. Wenn die Sprache überall ihr Wesen in diesem Sinne verweigert, dann gehört diese Verweigerung zum Wesen der Sprache. Somit hält die Sprache nicht nur dort an sich, wo wir sie gewohnterweise sprechen, sondern dieses ihr An-sich-halten wird von daher bestimmt, daß die Sprache mit ihrer Herkunft an sich hält un so ihr Wesen dem uns geläufigen Vorstellen versagt.
UzS, DWdS, p. 186, trad. franç. p. 171.

rien n'est définitivement acquis dans le domaine de la parole. Le silence où celle-ci nous plonge apporte le témoignage d'une négativité originelle. Ne se tait que ce qui peut parler. Il n'y a pas d'abord le silence et ensuite les paroles: le silence adhère aux paroles, il est toujours là quand on parle. L'explication physiologique et acoustique de la parole s'arrête à la constatation des faits ultérieurs. En tant qu'ils parlent, les humains non seulement mettent les choses en présence, mais ils sont portés eux-mêmes en présence. Rompre le silence est le fait de ceux qui habitent le silence. Tout ébruitement repose dans le recueil où résonne la paix (die Stille). La parole comme parole est seule à pouvoir se taire proprement: le silence constitue ainsi ce qu'il y a de plus proche et de plus réel pour les humains. Les paroles humaines font surface à partir de l'imparlé.

«Ce qui est parlé tire origine en multiple façon de l'imparlé (Ungesprochenes), que ce dernier ne soit pas encore parlé ou bien qu'il doive rester imparlé au sens de ce qui est en réserve pour le parler. Ainsi, ce qui est de multiple manière parlé en arrive à avoir l'air d'être détaché du fait de parler et de ceux qui parlent, au point de ne plus leur appartenir, alors que pourtant c'est lui qui d'abord porte et présente au parler et à ceux qui parlent quelque chose à quoi ils se rapportent, quelle que soit la façon dont ils se tiennent et séjournent là où la parole trouve à être parlée depuis l'imparlé (im Gesprochenen des Ungesprochenen)». [22]

Même au niveau du parler humain, le silence a une signification majeure. Il n'interrompt pas, mais continue et complète le discours. Il en fait partie à part entière. On peut parler sans fin et ne rien dire, par contre, garder le silence s'avère parfois autrement éloquent. En gardant le silence, nous portons à vue quelque chose du silence originel de la parole. L'incalculable se plaît dans le

22. Das Gesprochene entstammt auf mannigfache Art dem Ungesprochenen, sei dies ein noch-nicht-Gesprochenes, sei es jenes, was ungesprochen bleiben muß im Sinne dessen, was dem Sprechen vorenthalten ist. So gerät das auf vielfache Weise Gesprochene in den Anschein, als sei es vom Sprechen und den Sprechenden solches entgegenhält, wozu sie sich verhalten, wie immer sie auch im Gesprochenen des Ungesprochenen sich aufhalten.
Ibid., p. 251, trad. franç. p. 237.

silence. Il apparaît pour disparaître à l'instant même, dans l'horizon où les paroles humaines se lient et se délient de la parole comme parole. La retenue de celle-ci déborde à chaque fois ses propres limites pour en assigner de nouvelles. Nous ne pouvons plus, dans le sillage des représentations métaphysiques, séparer l'apparaître du retrait. Le sans-fond patronne toute fondation, il accompagne de sa réticence le discours : toute parole humaine porte en elle l'ineffable. Autrement dit, toute présence au niveau du discours est également une absence. La pensée se constitue à partir de cet état de choses. Elle vise l'horizon où la parole rejoint les paroles des humains. Plus que de demander, il lui faut d'abord se tenir à l'écoute. La pensée n'assume pas pour autant une tâche plus facile, car elle ne se contente plus de définitions. Elle s'installe à la source de tout apparaître et se met continuellement à l'épreuve. Dès lors, il ne s'agit plus d'entendre seulement ce que la pensée dit, mais encore ce qui se dit et comment se dit ce qui se dit dans la pensée. Celle-ci est toujours lourde du silence de la parole comme parole. En commentant les aphorismes de Nietzsche, Heidegger remarque :

«Le dire conceptuel (denkerisch = de la pensée) le plus élevé consiste à ne pas simplement taire dans le dire ce qui est proprement à dire, mais à le dire de telle sorte qu'il soit nommé dans le non-dire : le dire de la pensée est un taire explicite». [23]

En se portant dans la présence, la pensée apporte un témoignage sur l'absence. La limite de ce qui se dit est également la limite de ce qui se tait. Elle ne cesse de se constituer de sorte que le silence et le dire puissent se correspondre. Plus que d'interdépendance, il convient de parler de co-appartenance. Pour la parole, les humains sont les mortels : ils déchoient pour autant qu'ils lui échoient. Dans leurs paroles, la parole parvient à son terme. Elle demeure en retrait en vertu de la fragilité des mortels qui est aussi la sienne. A chaque fois lorsqu'on parle, les paroles sont mis à disponibilité. Ils ne tombent pas pourtant comme les feuilles d'un

23. Das höchste denkerische Sagen besteht darin, im Sagen das eigentlich zu Sagende nicht einfach zu verschweigen, sondern so zu sagen, daß es im Nichtsagen genannt wird : das Sagen des Denkens ist ein Erschweigen.
N I, p. 471, trad. franç. p. 365.

arbre en automne. Ils sont mis à disponibilité par la parole et en vue de la parole. Ils attendent toujours ancrés dans le silence. La poésie jouit, comme on l'a déjà vu, d'une faveur particulière : elle se tient dans la fulguration de la parole. Elle consacre et maintient le fait initial à notre portée. Si habiter représente la manière d'être de l'être humain, il faut maintenant ajouter que celui-ci «habite en poète».[24] Heidegger reprend cette expression de Hölderlin et la situe dans la perspective de sa propre pensée. Le poète possède dans la plus grande mesure le noble savoir d'habiter avant de bâtir. Il garde l'ouverture et assure le passage du sans-fond à ce qui émerge comme fondation. L'épaisseur propre du silence se concentre dans le dire (sagen, vieux allemand, sagan). Les mots pour se déployer comme mots doivent rejoindre constamment le dire. Le poète a le secret de cette correspondance. «Sagan» veut dire originellement faire apparaître ou, plus exactement, faire signe vers l'apparaître, montrer. Nous y reconnaissons la dernière interprétation heideggérienne de la transcendance. Le dire libère ce qui est présent dans la présence et donne absence à ce qui est absent. Il le fait de telle manière qu'il ne se laisse saisir lui-même : il porte ainsi en présence le retrait en sa qualité de retrait.

> «La Dite (die Sage) ne se laisse pas capturer en un énoncé (Aussage). Elle exige que nous arrivions à laisser dans le silence (er-schweigen) la mise en chemin appropriante, celle qui règne dans le déploiement de la parole, sans discourir du faire-silence».[25]

Seul le poète peut tenir le silence sans discourir du faire silence. Le retrait résonne dans l'agencement de ses paroles. Le voisinage du poète et du penseur constitue depuis le romantisme un lieu commun. Cependant, jamais ce voisinage n'a pas été pensé à partir de la parole, c'est-à-dire à partir de son origine. Il ne s'agit plus de juger de la beauté ou de la profondeur d'une construction en mots, pas plus de la beauté d'une pensée ou de la profondeur d'un poème, car ceci repose toujours sur la conception de la pensée et

24. VA, dwdM, p. 181, trad. franç. p. 230.
25. Die Sage läßt sich in keine Aussage einfangen. Sie verlangt von uns, die ereignende Be-wëgung im Sprachwesen zu er-schweigen, ohne vom Schweigen zu reden.
UzS, DWzS, p. 266, trad. franç. p. 255.

de la poésie comme œuvres de fiction. Or le poète et le penseur n'embellissent pas le monde, n'y mettent pas un autre ordre, ils participent à l'émergence du monde comme monde. De ce point de vue, on ne leur a jamais accordé autant de poids. Le poète ne perturbe pas l'horizon par ses intuitions, le penseur ne le schématise pas pour le rendre accessible à l'intellect. Ils sont dès le commencement en dehors du mode représentatif. Ils tiennent l'horizon ouvert et convoient vers la présence ce qui ne se laisse pas représenter. Poésie et pensée se rencontrent tant qu'elles demeurent résolument dans la différence.

«Du mutisme longtemps gardé et de l'élucidation patiente du domaine en lui éclairci vient le dire du penseur. D'une même origine est le nommer du poète. Toutefois, comme le semblable n'est semblable que comme différent, si le dire poétique et la pensée le plus purement se ressemblent dans le soin donné à la parole, ils sont en même temps dans leur essence séparés tous deux par le plus grand espace».[26]

La parole est solitaire: ne peut être seul (einsam) que ce qui est solidaire. La parole a besoin de résonner en mots, tandis que l'être humain ne parle qu'en écoutant la parole. La vocation essentielle de la parole est de remettre en propre monde et choses. Ceci n'est ni le passage de la cause à l'effet, ni la conséquence d'un principe, ni l'achèvement d'un faire. L'expérience de la parole nous révèle un donner qui ne cesse de se soustraire. Il n'y a pas d'abord la parole et ensuite la donation qu'elle entreprend. La parole n'est que dans le donner qui est, en même temps, retrait. La «négativité originelle» a, elle aussi, un caractère moyen pour autant qu'elle tient dans le même le sans-fond et la fragilité des mortels. Il n'y a pas de fragilité en dehors du sans-fond et il n'y a pas de sans-fond en dehors de la fragilité de l'entrée en présence. L'appropriement se désapproprie à mesure qu'il approprie. Il n'y a pas de mal dans

26. Aus der langbehüteten Sprachlosigkeit und aus der sorgfältigen Klärung des in ihr gelichteten Bereiches kommt das Sagen des Denkers. Von gleicher Herkunft ist das Nennen des Dichters. Weil jedoch das Gleiche nur gleich ist als das Verschiedene, das Dichten und das Denken aber am reinsten sich gleichen in der Sorgsamkeit des Wortes, sind beide zugleich am weitesten in ihrem Wesen getrennt.
Wegm, N-WiM?, p. 309, trad. franç. p. 83.

184

ce qui se déchire dans la parole. Distante et accueillante à la fois, la parole tient les tenants de l'appropriement. Nous sommes dans l'appropriement pour autant que nous parlons. A mesure que l'appropriement œuvre à travers nous, nous œuvrons en vue de l'appropriement.

«La Co-propriation est le domaine aux pulsations internes, à travers lequel l'homme et l'être s'atteignent l'un l'autre dans leur essence et retrouvent leur être, en même temps qu'ils perdent les déterminations que la métaphysique leur avait conférées.

Penser l'émergence de l'être propre comme Co-propriation (das Ereignis als Er-eignis denken), c'est travailler à construire ce domaine en soi, vivant et pulsant. Les matériaux de cette construction, qui ne repose que sur elle-même, la pensée les reçoit du langage. Car le langage, dans cette construction, à fondations internes, de l'Appropriation, est la pulsation la plus délicate et la plus fragile, mais aussi celle qui retient tout. Pour autant que notre être propre est dans la dépendance du langage, nous habitons dans la Copropriation».[27]

* *
*

Nous sommes parvenus à la fin de nos considérations sur le problème du néant. Comme nous l'avons affirmé dans le *Prologue,* le problème du néant ne se résout pas dans les seules limites du néant, mais dans la perspective d'une réticence originelle. Si nous nous sommes éloignés du néant (en suivant, en cela, l'acheminement même de la pensée heideggérienne), nous avons découvert ce que le problème du néant visait initialement: la transcen-

<hr>

27. Das Er-eignis ist der in sich schwingende Bereich, durch den Mensch und Sein einander in ihrem Wesen erreichen, ihr Wesendes gewinnen, indem sie jene Bestimmungen verlieren, die ihnen die Metaphysik geliehen hat.
Das Ereignis als Er-eignis denken heißt, am Bau dieses in sich schwingenden Bereiches bauen. Das Bauzeug zu diesem in sich schwebenden Bau empfängt das Denken aus der Sprache. Denn die Sprache ist die zarteste, aber auch die anfälligste, alles verhaltende Schwingung im schwebenden Bau des Ereignisses. Insofern unser Wesen in die Sprache vereignet ist, wohnen wir im Ereignis.
ID, DSdI, p. 26, trad. franç. p. 267.

dance équivaut maintenant à l'origine (Ursprung), et l'origine, à la parole comme parole. Les différentes approches du néant, depuis *L'Etre et le Temps,* vont de pair avec l'interprétation heideggérienne de la transcendance. L'être-là inaugure déjà une dimension où la transcendance n'est plus perçue comme «translation» et où le néant (la mondanéité du monde) quitte le domaine du négatif pur. L'appropriation de la métaphysique implique la prise en compte du surgissement et la saisie de l'immédiat comme immédiateté du lointain. La pensée du néant soutient la pensée de la transcendance. L'une ne va pas sans l'autre. Nous avons vu que toutes les formes de négativité dans l'interprétation traditionnelle ont comme point de départ la séparation du monde sensible et du monde suprasensible. L'absence y est considérée à partir de la présence et comme son contraire. En pensant le surgissement, Heidegger se situe dans une autre perspective. L'homme est un être du lointain, il est transcendance lui-même. Ce qui est moyen apparaît, en même temps, comme initial. Le retrait et l'apparition tiennent ensemble et ce qui se sépare s'appartient également. A mesure que la pensée s'avance dans cette voie, les vocables «à caractère négatif» (néant, négativité, négatif) se retirent à la faveur d'autres vocables qui pensent le négatif d'emblée avec le fait originel (sans-fond, réserve, réticence, désappropriement, silence). Les éclats de la pensée analytique fondent définitivement dans le projet de co-appartenance. L'horizon n'est plus quadrillé par des dichotomies. La réserve n'est réserve que dans l'«usage» (Brauch), la réticence n'est réticence que pour autant qu'elle apparaît dans l'apparaître, le temps n'est profond que dans la temporalité. Les humains (les mortels) veillent à la source comme course: la témérité de la pensée réside dans son endurance.

En révélant l'appropriement, la parole apparaît comme l'origine tout court. Ce qui demeure se complaît de la fragilité. Nous venons de la parole, nous parlons et nous allons vers la parole.

INDEX DES TEXTES ET DES SIGLES

I. HEIDEGGER

A. Œuvres en allemand

Nous suivons l'ordre chronologique de l'élaboration des ouvrages et des cours de Heidegger. Pour les recueils, nous indiquons l'année de la première édition et l'année de l'édition utilisée.

SZ: *Sein und Zeit*, 1923/26, quatorzième édition, revue, Niemeyer, Tübingen, 1977.

Gesamtausgabe, tome 20, *Prolegomena zur Geschichte des Zeitbegriffes*, semestre d'été, Marburg, 1925, édité par Petra Jaeger, Klostermann, Frankfurt/Main, 1979.

KPM: *Kant und das Problem der Metaphysik*, 1925/26, troisième édition, Klostermann, Frankfurt/Main, 1965.

Gesamtausgabe, tome 24, *Die Grundprobleme der Phänomenologie*, semestre d'été, Marburg, 1927, édité par Friederich-Wilhelm von Hermann, Klostermann, Frankfurt/Main, 1975.

Gesamtausgabe, tome 26, *Metaphysische Anfangsgründe der Logik (im Ausgang von Leibniz)*, semestre d'été, Marburg, 1928, édité par Klaus Held, Klostermann, Frankfurt/Main, 1980.

VWG: *Vom Wesen des Grundes*, 1928, appartient au recueil *Wegmarken*.

WiM?: *Was ist Metaphysik?*, 1928, appartient au recueil *Wegmarken*.

Gesamtausgabe, tome 39, *Hölderlins Hymnen «Germanien» und «Der Rhein»*, semestre d'hiver, Freiburg, 1934/35, édité par Susanne Ziegler, Klostermann, Frankfurt/Main, 1980.

EM: *Einführung in die Metaphysik*, 1935, quatrième édition, Niemeyer, Tübingen, 1976.

UK: *Der Ursprung des Kunstwerkes*, 1935/36, appartient au recueil *Holzwege*.

DFD: *Die Frage nach dem Ding*, 1935/36, Niemeyer, Tübingen, 1962.

N I: *Nietzsche*, tome I, 1936/39, Neske, Pfullingen, 1961.

ZW: *Die Zeit des Weltbildes*, 1938, appartient au recueil *Holzwege*.

VWuBdphys.: *Vom Wesen und Begriff der Physis*, 1939, appartient au recueil *Wegmarken*.

N II: *Nietzsche*, tome II, 1939/46, Neske, Pfullingen, 1961.

Gesamtausgabe, tome 51, *Grundbegriffe*, semestre d'été, 1941, édité par Petra Jaeger, Klostermann, Frankfurt/Main, 1981.

Gesatmausgabe, tome 54, *Parmenides*, semestre d'hiver 1942/1943, édité par Manfred S. Frings, Klostermann, Frankfurt/Main, 1982.

N-WiM?: *Nachwort zu Was ist Metaphysik?*, 1943, appartient au recueil *Wegmarken*.

A: *Aletheia,* 1943, appartient au recueil *Vorträge und Aufsätze.*

Gesamtausgabe, tome 55, *Heraklit, Der Anfang des Abendländischen Denkens* et *Logik. Heraklits Lehre vom Logos,* semestre d'été 1943, semestre d'hiver, 1944, édité par Manfred S. Frings, Klostermann, Frankfurt/Main, 1979.

Hum: *Brief über den «Humanismus»,* 1946, appartient au recueil *Wegmarken.*

DSdA: *Der Spruch des Anaximander,* 1946, appartient au recueil *Holzwege.*

E-WiM?: *Einleitung zu Was ist Metaphysik?,* 1949, appartient au recueil *Wegmarken.*

HW: *Holzwege,* 1950, cinquième édition, Klostermann, Frankfurt/Main, 1972.

DD: *Das Ding,* 1950, appartient au recueil *Vorträge und Aufsätze.*

DS: *Die Sprache,* 1950, appartient au recueil *Unterwegs zur Sprache.*

dwdM: «... dichterisch wohnet der Mensch.», 1951, appartient au recueil *Vorträge und Aufsätze.*

WhD: *Was heißt Denken?,* (cours), 1951/1952, Niemeyer, Tübingen, deuxième édition, 1961.

WhD: Was heißt Denken (conférence), 1952, appartient au recueil *Vorträge und Aufsätze.*

WB: *Wissenschaft und Besinnung,* 1953, appartient au recueil *Vorträge und Aufsätze.*

GvS: *Aus einem Gespräch von der Sprache,* 1953/54, appartient au recueil *Unterwegs zur Sprache.*

VA: *Vorträge und Aufsätze,* 1953, Neske, Pfullingen, deuxième édition, 1978.

Wid-dPh: *Was ist das — die Philosophie?,* 1955, Neske, Pfullingen, 1950.

zS: *Zur Seinsfrage,* 1955, appartient au recueil *Wegmarken.*

SvG: *Ser Satz vom Grund,* 1955/56, Neske, Pfullingen, troisième édition, 1965.

DSdI: *Der Satz der Identität,* 1957, appartient au recueil *Identität und Differenz.*

DOThLVdM: *Die onto-theo-logische Verfassung der Metaphysik,* 1956/57, appartient au recueil *Identität und Differenz.*

ID: *Identität und Differenz,* 1957, Neske, Pfullingen, septième édition, 1982.

DWdS: *Das Wesen der Sprache,* 1957/58, appartient au recueil *Unterwegs zur Sprache.*

DWzS: *Der Weg zur Sprache,* 1959, appartient au recueil *Unterwegs zur Sprache.*

UzS: *Unterwegs zur Sprache,* 1959, Neske, Pfullingen, septième édition, 1982.

ZS: *Zeit und Sein,* 1962, appartient au recueil *Zur Sache des Denkens.*

EPH-AD: *Das Ende der Philosophie und die Aufgabe des Denkens,* 1964, appartient au recueil *Zur Sache des Denkens.*

Wegm: *Wegmarken,* 1967, Klostermann, Frankfurt/Main, deuxième édition, revue et augmentée, 1978.

ZSD: *Zur Sache des Denkens,* 1969, Niemeyer, Tübingen, deuxième édition, 1976.

H-S: Heraklit. Seminar, Martin Heidegger et Eugène Fink, 1966/67, Klostermann, Frankfurt/Main, 1970.

VS: *Vier Seminare,* Le Thor, 1966/68/69, Zähringen, 1973, traduit en allemand, d'après le compte-rendu français, par Curd Ochwadt, Klostermann, Frankfurt/Main, 1977.

B. Œuvres de Heidegger traduites en français

Extraits de l'Etre et le Temps, appartient au recueil *Qu'est-ce que la Métaphysique?,* trad. de H. Corbin, Gallimard, Paris, 1938.

L'Etre et le Temps, trad. d'A. de Waelhens et de R. Boehm, Gallimard, Paris, 1964.

Kant et le Problème de la Métaphysique, trad. d'A. de Waelhens et de W. Biemel, Gallimard, Paris, 1957.

Qu'est-ce que la Philosophie?, trad. de K. Alexos et de J. Beaufret, Gallimard, Paris, 1957.

Introduction à la Métaphysique, trad. de G. Kahn, Gallimard, Paris, 1967.

Science et Méditation, Que veut dire «Penser»?, Bâtir Habiter Penser, La Chose, «... L'Homme habite en Poète...», Alethéia, appartiennent au recueil *Essais et Conférences,* trad. d'A. Préau, Gallimard, Paris, 1958.

Qu'appelle-t-on Penser?, trad. d'A. Becker et de G. Granel, P.U.F., Paris, 1959.

Le Principe de Raison, trad. d'A. Préau, Gallimard, Paris, 1962.

L'Origine de l'Œuvre d'Art, L'Epoque des «Conceptions du monde», La Parole d'Anaximandre, appartiennent au recueil *Chemins qui ne mènent nulle part,* trad. de W. Brokmeier, Gallimard, Paris, 1962.

Qu'est-ce que la Métaphysique?, trad. de H. Corbin, *Postface à «Qu'est-ce que la Métaphysique?»,* trad. de H. Corbin, *Préface à «Qu'est-ce que la Métaphysique?»,* trad. de H. Corbin, *Ce qui fait l'être-essentiel d'un fondement ou «raison»,* trad. de H. Corbin, *Contribution à la Question de l'Etre,* trad. de G. Granel, *Le Principe d'Identité,* trad. d'A. Préau, *La Structure onto-théo-logique de la Métaphysique,* trad. d'A. Préau, appartiennent au recueil *Questions I,* Gallimard, Paris, 1968.

Qu'est-ce que la Philosophie?, trad. de K. Axelos et de J. Beaufret, *Ce qu'est et comment se détermine la Physis,* trad. de F. Fédier appartiennent au recueil *Questions II,* Gallimard, Paris, 1968.

Lettre sur L'Humanisme, trad. de R. Mounier, appartient au recueil *Questions II,* Gallimard, Paris, 1966.

Temps et Etre, trad. de J. Beaufret et de F. Fédier, *La Fin de la Philosophie et la Tâche de la Pensée,* trad. de J. Beaufret et de F. Fédier, *Les Séminaires du Thor, 1966/68/69, Le Séminaire de Zähringen, 1973,* (compte rendu original des séminaires en français), appartiennent au recueil *Questions IV,* Gallimard, Paris, 1977.

Nietzsche I, II, trad. de P. Klossowski, Gallimard, Paris, 1971.

Qu'est-ce qu'une Chose?, trad. de J. Taminiaux et de J. Reboul, Gallimard, Paris, 1971.

Héraclite, (Séminaire, Martin Heidegger et Eugène Fink), trad. de J. Launy et de P. Lévy, Gallimard, Paris, 1973.

Le concept de temps, conférence (1924), trad. de M. Haar et de M.B. de Launy, *Martin Heidegger,* L'Herne, Paris, 1983.

Seconde version de l'article «Phénoménologie», trad. de J.F. Courtine, *Martin Heidegger,* L'Herne, Paris, 1983.

190

II. AUTRES AUTEURS

Anaximandre, *Die Fragmente der Vorsokratiker,* Hermann Diels, Walter Kranz, Weidmann, 1974.

Aristote, *Aristoteles graece,* ex rec. Immanuel Bekkeri, Academia Regia Borussica, Berlin, 1831–1870, *Aristotelis opera,* Oxonii *Categoriae,* L. Minio-Palauello, 1980, *Analytica,* W.D. Ross, 1964, *Physica,* W.D. Ross, 1977, *Metaphysica,* W. Jaeger, 1978, *Ethica Nicomachea,* L. Bywater, 1979, *Ars Rhetorica,* W.D. Ross, 1975.

Eckhart (Maître), *Die deutschen und lateinischen Werke,* édité par J. Quint, Kohlhammer, Stuttgart, 1973.

Hegel, *Wissenschaft der Logik,* Felix Meiner, Hamburg, 1975.

Husserl, *Philosophie als strenge Wissenschaft,* Kostermann, Fr/M, 1965.

Kant, *Der Streit der Fakultäten,* Felix Meiner, Hamburg, 1975, trad. franç. de J. Gibelin, Vrin, Paris, 1955.

Luther, *Luthers Werke,* édition critique, Hermann Böhlau, Weimar, 1883-1897.

Leibniz, *Textes Inédits,* d'après les manuscrits de la Bibliothèque de Hanovre, édités par Gaston Grua, P.U.F., Paris, 1948.

Platon, *Œuvres complètes,* Les Belles Lettres, Paris, tome III *Gorgias,* A. Croiset, 1966, tome VI-VII *La République,* E. Chambray, 1970, tome VIII, 2 *Le Sophiste,* A. Diès, 1965, tome VIII, 3 *Théétète,* A. Diès, 1967.

Dictionnaire étymologique de la langue latine, A. Ernout, A. Meillet, C. Klincksieck, Paris, 1967.

INDEX DES NOMS

193

BIBLIOGRAPHIE

Bibliographies, ouvrages, commentaires, articles

Alleman, B., *Hölderlin und Heidegger,* Atlantic, Zürich/Freiburg, 1954.

Anderson, T.C., *Heidegger on the Nature of Metaphysics,* Journal of the British Society for Phenomenology, 2, 1971, p. 263–272.

Antoni, C., *L'Esistenzialismo di M. Heidegger,* Guido, Napoli, 1972.

Arendt, H., *Vom Leben des Geistes,* Piper & Co, München/Zürich, 1979.

Aubenque, P., *Martin Heidegger (1889–1976). In Memoriam,* Les études philosophiques, 3, Paris, 1977, *Travail et «Gelassenheit» chez Heidegger,* Etudes germaniques, 3, Paris, 1977.

Axelos, K., *Vers la pensée planétaire,* Ed. de Minuit, Paris, 1964.

Barth, K., *Gott und das Nichtige* dans *Heidegger und die Theologie,* G. Noller, München, 1967, p. 197–225.

Beaufret, J., *Dialogue avec Heidegger,* Ed. de Minuit, Paris, t. I, 1972, t. II, 1973, t. III, 1974, *La Pensée du Néant dans l'Œuvre de Heidegger,* La Table Ronde, 182, Paris, 1963, p. 76–81.

Biemel, W., *Le concept du Monde chez Heidegger,* Vrin, Paris, 1950, *Dichtung und Sprache bei Heidegger,* Man and World, 4, 1969, p. 487–514, *Martin Heidegger in Selbstzeugnissen und Bilddokumenten,* Rowohlt, Reinbek bei Hamburg, 1973, *Phenomenology,* Encylcopedia Britannica, t. 14, 1974, p. 210–215.

Birault, H., *Heidegger et l'Expérience de la Pensée,* Gallimard, Paris, 1978, *Existence et Vérité d'après Heidegger* dans *Phénoménologie, Existence,* Collin, Paris, 1953, p. 139–191, *L'Onto-théologie hégélienne et la Dialectique,* Tijdschrift voor Philosophie, 1958 (décembre), p. 648–723, *Heidegger et la pensée de la finitude,* Revue internationale de Philosophie, 52, 1960, p. 135–162, *Se laisser dire,* Exercices de patience, 3–4, Paris, 1982, p. 29–35.

Boehm, R., *Pensée et technique,* Revue internationale de philosophie, 14, Bruxelles, 1960.

Brechtken, J., *Geschichtliche Transzendenz bei Heidegger. Die Hoffnungsstruktur des Daseins und die gottlose Gottesfrage,* A. Hain, Meisenheim/Glan, 1972.

Cassirer, E., *Kant und das Problem der Metaphysik. Bemerkungen zu Heideggers Kant-Interpretation* dans Kant-Studien, 36, 1931, p. 1–26.

Chapelle, A., *L'ontologie phénoménologique de Heidegger,* Ed. Universitaires, Paris, 1962.

Charles, D., *Temps et Différence,* Exercices de patience, 3–4, 1982, p. 113–125.

Chiodi, P., *L'ultimo Heidegger,* Taylor, Turin, 1969.

Colette, J., *Kirkegaard, Bultman et Heidegger,* Revue des sciences philosophiques et théologiques, 49, Paris, 1965.

Corvez, M., *La philosophie de Heidegger,* P.U.F., Paris, 1961.

Cotten, J.P., *Heidegger,* Seuil, Paris, 1974.

194

Courtine, J.F., *L'idée de phénoménologie et la problématique de la réduction* dans *Phénoménologie et Métaphysique,* P.U.F., 1984.

Couturier, F., *Monde et être chez Heidegger,* Presses de l'Université de Montréal, 1971.

Danner, H., *Das Göttliche und das Gott bei Heidegger,* A. Hain, Meisenheim/Glan, 1971.

Dartigues, A., *Qu'est-ce que la Phénoménologie,* Privat, Toulouse, 1972.

Declève, H., *Heidegger et Kant,* Nijhoff, La Haye, 1970.

Delfgaauw, B., *Das Nichts,* Zeitschrift für philosophische Forschung, 4, Meisenheim/Glan, 1950, p. 393–401.

Deleuze, G., *Différence et Répétition,* P.U.F., 1969.

Derrida, J., *L'Ecriture et la Différence,* Seuil, Paris, 1967, *De la Grammatologie,* Ed. de Minuit, Paris, 1967.

Diemer, A., *Grundzüge des Heideggerschen Philosophieren,* Zeitschrift für philosophische Forschung, 5, Meisenheim/Glan, 1950.

Duso, G.C., *L'interpretazione heideggeriana dei presocratici,* Cedam, Padoue, 1970.

Elliston, F., *Phenomenology reinterpreted: from Husserl to Heidegger,* Philosophy Today, 21, 1977, p. 273–283.

Edwards, P., *Heidegger and Death as «Possibility»,* Mind, 84, 1975, p. 584–566.

Faye, J.P., *Langages totalitaires,* Hermann, Paris, 1972.

Fédier, F., *Heidegger et Dieu* dans *Heidegger et la Question de Dieu,* Grasset, Paris, 1980.

Feik, H., *Index zu Heideggers «Sein und Zeit»,* deuxième édition, revue, Niemeyer, Tübingen, 1968.

Faye, J.P., *Langages totalitaires,* Hermann, Paris, 1972.

Fédier, F., *Heidegger et Dieu* dans *Heidegger et la Question de Dieu,* Grasset, Paris, 1980.

Feik, H., *Index zu Heideggers «Sein und Zeit»,* deuxième édition, revue, Niemeyer, Tübingen, 1968.

Fink, E., *Sein, Wahrheit, Welt, Vor-Fragen zum Problem des Phänomen-begriffs,* Nijhoff, La Haye, 1953.

Fondane, B., *La conscience malheureuse,* Denoël et Steele, Paris, 1936.

Foucault, M., *Les Mots et les Choses,* Gallimard, Paris, 1966.

Franzen, W., *Martin Heidegger,* Metzler, Stuttgart, 1967.

Frings, M.S., *Person und Dasein. Zur Frage der Ontologie des Wertseins,* Nijhoff, La Haye, 1969.

Fürstenau, P., *Heidegger. Das Gefüge seines Denkens,* Klostermann, Fr/M, 1958.

Gadamer, H.G., *Wahrheit und Methode,* J.C.B. Mohr, Tübingen, 1972, *Vom Zirkel des Verstehens* dans *M. Heidegger zum 70 Geburtstag,* Neske, Pfullingen, 1959, p. 24–34.

Garrotti, L.R., *Heidegger contra Hegel,* Argolia, Urbino, 1965.

Gelven, M., *A Commentary on Heidegger's «Being and Time»,* Harper & Row, New-York, 1970.

Gilson, E., *L'Etre et Dieu,* Revue Thomiste, t. 72, 1962, p. 398–416.

Granel, G., *Remarques sur l'accès à la pensée de Martin Heidegger* dans *Histoire de la philosophie,* sous la direction de F. Chatelet, Hachette, t. 8, Paris, p. 146–151.

Greisch, J., *Hölderlin et le chemin vers le sacré* dans *Martin Heidegger*, L'Herne, Paris, 1983, p. 403-414.

Grimm, R., *Introduction: Being as Appropriation*, Philosophy Today, 9, 1975, p. 146-151.

Guilead, G., *Etre et Liberté — une étude sur le dernier Heidegger*, Nauwelaerts, Louvain/Paris, 1965.

Guitton, J., *Profils parallèles*, Fayard, Paris, 1970, p. 461-496.

Gurvitch, G., *Les tendances actuelles de la philosophie allemande*, Vrin, Paris, 1931.

Haar, M., *La Métaphysique dans Sein und Zeit*, Exercices de patience, 3-4, Paris, 1982, p. 97-113.

Habermas, J., *Philosophisch-politische Profile*, Suhrkamp, Fr/M, 1971.

Heftrich, E., *Nietzsche im Denken Heideggers* dans *Durchblicke*, Klostermann, Fr/M, 1970, p. 331-349.

Heinemann, F., *Existentialism and modern Predicament*, A. Ch. Black, Londres, 1953.

Held, K., *Heraklit, Parmenides und der Anfang von Philosophie und Wissenschaft*, Gruyter, Berlin/New-York, 1980.

Hellebrand, W., *Hirt des Alls und Platzhalter des Nichts. Der Mensch in der Philosophie M. Heideggers*, Die Zeit, 38, 1949, p. 5.

Henry, M., *L'Essence et la Manifestation*, P.U.F., Paris, 1963.

Hermann, F.W. von, *Selbstinterpretation Martin Heideggers*, A. Hain, Meisenheim/Glan, 1964, *Heideggers Philosophie der Kunst*, Klostermann, Fr/M, 1980.

Howey, L.R., *Heidegger and Jaspers on Nietzsche*, Nijhoff, La Haye, 1973.

Hyppolite, J., *Ontologie et Phénoménologie chez M. Heidegger* dans Les Etudes philosophiques, 9, 1954.

Jaeger, H., *Heidegger und die Sprache*, Francke, München/Bern, 1971.

Jaeger, P., *Heideggers Ansatz zur Verwindung der Metaphysik in der Epoche von «Sein und Zeit»*, Lang, Fr/M, Bern, 1976.

Jasper, K., *Notizen zu Martin Heidegger*, Piper & Co, München/Zürich, 1978.

Jolivet, R., *Les Doctrines existentialistes de Kirkegaard à Sartre*, Ed. de Fontenelle, Abbaye St. Wandrille, 1948.

Kelkel, A.L., *La Légende de l'être: langage et poésie chez Heidegger*, Vrin, Paris, 1980.

King, M., *Heidegger's Philosophy: A Guide to his basic thought*, Delta, New-York, 1964.

Kockelmans, J., *Martin Heidegger*, Duquesne Univ. Press, Pittsbourgh, 1965.

Kuhn, H., *Begegnung mit dem Nichts. Ein Versuch über die Existenz-philosophie*, thèse, Tübingen, 1950.

Laffoucrière, O., *Le Destin de la Pensée et la Mort de Dieu selon Heidegger*, Nijhoff, La Haye, 1968.

Landgrebe, L., *Philosophie der Gegenwart*, Athenäum, Bonn, 1952.

Laruelle, F., *Nietzsche contre Heidegger*, Payot, Paris, 1977.

Lawler, J., *Heidegger's Theory of Metaphysics and Dialectics*, Philosophy and Phenomenological Research, 35, 1975, p. 363-375.

Lévinas, E., *En découvrant l'existence avec Husserl et Heidegger*, Vrin, Paris, 1949. *Totalité et Infini. Essai sur l'Extériorité*, Nijhoff, La Haye, 1961, *L'exis-*

196

tentialisme, l'Angoisse et la Mort, Exercices de patience, 3–4, 1982, p. 25–29.

Lotz, J.B., *Heidegger et l'Etre,* Archives de Philosophie, 19, 1956, p. 3–23.

Löwith, K., *Heidegger. Denker in dürftiger Zeit,* Vandelhoek & Ruprecht, Göttingen, troisième édition, 1965.

Lübbe, H., *Bibliographie der Heidegger Literatur 1917–1955,* A. Hain, Meisenheim/Glan, 1957.

Magnus, B., *Heidegger's metahistory of philosophy,* Nijhoff, La Haye, 1970.

Marion, J.L., *La double Idolâtrie* dans *Heidegger et la Question de Dieu,* Grasset, Paris, 1980.

Marx, W., *Heidegger und die Tradition. Eine problemgeschichtliche Einführung in die Grundbestimmungen des Seins,* Kohlhammer, Stuttgart, 1961, *Vernunft und Welt. Zwischen Tradition und anderem Anfang* Nijhoff, La Haye, 1970, *Gibt es auf Erden ein Maß? Grundbestimmungen einer nicht-metaphysischen Ethik,* Felix Meiner, Hamburg, 1983.

Merleau-Ponty, M., *Phénoménologie de la Perception,* Gallimard, Paris, 1945.

Meulen, J. van der, *Heidegger und Hegel oder Widerstreit und Widerspruch,* A. Hain, Meisenheim/Glan, 1953.

Mongis, H., *Heidegger et la Critique de la Notion de Valeur,* Nijhoff, La Haye, 1976.

Mounier, R., *La pensée du Même,* Exercices de patience, 3–4, 1982, p. 19–25.

Müller, G., *Vom nichtenden Nichts zur Lichtung des Seins,* Deutsches Pfarrerblatt, 59, 1959, p. 414–415.

Naber, A., *Von der Philosophie des «Nichts» zur Philosophie des «Seins-selbst». Zur großen «Wende» im Philosophieren Martin Heideggers,* Gregorianum, 28, 1947, p. 357–378.

Nicholson, G., *The Meaning of the Word «Being»: Presence in Absence,* dans *Heidegger's Existential Analytic,* édité par Elliston, F., Mouton Publishers, La Haye/Paris/New-York, 1978.

Olson, R.G., *An Introduction to Existentialism,* Dover, New-York, 1962.

Ortner, E., *Das Nicht-Sein und das Nichts,* Zeitschrift für philosophische Forschung, 5, 1951, p. 82–86.

Paci, E., *Il nulla et il problema dell'uomo,* Taylor, Turino, 1967.

Patocka, J., *Heidegger vom anderem Ufer* dans *Durchblicke,* Klostermann, Fr/M, 1970, p. 394–412.

Pereboom, D., *Heidegger-Bibliographie 1917–1966,* Freiburger Zeitschrift für Philosophie und Theologie, 16, 1969, p. 100–161.

Pflaumer, R., *Sein und Mensch im Denken Heideggers,* Philosophische Rundschau, 2–3, 1966, p. 161–234.

Pöggeler, O., *Der Denkweg Martin Heideggers,* Neske, Pfullingen, 1963, *Sein als Ereignis,* Zeitschrift für philosophische Forschung, 13, 1959, p. 597–632, *Philosophie und Politik bei Heidegger,* Alber, Freiburg/München, 1972.

Poujet, P.M., *Heidegger ou le Retour à la Voix silencieuse,* L'Age de l'Homme, Lausanne, 1975.

Resweber, J.P., *La Pensée de Martin Heidegger,* Privat, Toulouse, 1971.

Richardson, W.J., *Heidegger — through Phenomenology to Thought,* Préface de M. Heidegger, Nijhoff, La Haye, 1963.

Ricoeur, P., *Le Conflit des Interprétations,* Seuil, Paris, 1969.

Rioux, B., *L'Etre et la Vérité chez Heidegger et St. Thomas d'Aquin,* P.U.F., Paris, 1963.

Rosales, A., *Transzendenz und Differenz. Ein Beitrag zum Problem der ontologischen Differenz beim frühen Heidegger*, Nijhoff, La Haye, 1970.

Sadzik, J., *L'Esthétique de Martin Heidegger*, Ed. Universitaires, Paris, 1963.

Sartre, J.P., *L'Etre et le Néant*, Gallimard, Paris, 1964.

Sass, H.-M., *Heidegger-Bibliographie*, A. Hain, Meisenheim/Glan, 1968, *Materialien zur Heidegger-Bibliographie 1917-1972*, A. Hain, Meisenheim/Glan, 1975.

Seidel, G.J., *Martin Heidegger and the Presocratics*, Univ. of Nebraska Press, Nebraska, 1964.

Schérer, R., Kelkel, A.L., *Heidegger*, Seghers, Paris, 1973.

Sherover, Ch.M., *Heidegger, Kant and Time*, Indiana Univ. Press, Bloomington, 1971.

Schirmacher, W., *Ereignis Technik: Heidegger und die Frage nach der Technik*, Hamburg, 1980.

Schöfer, E., *Die Sprache Heideggers*, Neske, Pfullingen, 1962.

Schultz, W., *Uber den philosophiegeschichtlichen Ort Martin Heideggers* dans *Martin Heidegger. Perspektiven zur Deutung seines Werkes*, édité par Otto Pöggeler, Kiepenhauer & Witsch, Köln/Berlin, 1970, p. 95-139.

Schürman, R., *Le principe d'anarchie*, Seuil, Paris, 1982.

Spielberg, H., *The Phenomenological Movement*, Nijhoff, La Haye, 1960.

Starr, D.F., *The Significance of Dread in the Thought of Kierkegaard and Heidegger*, Boston Univ. Press, 1954.

Sternberger, A., *Der verstandene Tod. Eine Untersuchung zu Martin Heideggers Existenzial-ontologie*, S. Hierzel, Leipzig, 1934.

Steggmüller, O., *Hauptströmungen der Gegenwartsphilosophie*, Kröner, Stuttgart, 1978.

Steiner, G., *Martin Heidegger*, Viking Press, New-York, 1978.

Tafforeau, J.P., *Heidegger*, Ed. Universitaires, Paris, 1969.

Taminiaux, J., *Le regard et l'excédent. Remarques sur Heidegger et les « Recherches philosophiques » de Husserl*, Revue philosophique de Louvain, t. 75, 1977, p. 74-100, *L'essence vraie de la technique* dans *Martin Heidegger*, L'Herne, Paris, 1983, p. 278-290.

Taux, H.C., *La Notion de Finitude dans la Philosophie de Martin Heidegger*, L'Age de l'Homme, Lausanne, 1971.

Thevenaz, R., *Le Dépassement de la Métaphysique*, Revue Internationale de Philosophie, 8, 1954, p. 189-217.

Trotignon, P., *Heidegger*, P.U.F., Paris, 1965.

Tugendhat, E., *Das Sein und das Nichts* dans *Durchblicke*, Klostermann, Fr/M, 1970, p. 132-161.

Vietta, E., *Die Seinsfrage bei Martin Heidegger*, Schwab, Stuttgart.

Volkmann-Schluck, K.H., *Einführung in das philosophische Denken*, Klosterman, Fr/M, 1965.

Waelhens, A. de, *La Philosophie de M. Heidegger*, Ed. de l'Institut Supérieur de Philosophie de Louvain, 1946.

Wahl, J., *La Pensée de Heidegger et la Poésie de Hölderlin, Vers la Fin de l'Ontologie*, S.E.D.E.S., Paris, 1955.

Weizsäcker, C.F. von, *Allgemeinheit und Gewissenheit* dans *Martin Heidegger zum 70 Gubertstag*, Neske, Pfullingen, 1959.

Welte, B., *La Métaphysique de St. Thomas et la Pensée de l'Histoire de l'Etre chez Heidegger,* Revue des sciences philosophiques et théologiques, t. 50, 1966, p. 601–614.

Wyschogrod, M., *Kierkegaard and Heidegger,* Routeledge & Paul, Londres, 1954.

Zimmerman, M., *Eclipse of the Self,* Ohio Univ. Press, Ohio, 1981.

INDEX ANALYTIQUE